HISTOIRE ECCLÉSIASTIQUE

DU

DIOCÈSE DE COUTANCES

ÉVREUX, IMPRIMERIE DE CH. HÉRISSEY.

HISTOIRE ECCLÉSIASTIQUE

DU

DIOCÈSE DE COUTANCES

PAR

RENÉ TOUSTAIN DE BILLY

CURÉ DU MESNIL-OPAC

PUBLIÉE POUR LA PREMIÈRE FOIS

PAR FRANÇOIS DOLBET

TOME II

ROUEN

CH. MÉTÉRIE, SUCCESSEUR DE A. LE BRUMENT
LIBRAIRE DE LA SOCIÉTÉ DE L'HISTOIRE DE NORMANDIE
RUE JEANNE-D'ARC, N° 44

M DCCC LXXX

EXTRAIT DU RÈGLEMENT

Art. 16. — Aucun volume ou fascicule ne peut être livré à l'impression qu'en vertu d'une délibération du Conseil, prise au vu de la déclaration du Commissaire délégué et, lorsqu'il y a lieu, de l'avis du comité intéressé portant que le travail *est digne d'être publié.* Cette délibération est imprimée au verso de la feuille de titre du premier volume de chaque ouvrage.

Le Conseil, vu la déclaration de M. le Marquis DE BLOSSEVILLE, *président de la Société, portant que l'édition de l'*HISTOIRE ECCLÉSIASTIQUE DU DIOCÈSE DE COUTANCES, *par* RENÉ TOUSTAIN DE BILLY, *préparée par* M. FRANÇOIS DOLBET, *lui a paru digne d'être publiée par la* SOCIÉTÉ DE L'HISTOIRE DE NORMANDIE, *après en avoir délibéré, décide que cet ouvrage sera livré à l'impression.*

Fait à Rouen, le lundi 2 novembre 1874.

LE SECRÉTAIRE DE LA SOCIÉTÉ,

C. LORMIER.

HISTOIRE ECCLÉSIASTIQUE

DU

DIOCÈSE DE COUTANCES

TROISIÈME PARTIE

CHAPITRE IV

DE JEAN D'ESSEY

Il y a dans la paroisse de Varenguebec une terre appartenant au seigneur évêque appelée Essey, laquelle, en l'an 1650, était affermée 1,000 livres par an, selon qu'il est contenu dans certain registre, dont j'ai copie, et qui m'a été communiqué par M. du Vaudôme, dont le titre est en ces termes :

État et revenu annuel de l'évêque de Coutances tenu en 1650.

Le fief, terre et seigneurie d'Essey. . . . . 1,000 livres.

Je ne doute presque point que cette terre et seigneurie ne fût du domaine de ce prélat dont nous avons parlé.

Cette famille d'Essey était noble et ancienne. Dans la charte de Guillaume le Bouteiller, par laquelle il donna l'église et prieuré du Ham aux religieux de Saint-Père-en-Vallée-lez-Chartres, Enguerran d'Essey est un des témoins avec Olivier d'Aubigny, Raoul de la Haye, Guillaume Painel et Robert de la Rivière, toutes personnes qualifiées.

Il y a deux chapelles à Coutances, en la cathédrale, qui sont de la fondation de Jean d'Essey, celles de saint André et de saint Barthélemy, en la première desquelles on lit cette inscription : « Hanc capellam « dotavit Joannes de Esseyo episcopus Constantiensis « in honorem sancti Andreæ apostoli. » On y voit peint aux vitres trois écussons : le premier est de Geoffroi, savoir d'azur au sautoir d'or accompagné de quatre étoiles de même; le second est d'argent; le dernier, qui est en la chapelle saint Barthélemy, est écartelé au premier et dernier d'or, au chevron de gueules à trois aigles de même, aux deux et trois d'argent à la fasce losangée de gueules. Ces derniers étaient les armes d'Essey.

Jean d'Essey était archidiacre du Cotentin sous l'épiscopat des deux évêques derniers morts ; nous avons rapporté ci-dessus quelques chartes qui le témoignent. Son mérite et sa capacité furent la raison de son élection. La page 340 du tome II des *Libertés de l'Église gallicane* conserve encore la supplique que le chapitre présenta à la reine Blanche, alors régente du royaume en l'absence de saint Louis, son fils, au sujet de l'élection de ce prélat, et pour avoir en même temps mainlevée de la régale. Cette pièce exprime trop bien le caractère de notre évêque pour n'être pas rapportée ou traduite en notre langue.

« A la très-excellente dame Blanche, par la grâce de
« Dieu reine de France, ses dévots et fidèles servi-
« teurs le chapitre de Coutances, salut en Notre-Sei-
« gneur et puissance à gouverner fidèlement le
« royaume. Nous avons depuis peu élu en notre église,
« pour notre évêque et pasteur, une personne sage
« et honnête, nommée Jean d'Essey, notre archidiacre,
« homme fidèle et très-attaché aux intérêts du royaume,
« et particulièrement zélé pour l'honneur et l'avantage
« du roi. C'est pourquoi nous supplions très-humble-
« ment Votre Majesté de vouloir bien lui accorder
« mainlevée de la régale. Nous vous souhaitons,
« Madame, toutes sortes de prospérités et supplions
« Dieu que votre règne soit long et heureux. Fait l'an
« de Notre-Seigneur 1250, le samedi le lendemain la
« Saint-Hilaire [1]. »

Toute cette année 1250 aussi bien que les deux précédentes, le siége épiscopal fut vacant ; c'est ce qui paraît par deux chartes, l'une qui précède cette supplique et l'autre qui lui est postérieure. La première est datée du vendredi avant la fête saint Thomas 1250 et contient la collation de la moitié du bénéfice de Bolle-

---

[1] *Preuves des libertez de l'église gallicane*, 3e édition, II, 75.

ville [1], faite par Roger, archidiacre, de l'autorité du chapitre, le siége étant vacant, à un nommé Maynard, prêtre, présenté par l'abbé et couvent de Blanchelande, patrons à moitié de cette église, après la mort de Richard de Querqueville.

La seconde est une promission sur Jean d'Essey des abbé et religieux de Saint-Sauveur-le-Vicomte, d'une part, messire Silvestre de Jores, d'autre, sur un procès pour certains droits de la paroisse de Grouville [2], dont ce Jores était curé, lequel depuis longtemps était pendant en cour de Rome et dont enfin Guillaume d'Argenton, chanoine de Coutances, avait été délégué juge, et à son défaut le doyen du Bauptois. Cet acte de compromission est daté du jeudi avant la fête saint Grégoire, pape, au même an 1250.

J'ai dit *presque toute cette année,* parce qu'il paraît par cette charte que Jean d'Essey prenait la qualité d'« humble ministre de l'église de Coutances », dès l'onzième jour du mois de mars, qui était alors de l'an 1250 : « A tous ceux qui ces lettres verront, Jean,
« par la permission divine, humble ministre de l'église
« de Coutances », etc.

Sitôt après son sacre, qui fut à Rouen, et son retour à Coutances, il songea à augmenter le revenu de son chapitre. On verra en son lieu la charte par laquelle il lui donna l'église de Clitourp, la cinquième gerbe de celle du Rosel [3], la moitié de la dîme d'Yvetot [4], la troi-

[1] Arr. de Coutances.
[2] A Jersey.
[3] Clitourp, le Rosel, arr. de Cherbourg.
[4] Le cartulaire de Coutances porte « Esquetot », la Haye d'Ecquetot, arr. de Valognes.

sième gerbe de Besneville[1], les deux tiers de l'église de Hérenguerville[2], autant en celle de la Vendelée, la moitié de l'église de Nicorps[3], tant en dîmes qu'en patronage, la moitié de celle de la Chapelle-Enjuger[4], excepté la dîme d'une certaine vavassorie, laquelle appartient au prieur de Bohon, la dîme de la terre de l'Oiselière en la paroisse de Heugueville, les deux gerbes de l'église de Rainneville[5] et la troisième de l'église de Saint-Ebremont-de-Bonfossé. Cet acte est daté de Coutances au mois de mars 1250[6].

Nous commencerons la 1251e par la donation que fit à notre évêque Jean, du patronage de Nicorps, un seigneur appelé Guérard de Gratot, chevalier, lequel patronage lui appartenait à cause de Romilly, laquelle donation fut faite pour le salut de son âme et de celles de ses prédécesseurs, dont on pourra voir la charte en la page 41 de notre recueil, avec les précédentes.

Après quoi, nous remarquerons la confection de ce fameux registre du secrétariat de l'évêché, qu'on appelle le *pouillier,* autrement le *Livre noir,* et l'établissement des religieux de la Merci ou de la Rédemption des captifs en ce diocèse.

Ce registre qu'on appelle *pouillier* à cause de la couverture noire[7], *pulliolaris,* est un état général de

[1] Le cartulaire de Coutances porte « Bonavilla », la Bonneville, arr. de Valognes.

[2] « Longavilla », Longueville, arr. de Coutances, dans le cartulaire de Coutances.

[3] La Vendelée, Nicorps, arr. de Coutances.

[4] La Chapelle-Enjuger, arr. de Saint-Lo.

[5] Lingreville, et non pas Heugueville ; Besneville, et non pas Rainneville, arr. de Coutances et de Valognes.

[6] Cartulaire de Coutances, n° 319.

[7] Pouillier ou pouillé vient de *polyptychum* (πολύπτυχον), qui a donné

la plupart des bénéfices de ce diocèse, dressé par l'ordre du conseil pour ôter, s'il était possible, toute matière de procès pour les patronages des églises, et régler plus justement les taxes sur les bénéfices, qui commençaient de devenir ordinaires. Voici le titre de ce registre par lequel seul on peut connaître le dessein de ceux qui y ont travaillé :

Registre fait sur les patronages des églises de tout le diocèse par la recherche, faite en présence du vénérable père Jean, évêque de Coutances, l'an de Notre-Seigneur 1251, des personnes et recteurs des églises, après avoir prêté le serment de fidélité à ce sujet, ainsi que sur la valeur de chacun de cesdits bénéfices, suivant que l'ont requis les receveurs de la dîme de la cinquième et sixième année, 1278 et 1279 [1].

---

pollegeticum, puleticum, politicum, pulegium, et veut tout simplement dire registre.

[1] Il y avait deux exemplaires du *Livre noir,* l'exemplaire du chapitre et celui de l'évêché. Le premier que M. de Gerville a eu entre les mains et dont il a copié la partie principale, le pouillé, a disparu vers 1820. Il n'était pas antérieur à 1316 et contenait, comme le dit M. Léopold Delisle au tome XXIII des *Historiens de la France,* page 493 :

1º Historia fundationis ecclesiæ Constantiensis, sive Gesta Gaufridi episcopi ; edita *Galliæ Christianæ,* tomo XI, instr. col. 217, et supra, tomo XIV, p. 76.

2º Liber de miraculis ecclesiæ Constantiensis, cujus apographum, manu Arturi Dumoustier descriptum, nobis exhibet codex latinus 10051, conf. *Bibliothèque de l'École des chartes,* 2ᵉ série, IV, 339.

3º Catalogus episcorum Constantiensium.

4º (fol. 37-72) Polyptychum Constantiense.

5º Index procurationum cardinalibus a sede apostolica legatis debitarum.

6º Tria instrumenta spectantia ad controversias quæ motæ fuerunt inter Odonem, Rotomagensem archiepiscopum, ejusque suffraganeos.

7º Regulæ sancti Benedicti et sancti Augustini.

8º Consuetudo Normanniæ.

9º (fol. 114-142) Regestum feudorum Normanniæ tempore Philippi Augusti confectum.

Le second exemplaire, que j'ai improprement appelé *Registre de Coutances,*

On entend assez que ce registre, qui avait été dressé par l'évêque Jean d'Essey, fut revu et arrêté, et les taxes de ces deux années dressées et réparties sur cet état.

Il y a au même secrétariat un second registre en parchemin, comme l'autre, qu'on appelle le *Livre blanc,* parce que effectivement la couleur est blanche, lequel fut, sous l'épiscopat de Louis d'Erquery, vers le milieu du xiv° siècle[1], arrêté au même sujet que le précédent. Nous en donnerons un exemple d'un chacun, afin qu'on puisse juger. L'église de Bricquebec : « Le « patron est Robert Bertrand. Le prieur de Beaumont « en perçoit deux gerbes. Le curé a la troisième gerbe « avec les droits de l'autel. Le même seigneur est patron « de la chapelle du manoir de Bricquebec. La chapelle « de Sainte-Croix a de revenu vingt-deux quartiers de « froment sur le moulin de l'étang, la dîme des « anguilles dans cet étang et son usage dans la forêt. « Le même seigneur est patron de la chapelle de Saint- « Martin. Elle a de revenu six quartiers de froment, « trois acres de terre et son usage dans la forêt[2]. »

---

a été retrouvé par l'abbé Piton-Desprez et est aux archives du diocèse. Il date de la moitié du xiv° siècle et contient :

1° Polyptychum.

2° (p. 93-100) Sex instrumenta ad Domum Dei Constantiensem pertinentia.

3° (p. 181) Compositio inter episcopum et capitulum Constantiense, edita *Galliæ Christianæ,* tomo XI, instr. col. 263.

4° (p. 114) Tres Bonifacii papæ VIII litteræ de juribus archidiaconorum Constantiensis, Constantini et Vallis Viriæ.

(*Recueil des Historiens de la France,* xxiii, 494.)

C'est de l'exemplaire du chapitre que s'est servi notre auteur, bien qu'il ne le reproduise pas toujours fort exactement.

[1] Entre 1332 et 1336.

[2] *Recueil des Historiens de la France,* xxiii, 527, 528.

Voici l'extrait du *Livre blanc* sur le même sujet : « Le
« seigneur Robert Bertrand, chevalier, est patron de
« l'église de Bricquebec. Le curé perçoit la troisième
« partie des grosses dîmes dans les vieilles terres et la
« moitié dans les novalles. Le prieur de Beaumont-en-
« Auge perçoit les deux gerbes dans les vieilles terres
« et la moitié dans les novalles. Tout l'autelage appar-
« tient au curé. Le curé a son manoir presbyteral pro-
« che l'église[1]. Le tout contient, tant en maisons qu'en
« jardin, trois vergées de terre ou environ. Le tréso-
« rier lui paie encore 23 sous et en outre lui fournit
« des cierges, à la célébration des messes qu'il dit au
« grand autel. Il a deux tiers du lin et du chanvre
« dans les vieilles terres et la moitié dans les novalles.
« Il y a trois chapelles dans la paroisse, dont il y en a une
« dans le manoir de Bricquebec. Le chapelain en a les
« offrandes, lequel est taxé à 18 livres. Les deux
« autres chapelles sont dans la forêt de Bricquebec.
« Le curé paie pour la chappe à l'évêque 8 sous
« et pour la cerclée 2 sous. L'église est taxée à 60
« livres[2]. »

Sur quoi peut-être ne trouvera-t-on pas mauvais que nous remarquions qu'il y a de trois ou quatre sortes de taxes sur les bénéfices, savoir : de la part du pape ou de son légat, du roi, de l'évêque et de l'archidiacre. Voici le titre de deux rôles des taxes réglées pour le pape ou pour son légat, comme il est extrait du *Livre*

---

[1] Rector habet manerium presbiteratus in elemosina....
[2] Fol. 51, v°.

noir du chapitre[1] : « Qui sequuntur consuéverunt
« solvere procurationes cardinalium a sede apostolica
« legatorum, prout inferius ponuntur : episcopus Cons-
« tantiensis, decem libras ; capitulum Constantiense,
« decem libras ; abbas Exaquiensis... » Les autres
abbés sont taxés ou marqués à la même somme.

A l'égard de l'évêque, voici ce que nous trouvons
au *Livre noir* du chapitre sur l'article de Barfleur :
« In Domo Dei Barofluvio[2], episcopus visitat et procu-
« rationem percipit pro media parte super curatum
« parrochiæ, qui est canonicus de Cæsarisburgo. Aliam
« autem medietatem accipit super XVIII libris annui
« redditus, quas ibidem percipit Constantiense capi-
« tulum. Et si illæ XVIII libræ pro sua medietate
« penitus expediantur, nihil solvitur capitulo. Si
« autem pars remaneat, capitulo tenetur solvere illam
« partem remanentem. Et si contingeret aliquo anno
« episcopum a dictæ domus visitatione cessare, dictus
« prior illo anno dictas libras XVIII capitulo solvere
« tenetur[3]. » Il est dit dans le *Livre blanc*, à l'article de
cette église : « Episcopus habet visitationem et archi-
« diaconus procurationem super dicta ecclesia[4]. » Enfin
il y a dans ce même registre du chapitre un rôle dont
le titre est encore une preuve de ce que nous disons ;
le voici :

Isti sunt loci Constantiensis diœcesis in quibus episcopus

---

[1] C'est donc bien le *Livre noir du chapitre* que cite notre auteur. Je ne le puis contrôler.
[2] La copie de M. de Gerville porte *de Barbefluto*.
[3] *Historiens de la France*, XXIII, 541.
[4] Fol. 50, v°.

percipit procurationes et visitat in iisdem, sicut inferius continetur [1].

In abbatia sancti Severi visitat et procurationem percipit, etc.

Ces taxes procédaient de ce que ces prélats étant en obligation de faire la visite de ces églises par eux-mêmes ou par leurs députés, il semblait raisonnable de contribuer aux frais qu'il fallait faire pour ce sujet et les récompenser en quelque manière de leur peine.

A l'égard de ce qu'on appelle la *chappe à l'évêque*, la *cerclée*, le *chrême* et semblable, c'est ce que nous appelons la débite épiscopale. Cette taxe procédait de ce que les évêques consacrant tous les ans, le jeudi saint, les saintes huiles et le saint chrême, on croyait qu'il était raisonnable que chaque église y contribuât. Et pour ce qui est de ce couvent des religieux de la Merci, qu'on appelle la Perrine, il est situé dans une paroisse qu'on appelle le Dézert, sur le bord du grand chemin qui va de la ville de Saint-Lo à Carentan, à égale distance de l'une et de l'autre. Voici ce que j'en sais :

Il y avait en ce même lieu une chapelle bâtie en l'honneur de sainte Catherine, fondée et dotée par les seigneurs du Hommet, à qui ces terres appartenaient. Ils y présentaient, et nous avons un acte par lequel Guillaume du Hommet, connétable de Normandie, la donna à Roger de Saint-Lo en 1213. Le voici en notre langue :

« A tous les fidèles en Jésus-Christ qui ces présentes

---

[1] Ce titre est celui du rôle où se trouve l'article Barfleur que nous venons de voir.

« verront, Guillaume du Hommet, connétable de Nor-
« mandie. Sachez que le droit de patronage de la
« chapelle de Sainte-Catherine et de toutes ses dépen-
« dances m'appartenant, je l'ai donnée, elle et toutes
« ses dépendances, pour l'amour de Dieu et pour le
« salut de mon âme et de celles de tous mes amis et
« mes ancêtres, à Roger de Saint-Lo, prêtre, pour en
« jouir à toujours, en pure et franche aumône, quitte
« de toutes choses ; c'est à savoir : dix quartiers de
« froment à prendre tous les ans, au terme Saint-
« Michel, sur mes moulins de Vire ; cinq acres de
« terre de mon domaine, à Malejoie[1], et six quartiers
« de froment, à Malles, dont les héritiers de Guil-
« laume le Grand en paient cinq quartiers et Jean Fosse
« un quartier ; cinq acres de terre au village ou mé-
« nage Gève[2], et cinquante sous tournois que Guillaume
« du Hommet, connétable de Normandie, mon aïeul,
« a donnés à cette même chapelle, sur son aide d'Au-
« douvilliers[3], avant qu'il eût marié sa fille à Richard,
« le tout de sorte que ledit Roger, prêtre, desservira
« toujours en ladite chapelle de Sainte-Catherine pour
« lui, pour moi, pour tous mes amis et ancêtres. Fait
« l'an de l'incarnation du Seigneur 1213. Et afin que
« ce que dessus demeure ferme et arrêté pour le temps
« à venir, je l'ai confirmé par cet écrit, auquel j'ai
« fait apposer mon sceau. De quoi sont témoins messire

---

[1] Lisez « Malesove », Malsœuve ou Malsœuf, à Saint-Jean-de-Daye, arr. de Saint-Lo, d'après M. Dubosc.

[2] *Quinque acras terre apud Maisnagium Geve.*

[3] Audouville, arr. de Valognes.

« Ambroise, abbé de Saint-Lo; Guillaume du Mesnil;
« Richard Carbonnel, chevalier; Pierre, clerc de
« Villiers ; Raoul le Bohu et quelques autres [1]. »
(Page 42.)

Ce fut noble dame Eustache de Montenay, épouse de Guillaume du Hommet, connétable de Normandie, qui établit ces religieux en cette maison. Elle y est reconnue fondatrice. Le nécrologe de cette maison, marquant sa mort au quatrième mai 1254, la qualifie ainsi : « Quarto nonas [maii], obiit domina Domina « Eustachia, fundatrix istius domus. Anima ejus « requiescat in pace. Amen [2]. » Et marquant la mort de son mari au vingt-troisième août, sans marquer l'année : « Decimo », porte-t-il, « calendas [septembris], « obitus Willelmi de Humeto, connestabullarii Nor- « maniæ, cujus uxor domum istam fundavit [3]. » Le chiffre de dessus le tombeau est de 1258.

J'ai dit que cette dame était de la maison de Brucour, parce que les armes de cette famille, qui sont un écu fascé d'or et de gueules de six pièces, semé de fleurs de lis de l'une à l'autre au bâton d'azur, sont gravées sur son tombeau dans le chœur de cette église. Dans son *Traité de l'origine des noms et surnoms*, en la page 223, La Roque dit que « ceux qui ont le nom de la « Perrinne, dans le Diocèse de Coutances, portent les

---

[1] L'original donne les souscriptions suivantes : Testibus hiis : magistro Ambrosio, abbate de sancto Laudo ; Nicholao, cappellano de Humeto ; magistro Petro de Thoe... Willelmo de Maisnil, Ricardo Carbonel, militibus ; Petrus (sic), clericus de Otevilla, Radulfus (sic) Le Bocu, et multis aliis. (Communication de M. Dubosc.)

[2] Fol. 10.

[3] Fol. 17.

« armes des Montenay, Barons de Garencières, suivant la
« Chartre de leur fondation »[1], lesquelles sont d'or à
deux fasces d'azur, à un orle de coquille de gueules. C'est
justement celles-ci. On conserve encore en ce monastère
la charte en original de la donation que le seigneur du
Hommet fit de cette chapelle à ces religieux. C'est un
petit morceau de parchemin, haut de deux pouces et
large de six ; en voici la traduction : « A tous les fidèles
« qui ces présentes verront, Guillaume du Hommet, con-
« nétable de Normandie, salut en Notre-Seigneur. On
« vous fait savoir qu'en l'honneur de Dieu et pour le
« salut de mon âme et celles de mes ancêtres, j'ai
« donné en pure et perpétuelle aumône, sans que moi
« ni mes héritiers y puissions jamais rien réclamer, ni
« révoquer, aux frères de la Sainte-Trinité de la Ré-
« demption des captifs, tout le droit que j'avais en la
« chapelle de Sainte-Catherine, en la paroisse du
« Dézert, avec toutes ses dépendances et apparte-
« nances, pour être par eux tenu et possédé à perpé-
« tuité. Et, afin que ce soit chose stable et permanente
« au temps à venir, je l'ai corroboré par ce présent
« écrit et par l'apposition de mon sceau. Fait l'an
« 1258[2]. »

Ce n'était plus Roger de Saint-Lo qui la possédait
lorsque les Mathurins y furent appelés. Elle avait été
depuis donnée à un prêtre nommé Robert Heubert[3], et,
par sa démission, à un clerc, nommé Pierre, fils de

---

[1] Edition de 1681. Dans l'édition de Rouen, 1735, p. 59.
[2] Original aux archives de Saint-Lo.
[3] Lisez Roger Heudebert.

Raoul des Landes [1]. Nous en avons vu la charte, qui est datée du mois de septembre 1228.

Le mercredi après la Pentecôte, l'an 1252, notre évêque reçut la donation, faite à l'abbaye et religieux du Mont-Saint-Michel, dès l'an 1248, par noble dame Jeanne de Saint-Planchers, du patronage de Lingreville, après avoir bien et dûment examiné le droit de cette dame et vu que Saint-Pair et Lingreville lui appartenaient par droit de successions qui lui étaient échues pendant sa viduité, durant laquelle aussi elle avait fait cette donation, et ainsi il reconnut ces abbé et religieux du Mont-Saint-Michel les véritables patrons dudit lieu de Lingreville.

Nous l'avons remarqué, les donations faites aux églises n'avaient de force qu'autant qu'elles étaient reçues et ratifiées par l'évêque. Le défaut de cette formalité trouvé dans la donation qui avait été faite aux chanoines réguliers de l'abbaye de Cherbourg par Jean d'Amfreville, chevalier, d'une partie des dîmes de la paroisse de Sainte-Marie-d'Allone [2], ils eurent recours à notre évêque, qui, par un acte du mois de mars 1252, qu'on pourra voir en la page 42° du recueil, ratifia tout et les maintint en possession de cette dîme. Comme cet acte me paraît d'un style nouveau et raisonné, j'ai cru en devoir insérer ici une partie, traduite en notre langue; la voici :

« A tous ceux qui ces présentes verront, Jean, par
« la permission de Dieu humble ministre de l'église de

---

[1] *De Aquilanda*, qui ne fait pas des Landes, mais d'Eglandes.
[2] Arr. de Valognes.

« Coutances, salut éternel en Notre-Seigneur. On dit
« que c'est l'effet des bonnes âmes et qu'il est fort salu-
« taire de craindre qu'il n'y ait du manquement où
« véritablement il n'y en a pas, et dans les choses
« où il y a à douter, de demander et de chercher un
« saint remède. C'est pourquoi nous ayant été pré-
« senté humblement par les abbé et religieux de Cher-
« bourg, qu'ils seraient en possession de deux gerbes
« de la moitié de l'église de Notre-Dame-d'Allone,
« par la cession qui leur en aurait été faite autrefois
« par Jean d'Amfreville, chevalier, et qu'ils seraient
« depuis longtemps en cette possession sans en être
« suffisamment approuvés par l'évêque diocésain, c'est
« pourquoi ils nous requéraient, nous, qui ne cher-
« chons qu'à remédier aux consciences de tout le
« monde et la sûreté de ces personnes religieuses, etc. »

L'an 1253, au mois d'août, Jourdain du Hommet, connétable de Normandie, donna au chapitre de Coutances soixante sous tournois de rente, à prendre sur les prévôtés du Hommet, pour avoir un obit dans l'église cathédrale tous les ans, de laquelle somme les pauvres clercs du chœur auraient le tiers, et s'obligea lui et ses héritiers à la garantie de cette rente ou de bailler en échange quelque autre chose de pareille valeur.

En 1254, Philippe de Chenevières, bailli du Cotentin, ayant donné jugement en faveur des religieux de Cerisy, pour le patronage de Fontenay[1], contre Robert

---

[1] Arr. de Valognes.

le Lureur, qui y prétendait, il en écrivit, suivant l'usage de ce temps-là, à notre évêque Jean, pour lui rendre compte de ce qui s'était passé, afin qu'il [les] reconnût pour véritables patrons de cette église. Voici sa lettre : « Au révérend père et seigneur Jean, par la
« grâce de Dieu évêque de Coutances, Philippe de
« Chenevières, chevalier, bailli royal en Cotentin,
« salut avec respect et l'honneur. Nous faisons savoir
« à votre paternité que Robert, surnommé le Lureur,
« après avoir vu le privilége et le droit de l'abbé de
« Cerisy, a acquiescé auprès de plusieurs autres et a
« reconnu que tout le droit de patronage de Saint-
« Martin-de-Fontenay appartient audit abbé. Donné à
« Valognes, l'an 1254. »

Onze ans après, ce différend s'étant derechef ému entre l'abbé de Cerisy et messire Nicolas de Juganville, clerc, il fut porté devant Renaud de Radepont, bailli du Cotentin, ou son lieutenant, aux assises de Valognes, décidé comme le précédent par l'acquiescement de ce Juganville, et le bailli Radepont en écrivit presque aux mêmes termes à notre évêque. Voici ce qu'il y a de différence : « Au révérend père et seigneur
« Jean, etc., Renaud de Radepont, bailli du seigneur
« roi, etc. Y ayant procès devant nous, entre l'abbé
« et couvent de Cerisy, d'une part, et messire Nicolas
« de Juganville, clerc, pour le patronage de Saint-
« Martin-de-Fontenay, ledit Nicolas, présent en per-
« sonne aux assises publiques tenues à Valognes, le
« mardi après la fête de tous les saints, l'an 1265,
« par Villon de Melun, mon lieutenant, et Robert

« d'Auberville, qui tenaient les assises à Valognes, au
« lieu de moi, a, en présence de plusieurs chevaliers
« et autres personnes dignes de foi, quitté et délaissé
« tout le droit qu'il avait ou pouvait avoir sur cette
« église, ainsi qu'ils m'ont donné à connaître, ce que
« nous avons cru devoir vous signifier. »

Nous avons plusieurs monuments de l'application continuelle de notre évêque Jean à conserver la paix dans son diocèse et à terminer divers petits différends qui s'élevaient entre ses diocésains et particulièrement entre les ecclésiastiques. Il s'y occupait, lorsque inopinément il s'en éleva deux de la part d'Eudes Rigaud, archevêque de Rouen. Le premier lui fut commun avec les autres évêques de la province, et l'autre lui était particulier.

Eudes Rigaud avait été cordelier au couvent de Rouen. Etant devenu archevêque, il voulait traiter ses suffragants comme il avait traité ses moines : il ne réussit pas. Il [lui] suffit enfin d'être traité comme premier entre ses égaux, et le lundi après la Saint-Jean-Baptiste 1256, il s'accommoda avec eux au Pont-Audemer, où ils s'étaient rendus pour ce sujet.

Le différend particulier entre cet archevêque et notre évêque, était à raison du prieuré de Saint-Lo de Rouen. Notre évêque déniait à cet archevêque de pouvoir visiter ce prieuré et les églises qui en dépendent au même temps qu'il faisait la visite du surplus de notre diocèse, prétendant que l'archevêque visitant les églises de Saint-Lo et de Saint-Jean-sur-Renelle en même temps qu'il faisait la visite des autres églises de Rouen, il voulait s'attribuer une espèce de juridiction immédiate sur ces églises, qui étaient de tout le droit dépendantes de l'évêque de Coutances. Le pape Innocent IV, devant qui la chose avait été portée, avait prononcé, par son rescrit du treize novembre 1250, que si l'archevêque, après avoir fait la visite de l'église du prieuré de Saint-Lo de Rouen, « quæ ad episcopum Constantiensem noscitur perti- « nere », voulait faire ses visites dans les autres églises de son diocèse, cela ne l'empêcherait pas qu'il ne visitât par après les autres églises du diocèse de Coutances. Cette décision n'eut pas l'effet que s'en promettait l'archevêque; l'affaire fut derechef examinée à l'assemblée des prélats tenue au Pont-Audemer, et jugée enfin au contentement de notre évêque. Voici ce qu'en dit le P. Pommeraye, dans son livre des archevêques de Rouen, en parlant de cet Eudes : « Odo », dit-il, « ayant eu quelque differend avec « quatre de ses Suffragans; sçavoir, Guy Evesque de « Bayeux; Foulques de Lisieux; Jean de Coutances, « et Guillaume d'Avranches, touchant des matieres « de Jurisdiction Ecclesiastique, il s'accommoda avec « les trois premiers le Lundy d'après la Nativité de « S. Jean Baptiste, l'an 1256, au Ponteaudemer, et « avec Richard Evesque d'Avranches, successeur du « dernier, le Vendredy devant Noël de l'an 1257, « lesquels traitez furent ratifiez par les Chapitres de « leurs Eglises, et se trouvent dans le Cartulaire de la « Métropolitaine [1]. »

---

[1] *Histoire des Archevesques de Rouen*, 479.

Il y a, dans le *Livre noir* du chapitre, trois actes sur ce sujet : le premier contient le sujet des plaintes des évêques de la province contre l'archevêque Eudes; le deuxième la réponse de l'archevêque à ces plaintes, et enfin leur accord. Les deux premiers furent passés à Rome, en la présence du pape Innocent IV, auquel l'archevêque, d'une part, et notre évêque avec celui de Séez, tant pour eux que leurs confrères, d'autre part, en avaient appelé. Ces actes sont trop longs, trop ennuyeux pour être inscrits ici ou en notre recueil. Je me contenterai de l'accord, qui fera connaître quel était le différend, et d'en remarquer ici les premiers termes.

Du descord, en témoignage de ce que nous venons de dire qu'il avait été porté devant le pape, le voici :

« Innocentius episcopus, servus servorum Dei, ad
« perpetuam rei memoriam. Venerabilibus fratribus
« nostris Rothomagensi archiepiscopo, ex una parte, et
« Sagiensi et Constantiensi episcopis, pro se et aliis
« Rothomagensis ecclesiæ suffraganeis, ex altera, in
« nostra præsentia constitutis, iidem episcopi pro-
« ponere curaverunt quod dictus archiepiscopus ejus-
« que officialis [1]... »

Voici l'acte de leur accord, dans lequel il n'est point parlé du différend particulier de notre évêque :

« A tous ceux qui ces présentes lettres verront,
« Eudes, par la miséricorde de Dieu indigne ministre
« de l'église de Rouen, Gui de Bayeux, Fouque de
« Lisieux et Jean de Coutances, salut éternel en Notre-

---

[1] D. Bessin, p. 144.

« Seigneur Jésus-Christ. Savoir faisons que, y ayant
« différend entre nous archevêque, d'une part, et
« nous évêques et nos églises et nos diocésains,
« d'autre part, sur les articles suivants, nous nous
« sommes enfin accordés à l'amiable de la manière
« qui en suit. Le premier article est sur l'exécution
« des mandements de nous, archevêque, de nos offi-
« ciaux ou de ceux de l'église de Rouen, et sur la récep-
« tion des commissions que nous ferons au sujet de nos
« suffragants. Le second article concerne les compul-
« soires que nous, archevêque, pourrons décerner, et
« les témoins que nous pourrons appeler à ces causes
« à nous, à nos officiaux, ou à ceux de l'église de
« Rouen, des vôtres, par appel ou autrement[1]. Le troi-
« sième est touchant la manière de recevoir les appel-
« lations interjetées par les sujets de nos suffra-
« gants de l'église de Rouen, sans moyen, et voici
« comme on en est demeuré d'accord : Les sujets des-
« dits suffragants résidant en leur diocèse, c'est
« à savoir les doyens ruraux en leurs doyennés, les
« curés en leurs paroisses, les prieurs non conventuels
« et autres personnes ecclésiastiques bénéficières, seront
« en obligation de recevoir les commissions et de
« mettre en exécution les mandements qui leur
« seront adressés par nous susdit archevêque et nos
« officiaux. Nul official desdits suffragants, nul prieur
« conventuel, nul chanoine ou autre personne d'église

---

[1] « Secundus de compulsione et receptione testium in causis appellationum ad nos vel officialem seu officiales nostros Rotomagenses devolutis, seu alias ad nos et ipsos de jure pertinentibus. »

« cathédrale, ni autre clerc de la maison desdits suf-
« fragants, ne sera obligé de recevoir nosdits mande-
« ments ou exécuter nos commissions sans le droit
« commun, ni ne pourra être contraint à porter
« témoignage dans les causes à nous ou à nos officiaux
« dévolues, que dans son propre diocèse, et non
« ailleurs, si ce n'est en cas d'hérésie, de crime
« énorme, de simonie, d'homicide, ou de promotion
« ou de déposition de personne élevée par la voie
« d'élection en quelque dignité dans un collége de
« cette qualité, auxquels cas les abbés et prieurs
« conventuels pourront porter témoignage devant
« nous, mais toujours chez eux et non ailleurs. Les
« autres personnes de dignité ecclésiastique devront
« faire dans leur ville et diocèse, et non ailleurs, comme
« dit est, sauf les cas privilégiés d'hérésie auxquels
« ils pourront être contraints d'aller à Rouen, devant
« nous ou nos officiaux : nous fournissons à leurs dé-
« pens. Et si quelqu'un des susdits sujets est coutu-
« mace, négligent ou rebelle, il sera puni suivant les
« canons. De plus, les officiaux de l'église de Rouen,
« tant ceux qui le sont présentement que leurs succes-
« seurs, jureront, dans les deux mois de leur élection
« à cette charge, qu'à raison desdits coutumaces de né-
« gligence ou rébellion, ils ne condamneront point ces
« personnes à des peines extraordinaires, et chacun
« sera tenu de faire savoir le jour, auquel ce ser-
« ment devra se faire, auxdits suffragants ou leurs
« successeurs, ou au chapitre, le siége vacant, afin
« qu'ils aillent ou envoient à Rouen assister à la pres-

« tation de ce serment, si faire le veulent, autrement
« on ne laissera pas de passer outre à cettedite presta-
« tion de serment audit jour marqué. Item, ni nous ni
« nos officiaux nous ne recevrons aucune appellation
« qui aura été faite à nous contre les règles ordinaires
« et sans moyen, et aussi nous susdit archevêque
« nous déclarons avoir pour agréable le présent ac-
« cord, le ratifions et promettons sous le serment de
« vérité que nous l'observerons de tout notre pouvoir,
« et nous de même susdits évêques protestons avoir
« pour agréable ledit accord, le recevons et ratifions,
« tant pour nous que pour nos successeurs, promettons
« le faire agréer à tous nos sujets et de faire en sorte
« que nos chapitres l'accepteront. Et s'il se trouvait
« quelque personne qui osât y contredire et ne le pas
« accepter, elle y serait contrainte par sentence de
« suspension et même d'excommunication. En foi de
« quoi nous avons fait apposer nos sceaux aux pré-
« sentes. Fait au Pont-Audemer, le lundi après la Na-
« tivité de saint Jean-Baptiste[1]. » L'année était celle
que nous avons marquée, 1256 ; cependant celui qui a
transcrit cet acte et l'a inséré dans le livre du chapitre, l'a oubliée.

L'an 1257, Philippe de Tourlaville, prêtre et seigneur de ce lieu[2], consentit à la vente que fit au chapitre de Coutances Raoul de la Haye[3], chevalier, de
certains ténement, terres et hommes, et leurs apparte-

---

[1] D. Bessin, p. 148.
[2] Arr. de Cherbourg.
[3] Ce Raoul de la Haie était du diocèse d'Evreux. (Cartulaire de Coutances, n° 35.)

nances, lesquels étaient dépendants de son fief de Denneville et situés en sadite paroisse de Tourlaville, remettant entièrement audit chapitre tout hommage et frais que ledit chapitre, à raison de sesdites terres et ténements, était obligé de lui faire, tenant lesdits chanoines et chapitre quittes et francs de toutes redevances, moyennant la somme de 70 sous tournois, à lui par eux payés des deniers de révérend père Jean, par la grâce de Dieu évêque de Coutances, ainsi qu'il est contenu en la charte qui est datée du mois d'août de cette année, laquelle on verra en son lieu [1].

Nous avons une autre charte de cette même année, par laquelle Jean et Thomas de Malfillastre donnèrent à l'abbaye de Cerisy le patronage de Rauville [2], « quid« quid juris et advocationis habebant et habere poterant « in ecclesia sancti Martini de Radulfi Villa ». Nous avons remarqué en notre histoire générale du Cotentin ce qui se passa entre notre roi saint Louis et Henri III, roi d'Angleterre. Les sujets de ce dernier avaient peine à se persuader les échecs que leur roi avait soufferts en 1242, et que l'ordonnance de saint Louis de 1244 les chassât tout-à-fait de notre province. Ils n'en furent convaincus que par la transaction de 1260, et ainsi l'évêque et le chapitre, d'une part, et les religieux de Brewton transigèrent encore cette année 1257 des dîmes de Moyon et de Pierreville [3], lesquelles, par l'acte de 1222, leur étaient demeurées. Ils

---

[1] Cartulaire de Coutances, n° 36.
[2] Rauville-la-Bigot, arr. de Valognes.
[3] Arr. de Saint-Lo et de Cherbourg.

n'avaient néanmoins pour lors que ces deux parts de Moyon; ils avaient depuis acheté la troisième; mais ne croyant pas pouvoir la posséder légitimement sans l'investiture ou approbation de l'évêque, ils la remirent en sa disposition, cette année 1257, et ce prélat [là] leur donna, parce qu'ils s'obligèrent de lui en payer annuellement, à lui et à ses successeurs, au synode de Pâques, cent sous, moyennant quoi cette église serait exempte de déport, et en outre au chapitre de Coutances seize livres dix sous, moitié au même synode pascal et l'autre moitié à celui de l'automne, à quoi les fermiers desdits religieux seraient obligés. Cet acte, qui est extrait du 98° feuillet du volume du cartulaire du chapitre, et dont on verra la copie en la page 45° de nos chartes, est daté du vendredi d'après la Saint-Barthélemy, l'an que nous venons de marquer.

Et, pour finir tout de suite ce qui regarde ce sujet, je dirai qu'après que les Anglais eurent perdu toute espérance de retourner en cette province, et les Normands celle de jouir sans trouble des biens qu'ils avaient en Angleterre, notre évêque moyenna entre les religieux de Troarn et ceux de Brewton un échange par lequel les premiers cédèrent aux seconds ce qu'ils avaient en Angleterre et ceux-ci leur baillèrent Moyon et Pierreville, avec leurs autres dignités.

Nous avons un acte sur ce sujet; on le verra entrer dans notre recueil. C'est un jugement donné par Raoul, évêque d'Albe, légat du Saint-Siége, par lequel, sur l'opposition qu'avait formée le chapitre de Coutances à ce que l'abbé de Troarn eût en son église le même rang et dignité de chanoine qu'avait auparavant le prieur de Brewton, ce prélat condamne le chapitre à le souffrir, parce que néanmoins cet abbé récompensera le chapitre de deux cents livres pour les frais qu'il avait été obligé de faire à la poursuite de son opposition, cette somme payable à deux termes, le premier à Pâques prochain, et l'autre de ce Pâques en un an; en sorte que celui qui gagne sa cause paie les dépens. Cet acte est du six août 1269, « sede apostolica va-« cante », et donné à Coutances[1].

Nous parlerons bientôt d'un accord passé entre notre évêque Jean et son chapitre sur plusieurs articles, en 1263. Le premier de ces articles est sur le sujet de l'abbé de Troarn, que l'évêque voulait installer au nombre des chanoines, comme l'avait été le prieur de Brewton, contre la volonté du chapitre, et les arbitres jugèrent qu'ils ne devait pas le faire, « au premier chef », disent les juges, « pour le bien « de la paix. Nous ordonnons au révérend père Jean, « par la grâce de Dieu évêque de Coutances, qu'il ne « passe point outre au fait de la prébende qui était « autrefois au prieur de Brewton, de l'ordre de saint « Augustin, contraignant ledit chapitre de Coutances « à recevoir l'abbé de Troarn, qui est de l'ordre de « saint Benoît, du diocèse de Bayeux, avec même pré-« bende, et à être chanoine et leur frère, lui donnant « ou faisant donner un lieu et une stalle dans le chœur « de l'église de Coutances, ou lui donnant aide ou

---

[1] Cartulaire de Coutances, n° 270.

« secours au sujet de ladite prébende contre ledit
« chapitre, faisant audit père, l'évêque de Coutances,
« défense de passer outre à la collation de ladite pré-
« bende. »

Nous estimons que quoique l'ordonnance du légat
fût postérieure à cet acte, ce fut elle néanmoins qui
eut son effet. Je crois que cet abbé ni ses successeurs
ne payèrent point cette somme de deux cents livres;
aussi nul d'eux n'a eu dignité de chanoine de Coutances, et ils se sont depuis contentés du patronage et
de toutes les dîmes de Moyon.

Au mois de mai 1258, le roi saint Louis, étant à
Paris, pour le salut de son âme, celles de son père
Louis et de sa mère Blanche, d'heureuse mémoire,
donna au chapitre de Coutances amortissement de
toutes les terres, maisons, prairies et autres choses
quelconques qu'il avait acquises et dont il était en
possession paisible depuis 30 ans[1]. Cet acte est contenu
au feuillet 215 du 1er volume du cartulaire de Coutances; on en verra l'extrait en son lieu.

Je trouve encore que cette même année 1258, il
retira des religieux de Blanchelande une partie des
dîmes de la paroisse d'Octeville[2], qui leur avait été
donnée par son prédécesseur Hugues de Morville, et la
donna à son chapitre.

On voudra bien me permettre de remplir 1259 de
deux petites chartes de peu d'importance, à la vérité,
mais par lesquelles on pourra remarquer combien, au

[1] Cartulaire normand, n° 598.
[2] Arr. de Cherbourg.

siècle que nous parcourons, l'argent était rare et le blé à vil prix. La première est du mois de juin et contient une vente que fit Geoffroi le Petit à saint Martin et à son église de Soule ¹, « ad usum et fabricam », de deux quartiers de froment à la mesure de Soule, un pain, un denier, et une géline de rente, à prendre sur ses terres, situées proche le bourg, par le prix de huit livres tournois, une fois payées, par les mains de Guillaume du Bois et Guillaume Paistel. Le mois n'est point marqué en l'autre, qui contient que Philippe du Hamel, fils de feu Robert du Hamel, de la paroisse de Saint-Samson-de-Hallon, vendit à perpétuité pour dix sous tournois, payés comptant, à Pierre, dit le Seigneur, chanoine de Coutances, un demi-boisseau de froment, mesure rentière de ladite paroisse, payable à la Saint-Michel, laquelle rente il avait à prendre annuellement sur un nommé Guillaume Taxquet, à raison d'une pièce de terre qu'il tenait de lui à fief. On a une infinité d'exemples semblables.

En l'année 1260, Payen Corbet, fils de Guillaume Corbet, chevalier, ratifia la donation qu'un nommé Guillaume le Ebrithe avait faite au chapitre de Coutances de certains fonds dépendant de son fief de Roncey ².

Nous avons trois actes de cette même année, par l'un desquels notre évêque, sur la contestation que faisait aux religieux de Blanchelande Robert de Lan-

¹ Arr. de Saint-Lo.
² Arr. de Coutances.

quetot, écuyer, des dîmes de Saint-Germain-le-Gaillard[1], prétendant que ces dîmes lui appartenaient par droit d'héritage, Jean d'Essey, son évêque, lui fit connaître l'injustice de ces prétentions, et que ce serait mal à propos qu'il voudrait aller contre la disposition de feu son aïeul, lequel, comme il paraissait par la charte de Hugues, évêque de Coutances, dûment en forme, avait donné ces dîmes à ces religieux, à quoi ce Lanquetot acquiesça par charte donnée le lendemain de Quasimodo de 1260.

Le second acte est extrait du cartulaire de l'abbaye de Cherbourg et contient un jugement donné par notre prélat entre les abbé et religieux de ce monastère, et le curé de Nacqueville[2], nommé Martre de Falaise, pour la chapelle de Saint-Clair, qui est en cette paroisse, dont chacun voulait avoir le revenu. Elle fut adjugée aux religieux, au moyen qu'ils paieraient tous les ans au curé, ledit jour saint Clair, lequel en outre serait exempt de payer à l'avenir certain nombre de froment que les religieux de Cherbourg prenaient tous les ans sur la tierce gerbe des curés de Nacqueville.

Enfin, le troisième contient un accord entre les religieux de Hambie et le curé de Chantelou[3] pour les dîmes de cette paroisse. Les parties avaient fait compromission sur lui, sur le chapitre de Coutances, et l'archidiacre des Iles régla de manière que ce curé et ses successeurs percevraient à l'avenir, sur les deux

---

[1] Arr. de Cherbourg.
[2] Arr. de Cherbourg.
[3] Arr. de Coutances.

gerbes qui appartenaient aux religieux et à qui elles devraient demeurer, dix quartiers de froment, autant d'avoine, et deux cents de paille. L'acte est du deuxième vendredi après Noël 1260; deux ans après, c'est-à-dire en 1262, il ratifia ce même jugement par un acte nouveau.

Cette année, Jean Painel, archidiacre de Coutances, donna au chapitre liberté d'acheter dans l'étendue des terres qui dépendaient de son fief en la paroisse d'Orval, pour fournir à l'entretien d'un cierge qu'il avait fondé en la cathédrale, qui devait brûler nuit et jour devant le maître-autel, et l'abbé de Cherbourg, avec ses religieux, passa cette même année accord avec le même chapitre de Coutances pour l'alternative du patronage de l'église du Rosel.

Outre ce que nous avons rapporté en notre histoire générale au sujet de la paroisse d'Agon[1], nous remarquerons ici qu'à la fin et ensuite de ces chartes que nous avons citées, on lit cet article, qui concerne l'état de cette paroisse : « Le curé d'Agon est un des quatre
« archiprêtres de l'insigne église de Coutances, lequel
« est obligé d'être assis à côté de l'évêque, lorsqu'il
« officie pontificalement en l'église cathédrale. Il a pleine
« juridiction ecclésiastique sur ses paroissiens, il ne
« doit point de déport, il n'est point obligé d'assister
« aux synodes, et son vicaire n'est point tenu de
« prendre de lettres de vicaire pour desservir. »

Cette année 1263, le même Jean d'Essey, notre

---

[1] Arr. de Coutances.

évêque, termina un procès entre l'abbé de Hambie, nommé Robert, d'une part, et Jean de Balou, dix-huitième abbé de Savigny, en qualité de père spirituel et prieur des religieuses de l'Abbaye-Blanche de Mortain, d'autre, sur la troisième partie d'une portion de dîme qui se perçoit de cette terre qu'on appelle le domaine du Seigneur, en la paroisse de Bréhal[1], les religieuses exhibant des chartes de donation par Vivien, autrefois évêque de Coutances, et les religieux de Hambie soutenant au contraire, que cette portion et toutes autres de cette paroisse de Bréhal leur appartenaient. Les religieux, par cet accord, céderont ces dîmes, au moyen qu'ils auraient par an, jour saint Aubin, au mois de mars, dix quartiers de froment, mesure dudit lieu de Bréhal. Cet acte est du vendredi avant la fête de la Madeleine 1264[2].

Quelque temps auparavant, il avait réglé ces mêmes religieux et le curé de Bréhal qui l'avaient choisi arbitre de leurs différends, en sorte que le curé, outre les mêmes dîmes, aurait encore huit quartiers de froment, autant d'orge et autant d'avoine, mesure de Villedieu[3], avec huit cents de paille par an, et le surplus demeurerait aux religieux.

Et quelque temps après, c'est-à-dire au mois de février de l'an 1265, messire Jean Grosparmi, chanoine de Coutances, donna à perpétuité à cette église 40 sous de rente, à prendre, au jour de l'Ascension, sur

---

[1] Arr. de Coutances.
[2] Répertoire de M. DE GERVILLE, V, 2358.
[3] Arr. d'Avranches.

la maison de Coutances à lui autrefois vendue par Robert du Lorey, clerc, et Alix, sa femme, et ce, pour faire annuellement un service pour feu Siméon Grosparmi, en son vivant bourgeois de Périers, de laquelle somme deux parties seraient distribuées aux chanoines et la troisième aux clercs du chœur. L'acte en est contenu au 23° feuillet du troisième registre des chartes du chapitre.

On peut remarquer de cet acte qu'il y avait alors deux sortes de clercs, les uns mariés et les autres non mariés, lesquels jouissaient presque également des priviléges de la cléricature. Au conseil provincial de Normandie, tenu au Pont-Audemer, le lendemain de décollation de saint Jean 1262[1], il est étroitement commandé d'avertir les clercs mariés et non mariés, de s'abstenir aux fêtes et dimanches gratuitement de tout commerce séculier, et de porter la tonsure et habit de clerc. Que si après une troisième monition ils ne se corrigent pas, l'Eglise souffrira que les clercs non mariés soient, eux et leurs biens, sujets aux lois et coutumes du pays, et n'empêchera point du tout que les seigneurs temporels n'exigent des clercs mariés les mêmes servitudes et redevances qu'ils exigent de leurs autres vassaux. Enfin, si après les trois monitions, « contingat quod pro suis excessibus à sæcularibus « Judicibus capiantur, in criminibus comprehensi, non « præcipiemus eos per censuras Ecclesiasticas libe-« rari », il arrivait qu'ils fussent surpris en quelques

---

[1] Lisez 1267.

crimes énormes, l'Eglise ne les retirerait point des mains de la justice séculière et n'userait point de ses censures et de son pouvoir pour cela [1].

Les deux premiers actes dignes de mémoire que je trouve après ce que nous venons de dire, sont de saint Louis et donnés, en l'an 1269, en faveur de l'église et du chapitre de Coutances. Le premier est daté de Saint-Lo, au mois de juillet, et contient que ce monarque ayant appris du chapitre de Coutances qu'on célèbre tous les ans un service solennel pour feu de bonne mémoire le roi Philippe, son aïeul, le roi Louis, son père, et la reine Blanche, sa mère, en l'église cathédrale, il a donné permission aux chanoines de cette même église de pouvoir acquérir légitimement dans ses dépendances, pourvu que ce ne soit point fief ou membre de fief de haubert, terres nobles et de la dépendance immédiate du duché de Normandie, sujettes à gardes-nobles, et autres redevances semblables, jusqu'au nombre de 60 livrées de terre, pour l'augmentation du culte divin, se réservant néanmoins les droits qu'il pourrait avoir sur ces acquisitions et sauf aussi le droit d'autrui, si ce n'est qu'on ne pourrait les contraindre de s'en dessaisir, ordonnant en outre qu'ils mettraient entre les mains de son bailli de Cotentin les contrats de l'acquisition qu'ils auraient faite, aux fins de l'estimation de la valeur et pour que les droits du roi ne se perdissent point, dont le chapitre étant content, il accorda à Sa Majesté de faire un service

---

[1] Dessin, p. 150.

annuel pour lui après son décès. Cet acte est inséré au feuillet 214ᵉ du volume des chartes du chapitre de Coutances, et porte la date de 1269[1].

Le deuxième est extrait du même feuillet. Il témoigne que si le saint monarque conservait avec soin les droits de sa couronne, il n'avait pas moins d'attention à conserver ceux de l'église du comté de Mortain, qui était un fief mouvant de l'église de Coutances dans le temps des ducs de Normandie. Ce fief, par la conquête de Philippe-Auguste, avait changé de maître avec la province; ce changement ne parut assuré que depuis l'an 1260, par ce traité entre les rois de France et d'Angleterre dont nous avons parlé en son lieu. Après cette assurance, l'évêque et le chapitre se retirèrent vers le roi, afin de rentrer dans leurs droits au sujet de l'hommage de ce comté de Mortain, et ce monarque, reconnaissant leurs droits, ordonna à son bailli de Cotentin de les acquitter personnellement. Voici son ordonnance, qui s'expliquera assez d'elle-même :

« Louis, roi de France, au bailli de Cotentin, salut.
« Comme ainsi soit qu'il ait été ordonné en notre cour,
« du consentement de notre amé et féal Jean, évêque
« de Coutances, que notre bailli de Cotentin, tel qu'il
« soit selon la diversité des temps, prête, aussitôt
« après son établissement, serment de fidélité à l'église
« de Coutances, à cause de notre comté de Mortain,
« nous te mandons que tu aies à prêter le serment de

---

[1] Cartulaire de Coutances, n° 354; cartulaire normand, n° 747.

« la manière qu'il nous a accoutumé d'être fait. Que
« s'il arrive que cedit comté de Mortain sorte de nos
« mains ou de celles de nos héritiers, rois de France,
« celui qui pour lors tiendra ledit comté de Mortain
« sera tenu de prêter lui-même ledit serment de fidélité
« à ladite église, à cause du même comté. Fait à Paris,
« après le dimanche de *Reminiscere* 1269 [1]. »

Cette même année, la veuve de Guillaume de Montigny, chevalier, donna aux abbé et religieux de Cherbourg la moitié de son fief nommé de Souslemont, en la paroisse de la Pernelle [2], à condition qu'on ferait tous les ans un service solennel pour elle, ledit jour auquel arriverait son décès, et notre évêque confirma cette donation par acte passé à Coutances le mardi avant l'assomption de la sainte Vierge.

Ce très-illustre monarque saint Louis mourut au mois d'août de l'an suivant, 1270, au camp devant Tunis, de la manière que chacun sait. Son fils Philippe troisième, surnommé le Hardi, lui succéda. Il fut obligé, l'an suivant, de prendre les armes contre les comtes de Foix qui persécutaient injustement Gérard de l'Ile, son vassal; et cette guerre nous donne ici l'occasion d'expliquer les redevances et obligations anciennes de nos évêques en ces sortes d'armements ou convocations d'arrière-ban.

André Duchesne, à la fin de ses *Historiens de Normandie*, a fait réimprimer le rôle des fiefs militaires et des obligations de ceux qui les possédaient à ces sortes

---

[1] 14 mars. (Cartulaire normand, n° 778.)
[2] Arr. de Valognes.

de convocations. Les curieux peuvent voir les autres ; voici seulement ce qui nous regarde :

« L'évêque de Coutances doit le service de cinq che-
« valiers et doit en avoir treize à son service, c'est-à-
« dire qu'il doit être accompagné en l'armée de treize
« chevaliers [1]. »

Et dans les *Anciens rôles de l'arrière-ban*, donnés au public par la Roque, nous trouvons en celui qui a pour titre :

Les Chevaliers et Escuiers, et autres qui doivent service au Roy, et qui vinrent en l'Ost de Foix, et confesserent par leurs Cedules les services si comme ils sont ci escrips 1271.

L'Evesque de Coustances doit service de 4. Chevaliers par 40. jours pour raison de la Baronnerie de Saint Lo et de Coustances [2].

Il l'exécuta l'an suivant ; dans le rôle de ceux qui comparurent à Tours, à la quinzaine de Pâques, pour l'armée du roi de cet an 1272, nous trouvons écrit :

« L'évêque de Coutances n'a point comparu ; mais
« il a envoyé le service qu'il devait, c'est à savoir
« quatre chevaliers qui sont : Jean de Saint-Gilles,
« Guillaume de Trely, Thomas de Rampan et Guillaume
« de Cordé, qui vont à l'armée [3] ».

De ces cinq chevaliers dont il est parlé dans le rôle de Duchesne, le nombre en avait été réduit à quatre

---

[1] *Historiæ Normannorum scriptores*, p. 1045.
[2] *Traité du ban et de l'arrière-ban*, édit. de 1735, p. 65.
[3] *Ibid.*, p. 71.

par le traité fait avec Philippe-Auguste et la cession du fief de Soule par Hugues de Morville, comme nous l'avons remarqué, et enfin ces obligations ont tout à fait cessé par les traités depuis faits entre les rois et le clergé de France, moyennant paiement ordinaire des décimes.

En 1263, il y avait eu un grand procès entre l'évêque et le chapitre de Coutances ; il avait été porté à Rome. Le pape en avait choisi Eudes, évêque de Tusculum, auditeur de rote, pour juge : il n'avait point jugé. L'archevêque de Rouen s'en était rendu médiateur : il n'avait pas terminé la chose. Les parties, enfin, ennuyées de ces longueurs, s'étaient choisi des arbitres et des juges pour en décider à l'amiable de la manière qu'ils jugeraient à propos. Ces juges étaient Mathieu d'Essey pour l'évêque et Pierre de Masserville[1] pour le chapitre, tous deux chanoines de Coutances, et pour surarbitre, messire Jean de Clermont[2], archidiacre de Bayeux. Nous avons le jugement de ces trois arbitres ; nous allons en rapporter le premier article, qui est la défense qu'ils firent à l'évêque d'admettre l'abbé de Troarn à être chanoine de Coutances. Par le deuxième, il est ordonné à l'évêque de chasser Guillaume de Troarn, son neveu, sa femme et toute sa famille, avant le jour de saint Michel, du manoir du Temple, qui est proche Saint-Lo, en sorte qu'après ce terme, ni eux, ni personne pour eux n'y demeure. Par le troisième, il est permis à l'évêque d'instituer, de destituer et confirmer les abbés

[1] Le *Gallia* dit « *de Maceriis* ».
[2] « *De Caromonte* ».

de son diocèse, sans en demander avis au chapitre. Le quatrième, l'évêque sera obligé de bénir les abbés du diocèse dans l'église cathédrale, et si quelque maladie l'en empêche ou qu'il le fasse ailleurs, du consentement du chapitre, il les enverra, auparavant que d'entrer en leur charge, faire leur profession [à l'église cathédrale. Cette profession] se fera hors les portes de ladite église, en cette forme : *Moi, N., abbé de......, je promets obéissance, révérence, sujétion, à cette sainte église de Coutances, et je signe la promesse que je fais sur cet autel.* 5° Il promovera aux ordres des chanoines que le chapitre lui présentera ou en personne ou par lettres, auxquelles il usera de ces termes : *Salut et révérence due à son père et entière à Jésus-Christ*[1]. 6° L'évêque pourra disposer de ses forêts comme lui et ses prédécesseurs en ont disposé au temps passé, sans en demander le consentement du chapitre. 7° Il paiera dix livres tournois audit chapitre, pour être cette somme distribuée entre eux, suivant la coutume, lorsqu'il n'assistera point au chœur les jours de Noël, de Pâques, de la Pentecôte, de l'assomption de la Vierge, et de saint Lo, évêque, [c'est-à-dire] 10 livres pour chaque absence. 8° La moitié du patronage de Nicorps ayant été donnée à l'évêque par

---

[1] Il y a plus dans le texte : « Item, ordinando pronunciamus ut episcopus « Constantiensis sine consensu capituli sui non possit dare licentiam thesau- « rario et scholastico ecclesiæ Constantiensis absentandi se ab ecclesia « memorata. Item, ordinando pronunciamus quod episcopus Constantiensis « canonicos Constantiensis ecclesiæ ad præsentationem capituli Constant. ad « ordines promovebit. Item, ordinando pronunciamus ut episcopum Cons- « tantiensis clericos chori ecclesiæ Constantiensis promoveat ad ordines, « si cantor eos in persona propria præsentet, vel per litteras suas continen- « tes salutem et reverentiam tanto patri debitam et devotam. »

Guérard de Gratot, chevalier, il pourra en disposer à sa volonté et le chapitre, sur la réquisition du prélat, sera obligé d'y consentir. 9° Les biens des chanoines, soit simples ou en dignités, mourant *ab intestat*, seront à la disposition de l'évêque et du chapitre, ou de leurs députés. 10° Les offrandes et autelage seront purement et simplement pour la fabrique de l'Eglise, sans que le chapitre y puisse prétendre. 11° La demande que fait le chapitre à l'évêque pour raison de la maison du trésorier, demeurera nulle, ledit évêque ayant satisfait audit trésorier. 12° Sur ce que le chapitre avait demandé qu'il ne payât rien pour le sceau des lettres, qu'il ferait sceller à la cour de l'Eglise, on laisserait cet article à l'honnêteté de l'évêque. 13° Il paiera au chapitre 25 livres, une fois payées, au lieu de 40 sous tournois de rente, que demandait ledit chapitre, à cause de la maison qui fut à Raoul Moriol, située devant les portes de la grande église, moyennant quoi ledit chapitre renoncerait à jamais rien demander sur cette maison. 14° Le chapitre ayant prétendu avoir tout droit sur la cure de Sainte-Marie-du-Mont[1], d'y mettre et de retirer le curé quand il semblerait bon, de visite et de toute juridiction sur lui, et voulant même que celui qui y était actuellement et avait été mis par l'évêque en fût destitué, il en fut refusé. 15° Le patronage de Belval appartenait audit chapitre, et le curé qui y a été mis de la part de l'évêque y resterait, à la vérité, mais

---

[1] Arr. de Valognes.

prendrait une nouvelle collation du chapitre. 16° Quiconque devait être chanoine, ferait au chapitre serment de garder fidélité à l'église de Coutances et d'observer ses bonnes et anciennes coutumes. 17° Sur ce que le chapitre prétendait être en droit d'instituer et de destituer, conjointement avec l'évêque, des gardes ou *couteurs* de l'église cathédrale, et se plaignait que l'évêque le faisait seul et s'en attribuait tout le droit, l'évêque serait maintenu. 18° La plainte que faisait le chapitre contre l'évêque, comme s'étant approprié plusieurs églises, bénéfices et revenus qui devaient être communs entre eux, serait de même recette. 19° Les chanoines prébendés de la Mancellière, de Saint-Samson, de Mulleville, de Quibou, de Trély, de Saint-Louet-sur-Sienne[1] et d'Urville auraient pleine juridiction temporelle et spirituelle sur leurs vassaux. 20° L'évêque paierait au chapitre vingt sous de rente pour toutes choses à raison du moulin de Bonfossé. 21° Sur la demande que faisaient les chanoines que les distributions, que l'évêque percevait quoique absent, fussent par le *communier* données aux quatre clercs du chœur, on laisserait la chose sur la conscience du prélat. 22° Le chapitre entretiendrait les enfants de chœur et l'évêque ferait [faire] des croix neuves et réparer les vieilles. 23° Les chanoines qui avaient des cures non annexées à leurs canonicats, dans la ville ou dans le diocèse, seraient obligés d'obéir aux mande-

---

[1] La Mancellière, arr. de Mortain; Saint-Samson-de-Bonfossé, Quibou, Saint-Louet-sur-Sienne, arr. de Saint-Lo; Muneville-sur-Mer, appelé Mulleville dans le *Livre noir* du chapitre, Trély, arr. de Coutances.

ments de l'évêque ou de son grand vicaire, pourvu que les mandements leur soient adressés non en qualité de chanoines, mais de curés. 24° L'évêque serait le gardien de la fabrique, comme c'est la coutume ; si néanmoins il y avait quelque réparation ou frais à faire, il en demanderait le conseil du chapitre ou de la plupart des chanoines. 25° La plainte que faisait le chapitre de ce que l'évêque, contre la coutume, établissait plusieurs officiaux dans son diocèse, était irrégulière. 26° On regarderait de même celle par laquelle on se plaignait qu'il n'observait pas les coutumes, les statuts, ni les usages approuvés. 27° Sur la plainte que faisait l'évêque de ce que le chapitre entreprenait de mettre l'église cathédrale en interdit et d'y faire cesser le divin service de sa propre autorité, au mépris de l'évêque et sans lui en demander avis, défense serait faite audit chapitre de faire chose semblable à l'avenir ; que telles entreprises étaient déclarées nulles dès à présent, et que l'interdit fait l'an 1268[1], depuis environ 8 jours avant Noël jusqu'après la purification de la sainte Vierge, était déclaré nul et n'appartenait [d'] aucun droit auxdits chanoines. 28° Sur la plainte du même prélat que les chanoines avaient fait défense aux clercs et aux vicaires du chœur d'aider ou assister ledit évêque lorsqu'il célébrait au grand autel, et même d'en avoir chassé quelques-uns pour cette raison, ils seraient absous de cette faute comme niant le fait. 29° Sur la plainte

---

[1] Lisez 1261.

que faisait ledit évêque de ce que le chapitre avait statué témérairement que chaque chanoine pourrait s'absenter une fois la semaine de l'office sans perdre ses rétributions ordinaires ; que les chanoines qui assisteraient au chapitre, qui se tient une fois la semaine, auraient douze deniers sur la *commune* pour leur présence et double portion ; que la rétribution qu'on a coutume de faire aux chanoines qui entonnent les antiennes de l'Avent serait prise sur les deniers communs et non sur les chanoines en particulier ; que chacun an, au jour du chapitre général, chaque chanoine aurait vingt livres tournois sur les deniers de la même *communé*, et de ce qu'enfin ledit chapitre avait accordé la distribution commune et de chaque jour avec l'évêque au nommé Moriol, ladite plainte fut mise à néant, attendu que l'évêque avait été présent à toutes résolutions ou de la plus grande partie. 30° De même au sujet de la collation de trois vicaires du grand autel, de leur institution et destitution dont l'évêque se plaignait, elle fut mise à néant. 31° Enfin, au regard de la prétention de l'évêque d'avoir toutes sortes de juridictions sur les dignités, les personnats, chanoines et vicaires, il fut dit que le chapitre avait juridiction civile et criminelle sur les chanoines et ayant charge et dignité dans l'église cathédrale, si les crimes avaient été commis en l'église ou ville de Coutances, et que l'évêque aurait cette même juridiction sur les archidiacres, non à raison ni en qualité de chanoines, mais en qualité d'archidiacres [1].

---

[1] *Gallia Christiana*, XI, 263 *instrum.*

Ce différend qui, comme nous avons dit, avait été terminé à Coutances le mardi après l'assomption de la sainte Vierge, l'an que nous venons de marquer, n'avait point altéré la charité du prélat envers son chapitre, ni diminué en lui le désir de lui faire du bien. C'est ce qui paraît en 1272, au mois d'août, auquel il donna à son église les dîmes qu'il avait retirées des laïques en la paroisse de Montaigu[1], lesquelles appartenaient à un chevalier nommé Richard Frapier[2], ainsi que certains revenus et redevances qu'il avait acquis en la paroisse de Mesnil-Auvair[3], estimés à quatre livres sept sous de rente ; les rentes et les revenus qu'il avait acquis à Saint-Georges-en-Bauptois, estimés à sept livres tournois ou environ ; la maison qu'il avait fait bâtir à Coutances, n'étant encore qu'archidiacre, dans laquelle Guillaume, chantre de Coutances, demeure ; trente boisseaux de froment à Guillaume, chantre de Coutances ; de même trente boisseaux de froment à Quibou, mesure du lieu, et enfin douze boisseaux de même blé, mesure de Coutances, en la paroisse de Saussey[4]. Il voulut encore que dès lors le chapitre entrât en possession, jouît de l'effet de toutes ces donations, et que tous les titres à cet effet lui fussent mis entre les mains ; et comme cette donation avait été faite afin qu'on célébrât annuellement un service pour lui en la cathédrale, le jour qu'arriverait son décès, il voulut qu'en attendant, les arrérages de ces rentes et revenus fussent pendant sa

[1] Arr. de Valognes.
[2] Qui les avait données à Jean d'Essey (Cartulaire de Coutances, n° 52).
[3] Mesnil-au-Val, arr. de Cherbourg.
[4] Arr. de Coutances.

vie conservés pour être tous ensemble employés en l'acquisition de diverses autres rentes et revenus, qui seraient pour l'augmentation de ce même obit. On verra en notre recueil, page 50.

Le feuillet 70 du premier volume des chartes du chapitre contient un acte par lequel on peut connaître quelle était l'inclination de notre évêque à enrichir son église et à faire prier Dieu pour lui et pour ses parents : « Nous avons, dit-il, par charité, pour le
« salut de notre âme et celles de nos parents, donné
« au chapitre de Coutances, et confirmons notre dona-
« tion par ce présent écrit, pour faire trois obits par
« an pour nous, après notre mort, et un autre pour
« feu messire Thomas d'Essey, chanoine de Coutances,
« notre frère, les revenus dont voici le dénombrement:
« les dîmes que nous avons acquises de Richard Fra-
« pier, chevalier, de Guillaume et Orence de la
« Vallée, et de Guillaume Butorel, à Bretteville[1],
« et de Michel[2] de Beuzeville, prêtre, à Beuzeville-
« sur-le-Vey[3], lesquelles dîmes cesdits prêtres et
« chevaliers possédaient comme fiefs laïques, et en
« outre toutes les terres, rentes et revenus que ledit
« chapitre a acquis, de nos propres deniers, de
« Raoul de la Haye, chevalier, du diocèse d'Evreux,
« et dans les parroisses ci-dessous nommées : en la
« parroisse de Tourlaville[4], sur Richard Hare, deux
« pains de trois deniers tournois chacun et deux

---

[1] Bretteville-en-Saire, arr. de Valognes.
[2] Lisez Nicolas.
[3] Arr. de Saint-Lo.
[4] Arr. de Cherbourg.

« gélines ; sur Simon le Coq, douze deniers tournois,
« trois quartiers de froment à la mesure de Tourla-
« ville, deux pains de deux deniers, monnaie du Mans,
« chacun, deux poules et vingt œufs ; sur Thomas de
« Courcy, onze boisseaux de froment à ladite mesure,
« deux pains de deux deniers manceaux et deux
« poules. Item au Mesnil-Auvair, sur Richard Loquet,
« deux sous tournois, deux pains et deux deniers du
« Mans et deux poules. »

Ce qui suit est une longue et ennuyeuse énumération de rentes, comme les précédentes, en deniers, pains, grains et poules, que j'ai cru inutile d'insérer ici. Après quoi, ce revenu doit être employé de la manière qui suit : « Desquels dîmes, revenus, terres
« et possessions et autres choses susdites, nous voulons
« et ordonnons que le susdit chapitre en prenne treize
« livres tournois par chacun an, pour l'anniversaire de
« feu de bonne mémoire Vivien, évêque de Coutances,
« en échange et au lieu de vingt livres tournois qu'il
« avait accoutumé de prendre sur le moulin de Bon-
« fossé, sous le nom de dîme, et d'une certaine portion
« de dîme que percevait ledit chapitre, en la parroisse de
« Saint-Ebremond-de-Bonfossé, lesquelles vingt livres
« et laquelle dîme ledit Vivien avait de son vivant
« données audit chapitre pour faire un obit par an,
« en ladite église de Coutances, pour le salut de son
« âme, ce que ledit chapitre nous a quitté vertu dudit
« échange. Item nous voulons que desdites rentes et
« revenus, il en soit distribué par le *communier* dudit
« chapitre, que nous et nos successeurs établirons dans

« ladite église, c'est à savoir quinze livres à chacun
« selon la forme et l'usage des chapelains, lesquels
« chapelains seront obligés d'assister aux heures cano-
« nicales en ladite église comme les autres, et celui qui
« y manquera sera marqué comme les autres. Ils seront
« obligés de célébrer tous les jours pour notre salut
« la messe, et pour le salut de nos parents, bienfai-
« teurs et autres défunts; de plus, en l'anniversaire
« qui se fera solennellement une fois par an pour nos
« parents, le *communier* distribuera quatre livres tour-
« nois aux chanoines et quarante sous tournois aux
« clercs du chœur qui y assisteront; de même à l'anni-
« versaire dudit messire Thomas, notre frère, on distri-
« buera soixante sous tournois, savoir : les deux tiers
« aux chanoines et l'autre tiers aux clercs du chœur.
« Item, à notre anniversaire qui se fera trois fois par an,
« le *communier* distribuera à chaque fois aux pauvres
« pour dix livres tournois de pain, aux chanoines qui
« y assisteront aussi dix livres; et sur ledit revenu on
« prendra soixante livres tournois pour le luminaire,
« et ce qui sera de surplus, toutes charges faites, des-
« dites dîmes, rentes et revenus, on le distribuera
« aux clercs du chœur qui assisteront à notre obit
« général. En foi de quoi, nous avons fait apposer
« notre sceau à ces présentes lettres et le chapitre le
« sien, l'an 1273, au mois d'août, le lendemain de l'as-
« somption de la sainte Vierge, au chapitre général[1]. »

Nous avons un acte de cette même année 1273,

---

[1] Cartulaire de Coutances, n° 224.

passé devant l'official de Bayeux, le samedi après la purification de la sainte Vierge, par lequel Guillaume Harang et Rohese sa femme, de la paroisse de la Ferrière-Harang, du même diocèse de Bayeux, reconnurent de leur bon gré, savoir : ledit Harang, du consentement de ladite Rohese, avoir vendu, quitté, cédé et délaissé à révérend père Jean, par la grâce de Dieu évêque de Coutances, toute la part et portion qui lui pouvait appartenir des dîmes de Sainte-Marie-Laumont[1], au diocèse de Coutances, en quelque lieu de ladite paroisse, avec tout le droit qu'y pouvait avoir ledit Harang à raison de ladite sa femme, et ce par le prix et somme de cent dix livres tournois, que lesdits Guillaume et Rohese confessèrent avoir reçues dudit père.

Cet acte, qui est au feuillet 109 du premier volume des chartes du chapitre tant de fois cité, est suivi d'un autre passé au mois d'avril suivant, que l'on comptait 1274, en présence du curé de Sainte-Marie-Laumont, par lequel il paraît que Michel Richard et Robert de Sainte-Marie, dont ce dernier était clerc, fils d'Eudes de Saint-Marie, vendirent au révérend père en Dieu et seigneur Jean, par la grâce de Dieu évêque de Coutances, par le prix et somme de cent dix livres dont ils furent bien payés et pleinement satisfaits, toute et telle portion de dîme qui leur pouvait compter et appartenir en ladite paroisse Sainte-Marie-Laumont, avec promesse de garantir et de faire ratifier cette vente à leur

---

[1] Sainte-Marie-Laumont, arr. de Vire.

mère, et de l'acquitter envers elle de tout ce qu'elle pourrait demander à raison de sa dot, douaire ou don de mariage.

Et au mois d'octobre suivant, le samedi avant la fête des apôtres saint Simon et saint Jude, de la même année 1274, notre prélat désirant, comme il le dit, pourvoir au salut de son âme et de celles de ses prédécesseurs et successeurs et parents, fonda en son église cathédrale deux chapelles et deux chapelains dont lui et ses successeurs seraient les collateurs, le tout du consentement du chapitre, et donna à ces chapelles et aux chapelains qui desserviraient à la manière des autres chapelains de ladite église, encore du consentement du chapitre, les deux portions de la dîme qu'il avait acquise en la paroisse de Sainte-Marie-Laumont, quatre livres tournois de rente qu'il avait acquises en la paroisse de Sottevast, ce qu'il avait acheté dans la paroisse de Remilly de messire Raoul Heroard, clerc, et six quartiers de froment aussi de son conquêt en la paroisse d'Auville[1], lesquels revenus desdits chapelains seront payés par le *communier* du chapitre, à la manière des autres chapelains, et seront iceux chapelains tenus d'assister aussi comme les autres à l'office du chœur, en sorte que leurs absences soient marquées[2]. Enfin ce bon évêque, après avoir passé vingt-six ans dans les travaux de l'épiscopat, rempli les devoirs d'un pieux et vigilant pasteur et fait du bien à tout le monde, et particulièrement aux églises, aux

---

[1] Auville-sur-le-Vey, arr. de Saint-Lo.
[2] Cartulaire de Coutances, n° 225.

religieux et aux pauvres, mourut en paix à Coutances le dernier jour d'octobre 1275.

MM. de Sainte-Marthe disent qu'il mourut en 1270 ; mais ils se trompent, comme il paraît par plusieurs actes postérieurs à cette année. L'obituaire de la Perrine marque cette mort au premier jour de mars de l'an 1274, ce qui serait, à notre manière de compter, 1275. En voici les termes : « Anno Domini 1274, « calendis Martii, obiit vir bonæ memoriæ Joannes « Constantiensis episcopus qui nobis dedit centum « libras turonenses ad emendos redditus. » J'estime aussi qu'il y a de l'erreur en cette date ; au rapport de tous les autres obituaires, ce fut le dernier jour d'octobre que Jean d'Essey mourut et non au mois de mars. Je crois donc que ce jour est celui auquel cette somme de cent livres fut donnée aux religieux de ce monastère. Les autres obituaires marquent le jour de cette mort sans en désigner l'an : « Pridie calendas novem- « bris », porte celui de l'abbaye de Cherbourg, « obiit « bonæ et piæ memoriæ Joannes episcopus Constan- « tiensis qui nobis dedit ducentas libras turonenses ad « redditus comparandos ad obitum suum. » Le même, sur le 26ᵉ du mois d'août, marque un service solennel pour ce prélat, en ces termes : « Septimo calendas « septembris, commemoratio reverendi in Christo patris « ac domini Joannis Dei gratia Constantiensis episcopi, « qui nobis dedit centum libras turonenses ad usum « et reparationem nostri monasterii, inde iste obitus « seu commemoratio in conventu solemniter celebrari « debet. »

Le nécrologe de l'abbaye de Saint-Sauveur-le-Vicomte marque aussi sa mort le dernier d'octobre, mais sans en dire l'année : « Pridie calendas « novembris, obiit venerabilis pater Joannes episcopus « Constantiensis ». Et au mois de juillet : « Decimo « sexto calendas augusti, recordatio obitus venera- « bilis patris nostri Joannis episcopi Constantiensis. « Conventui quinquaginta libras, pauperibus triginta « quinque. »

Dans le nécrologe de l'abbaye de Saint-Lo, il est fait quatre fois mémoire de lui. Au dernier jour du mois d'octobre : « Pridie calendas novembris, obiit « Joannes Constantiensis ». Au 24° décembre : « Nono « calendas januarii, commemoratio Joannis Constan- « tiensis episcopi. Missa de requiem ». Au dernier du même mois de janvier : « Pridie calendas fe- « bruarii, commemoratio bonæ memoriæ Joannis « quondam episcopi Constantiensis ». Et enfin au 24° mars : « Nono calendas aprilis, commemoratio « Joannis bonæ memoriæ Constantiensis episcopi. « Missa de requiem. »

Il y a trois obits pour lui en son église cathédrale, aux mois de février, de juin et d'octobre, et un quatrième aussi de sa fondation pour ses parents. On en fait mémoire à Blanchelande le 21 avril, et à la Bloutière le 30 juin. Il est en l'Hôtel-Dieu de Saint-Lo trois fois au nombre des bienfaiteurs pour qui on doit prier. Enfin, je n'ai point vu de lieu de piété dans lequel on n'ait fait une très-honorable mention de lui. Nous n'en apprenons l'année de sa mort ; mais ce nous sont des témoignages de sa libéralité et de ses autres vertus. Au reste, ce qui nous fait croire qu'on doit marquer l'époque de sa mort en 1275, comme nous avons dit, ce sont deux chartes, l'une du mois de juin, et l'autre du mois d'août en l'an 1276, par lesquelles Guillaume de Vernon, seigneur de Néhou, chevalier, permet au chapitre de Coutances d'acheter vingt vergées de terre, et sept sous quatre deniers de rente, dans son fief, baronnie et ténement, en quelque lieu qu'elles soient de sa dépendance, et d'en jouir purement, simplement et franchement, et ce pour l'obit de Jean, de bonne mémoire, autrefois évêque de Coutances [1].

L'autre est un édit du roi Philippe le Hardi, par lequel il mande au bailli de Cotentin qu'ayant su que feu d'excellente mémoire Louis, roi de France, son père et son seigneur, avait permis aux ecclésiastiques d'acquérir les dîmes possédées par des personnes laïques dans les terres et fiefs qui dépendaient immédiatement de lui, et de les posséder à perpétuité sans son consentement ni celui de ses successeurs, il n'ait à mettre aucune opposition à la jouissance de certaines dîmes que feu de bonne mémoire Jean de Coutances acheta de son vivant, et qu'il appliqua à des usages de piété [2].

Cet acte, qui est extrait du 86º feuillet du deuxième volume des chartes du chapitre de Coutances, est d'Orléans, le dimanche après l'octave de

---

[1] Cartulaire de Coutances, nº 196.
[2] Cartulaire de Coutances, nº 120; cartulaire normand, nº 877.

l'assomption de la sainte Vierge ; on le verra en son lieu.

L'épiscopat de Jean d'Essey et de quelques-uns de ses prédécesseurs fut honoré de la vie et des miracles d'un très-excellent ecclésiastique ; je veux dire Thomas Hélie, prêtre. Il était d'une naissance médiocre, d'une petite paroisse nommée Biville, dans le doyenné de la Hague, proche de la mer. Sa vie humble et charitable, zélée pour la gloire de Dieu et le salut des hommes, a été regardée comme modèle de celle d'un véritable ecclésiastique, et on lui attribue une infinité de miracles qu'on dit même encore continuer tous les jours à son tombeau. On a inséré sa vie dans le *Recueil des saints martyrs*. Pierre Hélie, religieux de l'Hôtel-Dieu de Coutances, a fait une longue histoire de sa vie, de ses emplois, de ses études, de ses voyages, de ses vertus et de ses miracles, qu'on espère qu'il donnera au public. M. du Saussey en fait une honorable mention dans son *Martyrologe français*, et nous lisons ces termes dans le calendrier du Rituel de Rouen, imprimé en 1646[1], sur le 20 octobre[2] : « Venerabilis *Thomas Helye*, presbyter, sancti Ludovici regis eleemosynarius, sanctitate insignis, in diœcesi Constantiensi moritur anno Domini 1257 ». Sur quoi il est bon d'avertir ceux qui travaillent encore, que, n'ayant vécu que sept à huit ans sous l'épiscopat de Jean d'Essey, on doit prendre garde à ne pas lui attribuer plus de faits qu'il ne lui en peut convenir.

[1] En 1640, par Jean Le Prévost.
[2] Lisez le 19.

Nous avons la vie de ce bon prêtre écrite par deux auteurs différents : le premier est un nommé Allain, lequel, par une espèce d'épître adressée au curé de Biville, nommé Clément, lui raconte les saintes actions du bienheureux Thomas, en quoi j'estime qu'il est à remarquer qu'il n'est point dit qu'il était aumônier de saint Louis, ni curé de Saint-Maurice ; le second écrivain exprime son nom par ce distique :

> Nomen Baptistæ,
> Cognomen hominis iste
> Gessit, qui dudum
> Vestivit frigore nudum.

Ce que je crois signifier Jean-Baptiste de Saint-Martin. Quoi qu'il en soit, il écrit en vers ou rimes françaises. Les curieux de savoir le langage et les riches expressions de ce siècle pourront se satisfaire ; nous les insérerons en notre recueil.

Je dirai cependant que le bruit des grands miracles qu'il avait faits pendant sa vie et qui se continuaient à son tombeau étant parvenu jusqu'à Rome, commission fut adressée à notre évêque Jean d'Essey pour en informer, lequel ayant pris pour adjoint Raoul des Jardins, garde des Jacobins de Coutances, ils employèrent dix ans à cette information, depuis 1261 jusqu'à 1272, auquel il l'envoya au pape pour être sur icelle procédé à la canonisation de ce bon prêtre. A Rome, on trouva quelque défaut à la qualité des solliciteurs envoyés pour cela, lesquels n'étaient que deux simples prêtres de la campagne, et l'on trouva quelque manque de formalité en cette information[1], laquelle ayant été renvoyée à notre prélat Jean d'Essey, et lui étant mort peu de temps après, la chose est demeurée là.

[1] Voir la vie du B. Thomas, par CLÉMENT, que M. Léopold Delisle a éditée en 1860.

CHAPITRE V

DE EUSTACHE PREMIER DU NOM

Après la mort de Jean d'Essey, le siége de Coutances vaqua six ans. Je n'en sais point d'autre raison que la discorde entre les chanoines sur le choix que l'on voulait faire de son successeur ; outre que la fantaisie des croisades avait causé un tel abus en ce temps-là, que sous prétexte d'employer les revenus des églises aux guerres saintes, on ne faisait aucun scrupule de les laisser privées pour un temps de pasteurs. Le pape enfin y pourvut par le choix qu'il fit lui-même de ce prélat dont nous avons à parler.

Le père Julien Bellaise, religieux bénédictin, m'a envoyé trois dates de chartes, qui témoignent toutes cette vacance. Il y en a deux de Saint-Wandrille : la première est de l'an 1276, peu de jours avant Noël, et contient une présentation que fit au chapitre, « sede vacante », Geoffroi, 48° abbé de ce fameux monastère, à la cure de Saint-Martin-de-Varreville, de la personne de Guillaume le Marchand, lequel y fut admis le 25° de janvier suivant, suivant l'acte qui avait été adressé au doyen du Plain, pour l'en mettre en possession, peu de jours auparavant ; la seconde est du jeudi avant l'Epiphanie de l'an 1279, du même abbé et monastère, et la dernière enfin du monastère de Grestain, du vendredi après la fête de saint Arnoul et saint Clair 1281, qui toutes témoignent cette vacance.

Pendant laquelle je trouve encore, qu'au mois de juillet 1277[1], Robert Picot, fils de Richard, écuyer, vendit à perpétuité au chapitre de Coutances, par le prix de soixante livres tournois, huit quartiers, quatre boisseaux et demi de froment, mesure de Bretteville, près Cherbourg, au doyenné du Val-de-Saire, de rente annuelle payable à la Saint-Michel, seize pains de deux deniers chaque, dix-huit poules à Noël, dix œufs à Pâques et quarante-quatre sous tournois et un denier à la Sainte-Pétronille, toutes lesquelles rentes et revenus lui étaient dus aux termes susdits par le chapitre de Coutances[2]. (Voyez la page 59 du recueil de nos chartes).

Je trouve qu'au mois de septembre, avant la Saint-Lo 1278, Guillaume de Courcy, surnommé de Romilly, du diocèse de Coutances, accorda au même chapitre mainlevée et indemnité de toutes terres, arrières-fiefs, rentes et revenus qu'il avait acquis de sa dépendance. (Voyez la page 59.)

L'année suivante, au mois d'août 1279, Robert de Bricqueville, écuyer, fils de feu Robert, chevalier, vendit au même chapitre de Coutances trente-six quartiers de froment, mesure de Tessy, à prendre et avoir annuel-

---

[1] Lisez 1272.
[2] Cartulaire de Coutances, n° 41.

lement sur son moulin dudit lieu de Tessy, par le prix et somme de quatre-vingts livres dont il fut payé comptant.

Cette même année Henri Pasté, chanoine, écolâtre de l'église cathédrale, donna au chapitre sa maison avec les dépendances, située en la rue par laquelle on va de la grande église au bois du Vicomte, jouxte, du côté du couchant, au jardin des frères prêcheurs, et, du côté du levant, à la maison qu'il avait faite à un nommé Thomas Ravenel, clerc marié, en la fieffe de laquelle il avait stipulé, par clause particulière, que lui Ravenel n'aurait aucune vue sur son jardin, ni manoir. Il demanda seulement que la moitié du revenu de cette maison demeurât aux chanoines; le quart de l'autre moitié fut distribué aux clercs du chœur et le reste donné aux pauvres, le tout à la bonne foi du chapitre.

En 1280, par acte exercé à Carentan, aux assises tenues en cette ville, le vendredi après le dimanche de *Reminiscere*, par Chrétien Chambellan, clerc, bailli de Cotentin, le procès entre l'abbé et les religieux de Cherbourg, d'une part, et Robert de Baubigny, gendarme, d'autre, touchant le patronage des Pieux, pour cette portion que tenait autrefois Gautier le Bossu, prêtre, lors de son décès, fut terminé par le désistement fait en justice par ledit Baubigny, renonçant à rien prétendre en ladite portion de patronage, dont le bailli, suivant la coutume de ce temps-là, donna avis au chapitre, « sede vacante », afin qu'il eût à conserver ce bénéfice à celui qui lui serait présenté par cet abbé et ses religieux. (Page 60 du recueil.).

Nous apprenons du premier tome des *Preuves des libertés de l'Eglise gallicane,* chapitre 16, que l'an précédent 1279, l'abbaye de Saint-Sever ayant vaqué et les religieux ayant élu pour leur abbé un de leurs religieux nommé Richard de Villy, le chapitre de Coutances en écrivit au roi pour en obtenir, outre la confirmation, mainlevée de la régale. Voici cette supplique traduite en notre langue :

« A son excellentissime seigneur, le seigneur Phi-
« lippe, par la grâce de Dieu très-illustre roi de France,
« l'humble chapitre de Coutances, salut et prières en
« Notre-Seigneur Jésus-Christ. Nous vous envoyons
« Richard de Villy, élu abbé de Saint-Sever, de l'ordre
« de saint Benoît, du diocèse de Coutances, pour être
« par vous confirmé en cette charge, suppliant Votre
« Majesté royale de vouloir bien lui laisser libre l'admi-
« nistration des biens temporels de ce monastère et
« d'en retirer vos gardiens. Et de plus Votre Excellence
« saura que ce monastère est réduit en cet état si
« pitoyable, que les moines qui y demeurent n'ont pas
« de quoi vivre commodément. Que le roi éternel
« vous fasse la grâce de gouverner votre royaume
« temporel de manière que vous méritiez parvenir à
« l'éternel. Fait, le siége de Coutances étant vacant,
« l'an de Notre-Seigneur 1279, le dimanche avant la
« fête Saint-Michel-au-mont-Gargan, avec sceau [1]. »

Nous avons vu et extrait une copie d'une charte contenue au feuillet 16° du second volume du cartu-

---

[1] *Preuves des Libertez de l'église gallicane*, 3ᵉ édit., II, 79.

laire de Coutances, de l'an 1280, par laquelle Guillaume Gautier, seigneur de la paroisse de Saint-Denis-le-Vêtu, accorda au chapitre de Coutances indemnité de toutes les terres, revenus et rentes qu'ils avaient acquis dans la dépendance de ses fiefs ordinaires aux paroisses de Hauteville près Orglandes[1], d'Ouville, dudit Saint-Denis-le-Vêtu[2] et partout ailleurs. Cette charte fut scellée du sceau de ce seigneur et de l'official du chapitre, le siége épiscopal étant vacant, au mois de décembre[3].

Enfin le temps fatal étant arrivé auquel notre église devait avoir un pasteur, le pape y pourvut et nous donna un religieux de l'ordre de saint François, que nous connaissons sous le nom simple de frère Eustache. Ce pape était Martin IV, français de nation, qui de trésorier de l'église de Saint-Martin de Tours avait été cardinal et enfin, en 1281, élu pape et succédé à Nicolas III ; et notre Eustache, à ce qu'on dit, était neveu de feu Eudes Rigaud, archevêque de Rouen, gardien des Cordeliers de cette ville, personne de mérite et bien connu du pontife qui nous le donna pour évêque. C'est ce que j'apprends des petites observations, « ex observatiunculis », comme il est appelé, de feu M. le Prevost, dont voici les termes : « Eusta-« chius, cordiger, de Rhotomago, creatur episcopus « a Martino Papa anno Christi 1282. » Il cite à côté les manuscrits de l'église de Rouen.

[1] Arr. de Valognes.
[2] Ouville et Saint-Denis-le-Vêtu, arr. de Coutances.
[3] Cartulaire de Coutances, n° 189.

Quoi qu'il en soit, il est certain que ce fut un digne prélat, qui fit de grands biens à tout le diocèse et qui s'acquitta très-bien de son devoir.

Dans tous les actes que nous avons vus de lui, on trouve toujours son nom précédé de celui de frère. Ce titre lui est si singulier, que dans toutes les chartes ou copies des chartes où il se trouve, ces chartes sont indubitablement de cet évêque; et si ce même terme de *frater* est suivi d'*Egidius* ou de *Guillelmus*, il y a certainement de l'erreur.

Cette remarque est nécessaire pour ne pas tomber dans l'erreur. Les personnes qui se donnent à l'étude des manuscrits en savent les difficultés insurmontables par la diversité des copistes qui les ont traduits depuis leur première source jusqu'à nous, et combien il y a de *variæ lectiones* et d'*errones liberariorum*. Ce qui nous regarde et ce qui fait à notre sujet, est que, vers la fin du xiv° siècle et le commencement du xv°, les titres particuliers ou chartes originales des communautés périssant peu à peu, séparées les unes des autres, et souvent se perdant presque toutes, ces communautés résolurent de les transcrire dans des registres de parchemin, suivant certain ordre que chacun se prescrivit, auquel registre on pouvait avoir recours dans le besoin, comme ne faisant qu'un corps, sans être en obligation de recourir aux chartes originales dont la lecture devenait par la longueur du temps presque impossible.

Ce dessein était bon; mais il est quelquefois arrivé que les personnes qu'on avait destinées à ce travail, étaient pour le moins ignorantes ou qu'elles savaient mieux écrire que lire. Elles trouvaient dans les chartes originales des termes qu'elles ne pouvaient lire et qu'elles n'entendaient pas; elles ne faisaient nulle difficulté d'en substituer d'autres à leur fantaisie, très-souvent même sans discernement. Une charte originale, par exemple, expliquait le nom de Robert par la seule lettre capitale R. Ces copistes n'ont fait aucune difficulté d'expliquer cette lettre, Richard, Raoul et semblables. C'est ainsi que Farin, historiographe de la ville de Rouen, interprétant une charte de Hugues de Morville, en faveur de la chapelle Saint-Philbert de cette ville, a interprété la lettre capitale H pour Henri au lieu de Hugues[1]. C'est encore ainsi que la lettre E a été en plusieurs transcriptions de chartes prise pour la capitale d'*Egidius*, au lieu qu'elle signifiait uniquement *Eustachius*, ce qui est arrivé à ceux qui ont transcrit le nécrologe de la Perrine, qui ayant pris *Eustachius* pour *Egidius,* ont, sans y prendre garde, fait vivre ce Gilles quarante ans après sa mort et l'ont fait bienfaiteur d'une maison dont on ne parlait pas encore pendant sa vie.

Le premier acte que je trouve de notre évêque Eustache est daté de Coutances, le mercredi après la fête de tous les Saints, et contient l'envoi et la supplique qu'il fit au roi, d'approuver l'élection que les chanoines réguliers de Notre-Dame-du-Vœu, près Cherbourg, avaient fait de la personne de Raoul de Clause pour

---

[1] *Histoire de la ville de Rouen*, édit. de M DCC XIII, page 22.

être leur abbé et succéder à Guillaume de Troismonts, de retirer ses gardiens, et donner à ce nouvel abbé mainlevée et l'administration entière de tous ses biens temporels. Cet acte est mot pour mot semblable à celui que nous venons de rapporter du chapitre, pour l'élection de l'abbé de Saint-Sauveur; il n'y a que la date et le nom changés, et celui-ci ne marque point la pauvreté de l'abbaye de Cherbourg, comme le premier celle des moines de Saint-Sever.

En 1283, le vendredi après la fête Saint-Michel-au-mont-Gargan, étant en son manoir épiscopal de Bonfossé[1], il adressa commission au doyen des Pieux de faire une information du patronage de Sainte-Marie-de-Martinvast[2], à qui il appartenait, avec ordre de se faire accompagner en cette inquisition de deux prêtres de son doyenné, personnes prudentes et discrètes; de faire publier cette enquête, auparavant d'entendre des témoins sans reproches, après avoir pris serment d'eux, et [leur faire] déclarer quelle connaissance ils avaient du patron de cette église, s'il y a ou s'il y avait procès entre quelques-uns pour ce sujet, afin de lui envoyer le tout scellé de son sceau, de celui des prêtres qu'il aura eus avec lui et des témoins.

Il y avait un archidiacre, nommé Jean de Saint-Pélerin; c'était un grand ménager. Il avait acquis dans la paroisse d'Yvetot[3] ce qu'on appelle le Manoir. Cette acquisition était dévolue au roi, parce que cet archi-

---

[1] Arr. de Saint-Lo.
[2] Arr. de Valognes.
[3] Arr. de Valognes.

diacre était un bâtard, « quod quidem manerium propter bastardiam dicti archidiaconi ad nos devenerat ». En 1283, le roi le vendit, avec ses appartenances, à Gautier de Chambloi, archidiacre du Cotentin et successeur de ce Saint-Pélerin, par le prix de cent livres tournois, une fois payées. Nous en avons la charte extraite du 215ᵉ feuillet du chartrier du chapitre[1] ; on la verra en son lieu.

J'apprends des mémoires de Saint-Wandrille que, cette même année, les deux portions de Varréville furent séparées ; on en fit deux paroisses, Saint-Germain et Saint-Martin. L'abbé et les religieux de ce monastère le souhaitèrent, et notre prélat ayant eu agréable la demande qu'ils lui en firent, il donna mandement au doyen du Plain de se transporter sur les lieux et de diviser les cimetières et les autres choses entre les nommés Roger du Hamel et Guillaume le Marchand, titulaires de Varreville. J'estime qu'il serait bon qu'on eût fait et qu'on fît la même chose encore aujourd'hui aux autres paroisses où il y a plusieurs titulaires et portions. On sait les raisons que j'ai de faire cette remarque. Quoi qu'il en soit, l'acte dont nous parlons est du lundi avant l'Ascension 1283.

J'estime encore que cette même année Eustache, notre prélat, confirma aux religieux de Blanchelande certaines portions de dîmes qui leur avaient été données en la paroisse du Rosel, par Vivien, un de ses prédécesseurs : « Ex pia devotionis affectu benigne

---

[1] Cartulaire de Coutances, nº 302.

« concedimus », dit la charte, « viris religiosis abbati
« et conventui de Blancalanda, ut beatæ memoriæ Vivia-
« nus prædecessor noster confirmavit, portionem deci-
« marum de Rozello. » Cet acte fut passé à Valognes,
le lundi après la Saint-Denis 1283. Trois ans après,
c'est-à-dire en 1286, le mercredi 6, après la purification de la Vierge, il accorda ou plutôt confirma à
ces mêmes religieux de Blanchelande, la tierce gerbe
de la dîme d'Octeville-la-Venelle. On en pourra voir
la charte en notre recueil, page 60.

On pourra aussi en voir une autre, extraite du chartrier de la Bloutière, et datée de la même année 1286,
dans laquelle on remarquera la forme du serment de
fidélité que les prieurs et curés sont obligés [de prêter],
eux prenant possession de leurs bénéfices. Cet acte est
du mardi après la nativité de la sainte Vierge 1286, à
Bonfossé, et est adressé au doyen de Gavray. [Il lui
prescrit] de se faire accompagner pour le moins de deux
prêtres sages et discrets, ayant la qualité de curés ou
de vicaires, et en leur présence, mettre en possession
de la cure de Hocquigny et de l'Hôtel-Dieu de la Haye-
Painel, frère Robert de May, à qui il en avait donné
la collation après avoir reçu de lui le serment de
fidélité accoutumé, dont voici la forme : « Moi frère
« Robert, curé de l'église de Hocquigny et prieur de
« la Maison-Dieu de la Haye-Painel, je jure et promets
« obéissance et révérence à monseigneur mon évêque
« et à ses successeurs légitimes, que je servirai fidèle-
« ment en ladite église, et que je résiderai personnel-
« lement et continuellement en ladite église et Maison-

« Dieu, comme je le dois, à moins que je n'obtienne
« permission de m'absenter ou que je ne sois dispensé
« de ladite résidence par ledit seigneur évêque, ou
« autre qui en ait le pouvoir. De même, je jure que
« je ne distrairai, ni n'aliènerai, ni ne permettrai qu'il
« soit aliéné aucun des biens de ladite église et Maison-
« Dieu ; au contraire, je ferai revenir autant qu'il me
« sera possible ce qui en a été aliéné, et, si je ne le
« peux par moi-même, je le ferai savoir à mon prieur
« de la Bloutière, ou à monseigneur l'évêque, ou à
« son official. »

C'était l'usage. J'ai un acte de Guillaume de Thieuville, dont nous parlerons bientôt, daté du même lieu de Bonfossé, le mardi après la fête saint Grégoire 1315, par lequel, mandant au doyen de Cenilly de mettre en possession de la cure de Belval un clerc nommé Mathieu de Bretteville, il ajoute qu'il lui a fait le serment de fidélité ordinaire : « Idem vero rector nobis
« supra sancta Dei Evangelia corporaliter facta ob
« eodem juramentum prestitit sub hac forma : Ego juro
« supra sacrosancta Evangelia, quod vobis successo-
« ribusque vestris, canonicis et vestris officiariis, cano-
« nicam obedientiam exhibeam, quodque personalem
« et continuam residentiam faciam in mea ecclesia supra-
« dicta, nisi inde licientiatus fuero a tali super hoc
« habeat potestatem ; item, quod jura ejusdem ecclesiæ
« non alienabo, sed alienata pro viribus revocabo, et si
« non possum, ea vobis, vel successoribus, renun-
« tiabo. »

Cette même année est encore remarquable par l'établissement des Augustins à Barfleur. On n'en a point de titres primordiaux, mais on sait que ce fut le roi Philippe IV, surnommé le Bel, qui les fonda. Nous l'apprenons d'un carreau gris, placé sur le haut de la grande porte du monastère, sur lequel est gravé en lettres gothiques ce que voici : « Philippe le Bel, quatrième du nom, roi de France et de Navarre, fonda ce couvent en l'an 1286. » Et si l'on en croit ces bons religieux, ce fut un nommé Gilles Colonne, Romain de nation, précepteur de ce monarque, docteur en Sorbonne, religieux et général de l'ordre des Augustins, et enfin archevêque de Bourges, cardinal[1], qui porta le roi à faire ce monastère.

J'ai vu parmi les écrits de M. Morel un petit mémoire qui témoigne qu'il y avait sur le mur de l'église un tableau où Philippe le Bel était peint, et était écrit : *Philippus Pulcher, Franciæ et Navarræ rex, fundavit.* « Ce tableau », ajoute-t-il, « fut couvert, « lorsque l'église fut blanchie, il y a 26 ans. » Celui qui avait écrit ce mémoire ajoute encore : « Pour le « temps, cela n'est pas si clair. Un marbre que j'ai vu « au couvent portait que ce fut l'an 1222[2]; un autre « qui est sur la porte met 1286. Il y a de l'apparence « que la première date montre l'année que le couvent « fut fondé, et la seconde lorsque ces religieux y furent « mis et constituèrent famille. »

---

[1] Egidio Colonna surnommé *Ægidius Romanus, Gilles de Rome*, n'a jamais été cardinal. Notre auteur le confond avec Jacques Colonna, qui vécut et mourut dans le même temps.

[2] Alors il ne pourrait être question ni de Philippe le Bel, ni de Gilles de Rome.

« Enfin », dit encore cet écrivain, « quelques-uns
« estiment que le motif de cette fondation fut un vœu
« que le roi avait fait étant en mer, qu'au premier
« havre où il prendrait terre, il fonderait un couvent,
« lequel fut d'Augustins en faveur de Gilles de Rome,
« de l'ancienne maison de Colonne, fort chéri pour
« ses vertus par Philippe le Bel. »

J'apprends du *Livre noir*[1] de l'évêché qu'il y avait, auparavant l'établissement de ces religieux, une chapelle au lieu où ils sont, dépendante de l'église paroissiale. C'est en parlant de cette paroisse : « Nulla
« est ibi capella pertinens eidem ecclesiæ, quia Augus-
« tini habent possessionem cujusdam capellæ quæ
« solebat eidem ecclesiæ pertinere. »

Je rapporterai pour l'année 1287 une espèce de charte de mariage entre un nommé Philippe d'Ouville et Nicole de Sainte-Mère-Eglise, fille de Guillaume, reconnu devant le vicomte de Valognes, le mercredi avant la Saint-Jacques et la Saint-Christophe, dans lequel il y a ceci de singulier que le père dota sa fille d'une portion de dîme. Cet acte est en français et extrait mot à mot du grand chartrier du chapitre, auquel cette dîme fut peu après vendue.

« A tous ceulx qui ces lettres verront et orront, le
« viconte de Valoingnes, saluz. Sachiez que present
« endroit devant moy, Guillaume de Saincte Marie
« Eglise, escuier, recongnut, sans nul contraignement,
« que il a ottrié et donné en pur et perpetuel mariage

---

[1] Lisez *Livre blanc*, fol. 50, v°.

« à Philippe d'Ouville le Jeune ovecques Nicole, fille
« audit Guillaume, une portion de diesme qui doit
« valoir par convenant cinquante souldees de rente,
« que ledit Guillaume appercevoit et avoit en la
« paroisse de Berneville[1], eu fieu as Orglandreiz, et six
« boissaux de forment, à la mesure d'Urville, sur
« Guillaume Reneaume, et trois bouisseaux d'aveine,
« à la mesure dessusdicte, et trois soulz de tournois,
« trois pains et deux gelines d'anuel rente, à l'om-
« mage d'icellui, lesquelles rentes ledit Guillaume de
« S¹ᵉ Mariglise *(sic)* appercevoit et avoit anuelement,
« par la main dudit Guillaume Reneaume, pour le tene-
« ment que il tenoit de lui, en la paroisse d'Urville[2] ;
« sur Etienne Baudoin, trois bouissaux de forment à
« la mesure dessusdicte et ung pain et une gelline,
« ovecques l'ommage d'iceli, lesquelles rentes ledit es-
« cuier apercevoit et avoit anuelment, par la main dudit
« Estienne pour le tenement que il tenoit dudit escuier
« assis en la paroisse d'Urville ; sur les heirs Thomas
« Amiot, douze deniers, ovecques l'ommage d'iceulx,
« que ledit escuier apercevoit et avoit anuelment de
« rente, à la Saint Pol, par la main dudit Thomas,
« pour le tenement que ledit Thomas tenoit el temps
« que il vivoit, en la paroisse d'Urville, de l'escuier
« dessusdit, à appercevoir et à avoir et à lever dès ore
« en avant audit Philippe et à ses hoirs, yssans de
« ladicte Nicole, ladicte portion de diesme sur le fieu
« as Orglandreis dessusdit, en ladicte paroisse de Ber-

[1] Biniville, arr. de Cherbourg.
[2] Urville, arr. de Cherbourg.

« neville, et toutes les autres rentes par les hommes
« dessusnommez et de lour heirs franchement, quitte-
« ment et paisiblement.... ovecques deux deniers que
« ledit Philippe et ses hoirs, yssans de ladicte Nicole,
« si comme il est dessus dit, appercevront et levront
« annuelment sur le tenement que Rogier Blancmon-
« nier tient dudit escuier en la paroisse d'Urville des-
« susdite, ovecques ung camp de terre que ledit
« escuier avoit du don Guillaume d'Orglandres, prestre,
« et est assis en la paroisse d'Urville.... 1287, le
« mercredi devant la Saint-Jame et Saint-Christofle[1]. »

Il régla cette même année les abbés du Mont-Saint-Michel et de la Luzerne, et le seigneur de Hérenguerville[2], pour le patronage de cette paroisse que chacun prétendait lui appartenir ; il le rendit alternatif entre eux, ce qui nous est une preuve qu'on ne s'arrêtait pas trop dès lors aux décisions du poullé ou *Livre noir* de l'évêque, car il attribuait sans exception le patronage de Hérenguerville à Nicolle de Hérenguerville, épouse de Raoul le Gros, au moins la moitié, avec un nommé Guillaume de Poterel : « Ecclesia de Erenguer-
« villa. Patrona, Nicholaa de Erengarvilla, uxor Radul-
« phi Grossi, per medium, et Guillelmus de Poterel[3] ».

Quoi qu'il en soit, deux ans après, c'est-à-dire en 1289, il fit accord entre ce même abbé et religieux du Mont-Saint-Michel d'une part, et le curé de Coudeville[4] d'autre, pour les dîmes de cette paroisse, dont les

---

[1] Cartulaire de Coutances, n° 142.
[2] Arr. de Coutances.
[3] Fol. 39.
[4] Arr. de Coutances.

cantons étaient tellement mêlés les uns dans les autres, qu'il n'était pas possible de les ramasser sans plusieurs disputes entre les collecteurs : « Super collectione « decimarum, bladi, lini, et canabi parochiæ de Coude- « villa, quarum portiones variæ et diversæ ad dictos « religiosos, nomine monasterii, ad dictum rectorem « nomine suæ ecclesiæ, in diversis locis et variis dictæ « parochiæ partibus pertinebat, propter incertitudinem « et connexitatem locorum dictorum, frequens dissentio « oriebatur. » Il les régla de cette manière que les uns et les autres en furent contents, et que toute matière de querelle en fut ôtée : « Prædictis partibus consen- « tientibus et contentionis volentibus materiam evi- « tare ». L'acte est daté de Coutances, le vendredi après l'Assomption de la sainte Vierge, l'an susdit.

Nous avons dit ailleurs que Néel de Saint-Sauveur, du temps de Guillaume le Bâtard, avait pris l'habit de saint Benoît, s'était retiré en cette abbaye, avait donné à ces religieux l'église de la Colombe, donation qui, selon qu'il paraît par une charte de Jean d'Essey, notre évêque, de 1265, avait persévéré jusqu'au temps dont nous parlons. Nous trouvons un acte dans le chartrier de Saint-Sauveur-le-Vicomte, par lequel, le jeudi après la fête saint Pierre et saint Paul 1289, l'abbé et reli- gieux du Mont-Saint-Michel déclarèrent renoncer à ce patronage, se rétractant de la présentation qu'ils y avaient faite et consentant que notre évêque, à qui ils faisaient cette déclaration, y pourvût de telle manière qu'il lui plairait. On pourra voir cette charte entière en notre recueil, et l'on pourra remarquer combien tout ceci paraît éloigné de notre *Livre noir* de l'évêché, qui reconnaît sans difficulté l'abbé de Saint-Sauveur-le-Vicomte pour être l'unique patron de cette paroisse de la Colombe, comme il est encore présentement : « Ecclesia de Colomba. Patronus, abbas Sancti Salva- « toris Vicecomitis. Rector percipit totam decimam, « exceptis duodecim libris, quas per manum dicti « rectoris abbas percipit[1]. »

Robert de Harcourt, qui succéda à notre Eustache, comme nous dirons bientôt, était alors un de ses archidiacres. Il y avait un long et fâcheux procès entre Jean de Harcourt, chevalier, seigneur de Saint-Sauveur, père de cet archidiacre, et les religieux de ce lieu, touchant certains droits et usages que ces religieux prétendaient dans les forêts de ce seigneur, ce qu'il leur contestait. Le différend ne put être terminé de son vivant; mais après sa mort, Robert, notre archidiacre, étant devenu seigneur de Saint-Sauveur, fut plus facile à l'accommodement. Eustache, notre évêque, fut le médiateur, ainsi qu'il paraît par l'acte que nous en avons extrait, après le jour de Noël 1290, page 61[2].

J'insèrerai ici les mêmes termes du mémoire manuscrit qu'on m'a envoyé de Saint-Wandrille, sans néanmoins m'envoyer copie des chartes qui en feraient les preuves. Les voici :

Eustache, évêque de Coutances, désigné par la première lettre de son nom, adresse un mandement, en date du lundi devant l'Assomption 1283, au doyen

---

[1] Fol. 45, v°.
[2] Cartulaire de Saint-Sauveur, n°s 19 et 39.

du Plain, pour faire la portion ou cimetière du manoir de Varreville[1], et en 1290, le lundi d'après la fête saint Jacques et saint Philippe, le bailli de Coutances écrivit au même Eustache, évêque de Coutances, qu'il eût à donner ordre à quelque doyen de son diocèse d'assister des prêtres dignes de foi et non suspects, après le serment pris préalablement d'eux par ledit doyen, à la descente qui se devait faire sur les lieux par ledit bailli, au sujet de la contestation pour le patronage de l'église de Foucarville[2], et de ne pas obliger ledit bailli, en cas de son absence ou du doyen, d'avoir recours aux anciens usages.

Le jour de l'Ascension 1290, un religieux de l'abbaye de Saint-Wandrille, avec le bailli, se présente à l'official de Coutances à Valognes, vu l'absence d'Eustache, évêque de Coutances, tant de la ville que de son diocèse, pour mettre en exécution des lettres dont il était porteur, ce que ledit official refusa sous prétexte que lesdites lettres ne lui étaient pas nominativement adressées.

En 1290, le mercredi après la Saint-Nicolas d'été, ledit official collationna quatre lettres en parchemin, saines et entières : la première de Hugues, évêque de Coutances, en date de 1211 ; la deuxième du même évêque, de 1224 ; la troisième de Gilles, évêque de Coutances, datée de mercredi après la Saint-Nicolas d'hiver 1247 (toutes trois faisant mention de la collation du bénéfice de Foucarville); la quatrième de l'of-

---

[1] Arr. de Valognes.
[2] Arr. de Valognes.

ficial de Coutances, en l'absence de Gilles, évêque de ce lieu, en date du mardi après l'Assomption 1248, pour mettre en possession de la cure de Foucarville Jean de la Vallée, présenté par l'abbé et religieux de Saint-Wandrille.

Enfin le dernier acte dont je ferai mention ici de notre évêque Eustache, sera extrait du cartulaire de l'abbaye de Hambie. Cet acte doit être remarqué particulièrement par l'ignorance du copiste, lequel, transférant la charte originale dans le registre ou cartulaire de ce couvent, n'a point hésité de prendre E, capitale d'Egidius, au lieu d'Eustachius, et a écrit Egidius tout au long. Cette charte contient un accord passé devant notre évêque et confirmé par ce prélat en présence et du consentement de son chapitre, le mardi après la fête des saints apôtres saint Philippe et saint Jacques, l'an 1291. Cette date nous est une preuve manifeste que cette charte n'est pas de Gilles, mort longtemps auparavant.

Eustache, notre évêque, mourut trois mois après, le septième jour d'août 1291, et laissa son nom et sa mémoire en vénération dans tous les lieux de piété de son diocèse.

Le chapitre de Coutances honore sa mémoire par trois services solennels, aux mois d'août, décembre et avril. « Septimo idus Augusti », porte l'obituaire de la Perrine[1], « obiit Eustachius quondam episcopus « Constantiensis, qui dedit nobis triginta libras ad « emendos redditus. » L'obituaire de l'abbaye de Cher-

---

[1] Fol. 16.

bourg : « Septimo idus Augusti, obiit Eustachius piæ
« memoriæ episcopus Constantiensis, qui nobis dedit,
« ipso vivente, quinquaginta libras turonensium ac cen-
« tum solidos annui redditus comparandos ad obitum
« suum in quolibet anno faciendum, et conventus debet
« habere pietatem. » Le 16 janvier et le 22 mars, les
religieux de Blanchelande font mémoire de lui; ceux
de Saint-Sauveur aux mois d'avril et de décembre;
ceux de Saint-Lo au jour de son décès. L'Hôtel-Dieu
de cette même ville le mit dans le rôle de ses bienfaiteurs pour lesquels on est en obligation de prier. Le
père Arthur du Monstier, qui avait vu les chartes du
prieuré de Saint-Lo de Rouen, témoigne y en avoir
vu une d'une fondation considérable de ce prélat pour
prier Dieu pour lui; on ne la connaît plus. MM. de
Sainte-Marthe témoignent qu'il avait aussi fondé un
obit, pour ledit jour de son décès, aux Cordeliers de
Rouen; mais cet ancien obituaire ne se trouve plus, et
je sais qu'aucun des religieux de ce couvent n'a ouï
parler qu'il y ait jamais eu un cordelier de leur maison évêque de Coutances. C'est ce prélat qui en l'honneur de son patriarche fit bâtir et dota d'un trait de
dîme de la paroisse de Saint-Denis-le-Vêtu la chapelle
de saint François, de la manière que nous la voyons.
Il a, par ces diverses figures dont elle est ornée, voulu
exprimer les saintes actions et les grands miracles de
ce patriarche des cordeliers. C'est aussi en ce lieu où
Eustache choisit sa sépulture. Nous y voyons encore
son tombeau élevé contre le mur, au côté de l'épître,
et sa figure élevée dessus, maintenant un peu tronquée
par l'impiété des protestants.

J'ai cru devoir ajouter à ce que dessus une charte tirée de l'abbaye de Saint-Sauveur, touchant le patronage de l'église de Vaudreville[1] : c'est une lettre du bailli de Cotentin au chapitre de Coutances et la reconnaissance de cette lettre ou mandement qu'en fait le chapitre peu de temps après la mort d'Eustache. On connaîtra par cette lettre et la procédure de ce temps et quelque chose de l'estime qu'on faisait d'Eustache. La voici donc en notre langue ; on pourra la voir en la sienne en son lieu :

« A tous ceux qui ces présentes verront, l'humble
« chapitre de Coutances, salut en Notre-Seigneur. Le
« siége étant vacant, nous avons reçu les lettres du
« bailli de Cotentin et les avons considérées scellées
« saines et entières et contenant ce qui suit : Aux
« prudents et sages le vénérable chapitre de l'église
« cathédrale de Coutances, privée de la consolation de
« son pasteur, Vincent Tanquerai, bailli de Cotentin,
« salut avec tout l'honneur qui lui est dû et tout prêt
« à lui rendre service et révérence dans les occasions.
« Le procès pour le patronage de l'église de Saint-
« Basile-de-Vaudreville, du diocèse de Coutances, entre
« les religieuses personnes, l'abbé et le couvent du
« monastère de Saint-Sauveur-le-Vicomte, d'une part,
« et Hamon de Inguehou, prêtre, et Robert de Lestre,
« ayant été porté devant nous en nos assises, et la
« question ayant été débattue de part et d'autre, et
« enfin lesdits religieux ayant obtenu effet en cause
« tant sur le pétitoire que sur le possessoire dont il

[1] Arr. de Valognes.

« s'agissait auxdites assises tenues à Valognes, le
« samedi après la fête saint Martin, apôtre, l'an de
« Notre-Seigneur 1291, le droit de patronage a été
« adjugé aux religieux et lesdits prêtres Hamon et
« Robert déboutés pour jamais, ce que nous vous signi-
« fions suivant l'ordonnance du roi notre seigneur,
« afin que vous déclariez nulles et de nul effet les
« présentations qu'ils pourraient vous avoir faites à
« vous et à votre défunt évêque Eustache de bonne
« mémoire, et que vous admettiez celui qui vous aura
« été présenté de la part des religieux, si vous l'en
« jugez propre et capable, le tout selon la charité et
« règles de canons. Aux susdites assises, aux jour et
« l'an ci-dessus. En foi de quoi nous avons fait sceller
« ces présentes ledit jour[1]. »

C'est ce Tanquerai, dont nous avons parlé ailleurs, qui, cette même année 1291, ordonna qu'un certain juif qui voulait résider à Saint-Pair en sortirait.

Il avait succédé à un nommé Jean Capresse; car nous avons vu un acte de celui-ci, donné aux assises de Valognes tenues le lundi apres la fête saint Denis 1289, une sentence par laquelle le patronage de Saint-Vast avait été jugé qu'il appartenait aux religieux de Fécamp contre Jean Picot qui le prétendait, dont il donna avis à notre évêque Eustache, conformément à l'usage de ce temps-là et selon les formes ci-dessus exprimées.

[1] Cartulaire de Saint-Sauveur, n° 157.

CHAPITRE VI

DE ROBERT D'HARCOURT

Il faudrait être étranger en Europe, et encore plus en ce royaume et celui d'Angleterre, pour ne pas connaître le nom d'Harcourt, l'antiquité, la noblesse, la grandeur de cette très-illustre maison. La Roque, gentilhomme de cette province, en a fait une ample histoire[1]. Je me contenterai de remarquer que Bernard, surnommé le Danois, si fameux chez nos historiens, était un des premiers chefs de l'armée de Rollon, suivit sa fortune, quitta le Danemark, son pays, et vint avec lui conquérir une partie de la France.

Dans le partage que fit Rollon de ses conquêtes entre les seigneurs qui avaient aidé à les faire, la terre et seigneurie de Harcourt étant échue à Bernard, lui et ses descendants en ont eu le surnom et le portent encore très-noblement, quoique cette terre soit passée en la maison de Lorraine par la fille de Jean VII d'Harcourt.

[1] *Histoire genealogique de la maison de Harcourt*, par messire Gilles-André de la Roque. A Paris, chez Sebastien Cramoisy, M. DC. LXII.

La vicomté de Saint-Sauveur, en notre diocèse, passa en cette maison à la manière qui suit :

Ce fameux Néel de Saint-Sauveur dont nous avons tant parlé, lequel vivait du temps de Guillaume le Conquérant, et fonda l'abbaye de Saint-Sauveur, mourant au Mont-Saint-Michel sous l'habit de moine, ne laissa qu'une fille, nommée Liesse ou Lœtitia de Saint-Sauveur. Elle épousa Jourdain Taisson, à qui elle porta les grands héritages de ses pères. Raoul Taisson sortit de ce mariage ; il fut père d'une fille, nommée Jeanne, laquelle épousant Richard de Harcourt, fils de Robert II, surnommé Vaillant ; elle lui porta les seigneuries de Saint-Sauveur-le-Vicomte, d'Auvers, d'Avrilly et d'autres. Jean de Harcourt, premier du nom, sire de Harcourt, d'Elbeuf, Saint-Sauveur, etc., duquel nous avons parlé au chapitre précédent, sortit de cette alliance. Il épousa Alix de Beaumont, dont il eut plusieurs enfants, entre autres celui qui [eut en] partage la terre et seigneurie de Saint-Sauveur. Ce seigneur fut destiné à l'église dès sa plus tendre jeunesse ; il étudia en l'université de Paris et ensuite à la cour de Rome, pour en apprendre les maximes ; il réussit si bien que, dans les grands différends entre le pape Boniface VIII et Philippe le Bel, l'église gallicane, qui connut sa capacité, le choisit, comme nous dirons bientôt, pour un des députés qu'elle envoya à ce pontife, afin de lui faire des remontrances sur l'irrégularité de sa conduite.

Notre Robert était le second des enfants de Jean Ier. Ayant eu, comme nous venons de dire, Saint-Sauveur, il fut archidiacre de Cotentin, et, étant devenu évêque, il prenait le titre de seigneur temporel et spirituel de Saint-Sauveur-le-Vicomte. Nous avons un acte de 1290, lorsqu'il n'était encore qu'en cette première dignité d'archidiacre, dans lequel il ne prenait même pas la qualité de seigneur de Saint-Sauveur. Par cet acte, il permettait aux religieux de son abbaye de prendre dans ses forêts le bois qui serait nécessaire pour les réparations de la chapelle de son château, les moines en étant les chapelains [1].

Cette qualité d'archidiacre de Cotentin en notre église fut sa première dignité ecclésiastique ; nous l'avons remarqué comme tel sous l'épiscopat d'Eustache. Ce fut par ce degré qu'il arriva à l'épiscopat. On avait tant de preuves de son mérite et de sa capacité, que tout le monde lui accorda avec joie son suffrage.

Le siége épiscopal, après la mort d'Eustache, fut vacant peu de temps. Nous apprenons des nécrologes de ce diocèse que Robert mourut le 7 mars 1315, et le *Livre noir* du chapitre de Coutances lui donnant vingt-trois ans d'épiscopat et six mois, nous concluons qu'Eustache étant mort le 7 août 1291, l'élection de notre Robert fut faite tout aussitôt et qu'il fut sacré peu de temps après.

Je n'ai vu aucun acte de 1292. Nous avons rapporté, en la page 28 de notre premier volume, celui par lequel le roi Philippe lui permit de faire le cloître des

---

[1] Cartulaire de Saint-Sauveur, n° 36.

chanoines, daté de 1293, dont j'ai tiré une copie des mémoires de feu M. Morel. Cet acte est reconnu par Nicolas de Villiers, bailli du Cotentin; le style en est si différent de celui que nous avons extrait du cartulaire rapporté ci-dessus et contient tant de particularités différentes, que j'ai cru ne pas ennuyer les curieux de l'insérer ici, traduit en notre langue, sauf à le donner dans notre recueil en la sienne :

« A tous ceux qui ces lettres verront, Nicolas de
« Villiers, bailli de Cotentin, salut en Notre-Seigneur.
« Sachez que nous avons vu... [des lettres] de Philippe,
« par la grâce de Dieu très-illustre roi de France,
« saines, entières, scellées et contrescellées en suspen-
« dant en cire verte, en la forme qui suit : Philippe,
« par la grâce de Dieu, roi de France, salut. Nous
« accordons bénignement aux églises et aux personnes
« ecclésiastiques qu'elles puissent sans aucuns troubles
« ni empêchements accomplir leurs bons desseins et
« faire leurs volontés de plus en plus, [afin que] la
« tranquillité de leur condition s'augmente et leur
« gloire s'accroisse continuellement de bien en mieux ;
« et quoique nos faveurs royales s'étendent sur toutes
« les églises et sur tous les ecclésiastiques, notre
« libéralité royale néanmoins regarde plus volontiers
« l'église de Coutances et les personnes qui la desser-
« vent, à raison de l'honneur et de la révérence que
« nous portons à la sainte Vierge, en l'honneur de
« laquelle elle est bâtie, et en considération de notre
« bien aimé et féal Robert, évêque de cette église, à
« cause de ses grandes vertus et de la multitude de

« ses mérites, lesquels nous considérons particulière-
« ment, par raison de sa parfaite fidélité et les très-
« agréables services rendus à nous et à notre royaume,
« desquels nous sont venus plusieurs grands avan-
« tages, sensibles et palpables, que nous connaissons.
« Savoir faisons par ces présentes à tous présents et à
« venir que, vu et considéré ce que dessus et ayant
« égard à la requête à nous présentée par ledit évêque
« et chapitre de son église, nous leur accordons de
« grâce spéciale qu'ils puissent clore de murailles tant
« ladite église que le manoir épiscopal et les maisons
« des chanoines, et les fortifier tout autour, eux et
« leurs successeurs faire réparer lesdites murailles,
« de manière qu'ils soient enfermés de tous côtés,
« auxquelles murailles il y aura quatre portes aux
« lieux suivants ; c'est à savoir : une entre la porte de
« ladite église et le manoir de M. Richard Carante[1] ;
« l'autre entre la place qui est devant l'église Saint-
« Nicolas et la maison de Guillaume de Bourrey,
« prêtre ; la troisième, entre la maison de messire

[1] La charte suivante, conservée aux archives nationales, permettra de rectifier la traduction de notre auteur, du moins en ce qui regarde les noms propres : Universis presentes litteras inspecturis, Robertus, permissione divina episcopus, et capitulum Constanciense, in vero salutari salutem. Noverit universitas vestra, quod cum excellentissimus princeps carissimus dominus noster dominus Philippus, Dei gratia Francorum rex, nobis de gratia speciali concesserit, quod ecclesiam nostram Constanciensem, episcopale manerium, et domos canonicales ejusdem ecclesie, muris claudere, et firmare, ac clausuram habere possimus, in quibus muris porte quatuor construentur in partibus et locis inferius designandis : una, videlicet, inter portam dicte ecclesie et manerium magistri Nicolai de Carnoto ; secunda inter atrium sancti Nicolai et domum Guillermi de Burgo presbyteri ; tercia inter manerium magistri Bernardi [Buticularii et] domum heredum sancti Valeran ; quarta inter murum predicti episcopalis manerii et domum que fuit Symon[is] de Duno, reservata sibi juridictione et justicia quam hacte-

« Bernard le Bouteiller et celle de Hervé, dit Vatan,
« et la quatrième entre le mur dudit manoir épiscopal
« et la maison de Simon du Buisson, par lesquelles
« pourront entrer et sortir librement, aux heures dues,
« ceux qui le voudront. Dans cette clôture nous leur
« accordons généralement tous les droits ecclésias-
« tiques que nous y pourrions prétendre, parce que
« néanmoins ni ledit évêque, ni ledit chapitre, ne
« pourront, sous prétexte de leurs immunités, recevoir
« et protéger les scélérats et malfaiteurs qui pourraient
« s'y retirer, ni empêcher qu'ils soient pris par la
« justice ordinaire, sauf les droits de la justice de
« l'évêque et du chapitre, en quoi nous ne voulons
« leur être fait aucun préjudice, sauf aussi le droit
« d'autrui et le nôtre en tout. Et afin que le tout soit
« ferme et stable à toujours, nous avons fait apposer
« notre sceau à ces présentes. Fait à Paris, l'an de
« Notre-Seigneur 1293, au mois de janvier. En signe
« de quoi, nous y avons fait apposer le sceau du
« bailliage de Cotentin. Fait à Coutances, l'an 1294,

nus habuit et habet ibidem. Nos vel successores nostri, pretextu concessionis hujusmodi, nullam in dicta clausura juridictionem vel immunitatem vendicare poterimus in futurum, nec facinorosos et maleficos illuc confugientes, immunitatis pretextu, ratione concessionis hujusmodi, receptare, aut justiciarios officiales, vel servientes ejusdem domini regis quomodo-libet impedire quominus ibidem facinorosos ipsos capere valeant et solitam juridictionem et justitiam exercere, salva Roberto episcopo, capitulo, et successoribus nostris, immunitate predicte ecclesie et cimiterii ejusdem, salva eciam immunitate et justitia, si quam in manerio, domibus predictis, seu aliquibus earum et aliis locis in clausura predicta contentis, hactenus habuimus vel habemus, circa quam per gratiam predictam nichil juris nobis intendimus detrahi vel acqu[iri]. In cujus rei testimonium presentibus litteris sigilla nostra duximus apponenda. Datum et actum... Domini millesimo ducentesimo nonagesimo tercio, mense Februarii. (Trésor des Chartes, I, 223).

« le samedi après l'Annonciation de Notre-Seigneur[1]. »

J'ai trouvé dans les archives du château de Bricquebec un acte français, en faveur des religieux de Cherbourg, que peut-être on ne sera pas fâché de voir ici. Sa lecture apprendra ce qu'il contient :

« A tous ceux qui cette présente charte verront et
« liront, Robert Bertrand, seigneur de Bricquebec,
« salut. Sachez que j'octroie et confirme en pure et
« perpétuelle aumône, pour le salut de moi-même et
« de Philippe ma femme et de mes enfants et anté-
« cesseurs, à hommes religieux, l'abbé et couvent de
« Notre-Dame-du-Vœu jouxte Cherbourg, huit quar-
« tiers et un boisseau de froment, sept sous, trois
« gelines, cinq deniers pour pain, d'annuelle rente, en
« la paroisse de Brucheville[2], le droit de patronage de
« l'église de Basville[3], avec les dîmes et les appar-
« tenances de ladite église, trois quartiers et un bois-
« seau de froment, neuf sous onze deniers pour pains,
« d'annuelle rente en ladite église de Basville, le droit
« de patronage des églises de Saint-Paul-du-Rosel, de
« Hardinvast et de Mesnil-Auval[4], avec les droitures
« et les appartenances des églises ci-dessus. Lesdits
« religieux et leurs successeurs auront, tiendront,
« posséderont toutes les choses dessusdites en pure
« aumône, franches et quittes de toutes choses à moi
« et à mes héritiers, sans que mes héritiers y puissent

---

[1] Cartulaire de Coutances, n° 312.
[2] Arr. de Valognes.
[3] Basville est une paroisse de l'Eure. Il faut lire sans doute Vatteville, arr. de Cherbourg.
[4] Ces paroisses sont de l'arr. de Cherbourg.

« mettre empêchement. Fait l'an 1293, au mois de
« mars. »

En 1294, le mardi après le jour saint Marc, Robert de Harcourt, notre évêque, tint son synode général. Nous avons encore des statuts qu'il y publia ; nous avons rapporté ceux que nous avons cru plus dignes de remarque en la page 67° de notre 1ᵉʳ volume[1], ce qui nous dispense d'en faire ici d'autre mention. Le mardi après la fête de l'exaltation Sainte-Croix, cette même année, il tint son synode de l'automne, dans lequel les mêmes statuts, dont la plupart étaient de ses prédécesseurs, furent derechef examinés et approuvés, et leur observation étroitement commandée.

Voici quelques-unes des autres occupations de notre évêque pendant le reste de l'année. La première qui se présente est la confirmation de la charte de Richard de Bohon, un de ses prédécesseurs, en faveur des religieuses de Saint-Michel-du-Bosc, desquelles nous avons parlé sous l'épiscopat de ce même Richard. L'acte de cette confirmation est daté du quatrième jour après le dimanche *Lœtare* 1294. Trois jours auparavant, il avait relaté et confirmé une autre charte de Hugues de Morville, contenant l'approbation que faisait Guillaume de Hommet, connétable de Normandie, des donations faites à ces mêmes religieuses de Saint-Michel-du-Bosc, par son père et Gillette, sa mère, lesquelles donations étaient, entre autres choses, la chapelle de Sainte-Marie-du-Parc avec tout son enclos,

---

[1] Nous n'avons pas vu ces statuts, que l'on trouvera dans D. Martène, *collect. nov.* p. 251, et dans D. Bessin, p. 541.

dix quartiers de froment de rente sur le moulin de Cretteville, quatre sur celui de Varenguebec[1], avec divers autres dons, libertés et priviléges sur ses bois et par toutes ses terres, ainsi qu'on pourra voir dans l'acte qui en fut dressé et que nous donnons en son lieu.

Peu de jours après, le jeudi après le dimanche *Judica*, il conféra la cure de Saint-Jean-des-Champs[2] à Jean Grevet, clerc, présenté par l'abbé du Mont-Saint-Michel, vacante par la résignation que lui en fit maître Pierre Toustain, archidiacre d'Avranches. J'ai vu plusieurs actes sur ces bénéfices; je ne ferai mention que de celui-ci. C'est une sentence donnée par Nicolas de Villiers, bailli de Cotentin, tenant ses assises à Mortain, le vendredi après le dimanche *Lætare*, de l'an précédent 1293, par laquelle il fit savoir à notre évêque, selon l'usage du temps, que Guillaume Ecuyer[3], présent en personne, avait renoncé, quant à cette fois, à la présentation audit bénéfice, en faveur de l'abbé du Mont, à laquelle il s'était opposé. « Ecclesiæ
« sancti Johannis de Campis (dit le *Livre Noir* de
« l'évêque). Patronus abbas de Monte; percipit duas
« garbas. Rector, tertiam, cum altalagio, et reddit
« dicto abbati 80[4] libras turonensium. »

L'official de notre évêché termina cette même année, le jeudi après la Pentecôte, par l'ordre de son prélat,

[1] Ces deux paroisses, arr. de Coutances.
[2] Arr. d'Avranches.
[3] M. Delisle, d'après une note de M. de Gerville, met Guillaume du Bois, écuyer. Évidemment il a raison. (*Mémoire sur les baillis du Cotentin*, p. 25.)
[4] Lisez IIII^{or}.

un différend qui était alors entre les frères de l'Hôtel-Dieu de la Haye-Painel et celui de la Bloutière, d'une part, et maître Jacques de Lereaux, curé du Tanu[1], d'autre part, sur certains traits de dîmes qui étaient contestés entre eux.

Je n'ai rien trouvé de 1295, qu'un petit acte tiré des archives du Mont-Saint-Michel, par lequel notre évêque ratifia la donation qu'un nommé Nicolas Le Bouvier, surnommé Le Brun, avait faite au prieuré de Saint-Germain-sur-Ay, dépendant de cette abbaye, de vingt livres tournois de rente, trois quartiers sept boisseaux de froment, quinze pains, quinze poules et cinq ruches de sel.

Nous en avons un autre, tiré du chartrier de l'abbaye de Saint-Sauveur, par lequel notre évêque témoigne que Robert des Moustiers, curé de Gouville[2], avait reconnu de sa bonne volonté en sa présence, que l'abbé et monastère de Saint-Sauveur étaient en droit et possession de percevoir tous les ans sur les curés de Gouville cinq sous tournois, et que ladite somme, depuis sept ans qu'il était curé de ce lieu, avait toujours été payée auxdits religieux. En foi de quoi, ledit évêque fit apposer son sceau à cet acte[3].

Cette même année, un seigneur nommé Jourdain Gautier et Jeanne, sa femme, de la paroisse Saint-Denis-le-Vêtu[4], présents en droit devant le vicomte de Coutances, icelle Jeanne avec l'autorité dudit Gautier,

[1] Arr. d'Avranches.
[2] Arr. de Coutances.
[3] Cartulaire de Saint-Sauveur, n° 169.
[4] Arr. de Coutances.

reconnurent eux et chacun d'eux avoir vendu, octroyé, délaissé, afin de perpétuel héritage, à messire Guillaume de Vaumare, chantre de l'église de Coutances, soixante-dix sous tournois de rente annuelle, affermés à Coutances, que leur devait Geoffroi de Mesnil-Grente, pour la raison d'un manoir qu'il tenait d'eux en fief, avec les terres derrière et les appartenances dudit manoir, assis en la paroisse de Saint-Pierre-de-Coutances, en chef du Moustier, le mercredi après la Saint-Michel 1296. Cet acte, qui paraît d'ailleurs peu important, nous fait au moins connaître le nom de celui qui tenait le premier rang dans le chapitre après l'évêque. Il a fondé dans la cathédrale deux obits par an, aux mois de mai et de novembre.

Nous apprenons encore par ces actes que notre évêque était alors en son diocèse; mais si nous en croyons Claude Robert et MM. de Sainte-Marthe, il était auprès de son roi au mois de janvier 1297, que l'on comptait encore 1296 : « Nominatur in concilio « regis anno 1296, mense januarii », dit le premier. « Cathedram obtinebat 1296, quo anno memoratur in « concilio regis, mense januario », disent les seconds.

Et M. du Tillet, dans son traité du rang des grands, faisant mention, sur l'année 1298, d'un certain arrêt donné en parlement pour un nommé Jacques de Lavon, chevalier, compte notre Robert au nombre des prélats qui assistèrent à ce jugement[1].

Il y a dans le cartulaire du chapitre, au feuillet 166,

---

[1] Page 368.

un acte de notre évêque, du mardi après la fête saint André, duquel nous apprenons qu'il était de retour en ce temps-là. Cet acte, qu'on pourra voir entier en son lieu, contient une reconnaissance et ratification d'une charte de feu Hugues de Morville, datée du lendemain de l'Assomption de la Sainte-Vierge 1235, par laquelle ce pieux évêque donnait à son chapitre toutes les dîmes des terres nouvellement défrichées, ou qu'on défricherait à l'avenir par tout le diocèse, lesquelles terres ne se trouveraient point enclavées dans les bornes d'aucune paroisse, « in quacumque parte « diœcesis nostræ, extra metas cujuslibet parochiæ », avec ce qui lui appartenait des offrandes du grand autel de ladite église cathédrale, parce que la commune du chapitre demeurerait chargée de certaines charges, à quoi [lui] et ses prédécesseurs étaient obligés, qui étaient d'entretenir l'église de cierges et d'encens, de gager les *coûteurs*, de manière néanmoins que ce que lui et ses prédécesseurs avaient de coutume de bailler à ces *coûteurs* lui et ses successeurs le fourniraient à l'avenir, de même le chapitre chargé des menues réparations ou entretiens à l'égard des cloches, tels que sont le cuir ou belière, les cordes, les liens, les flèches et le renouement des battants; encore de faire balayer et nettoyer l'église, blanchir le linge, recoudre les ornements de laine et de soie, entretenir les serrures et les clefs de l'église, refaire les chaînes des encensoirs, fournir du vin pour les messes, « notas emere », relier les livres et payer les rouleaux qu'on porte ordinairement dans les églises cathédrales aux obits ou services pour les abbés et autres personnes de distinction. Cette charte, dis-je, fut confirmée par Robert de Harcourt, en présence et du consentement de son chapitre, les jour et an que nous venons de marquer, 1299.

Cette même année Guillaume de Flavacour, archevêque de Rouen, avec ses suffragants, tint un concile provincial en l'église de Bonne-Nouvelle, qu'on appelait alors du Pré, proche sa ville; on y fit à l'ordinaire quelques statuts pour la conservation de la discipline et l'autorité ecclésiastique [1], et notre prélat au synode suivant en publia les ordonnances, comme on avait fait au concile tenu au Pont-Audemer vingt ans auparavant.

Le chartrier de Saint-Sauveur nous fournit un acte de 1300, par lequel Robert de Harcourt, en qualité de seigneur temporel de ce lieu, permit à l'abbé et religieux de ce monastère de conduire l'eau qu'ils prenaient dans le bois du nommé Michel du Pré [2], par des ruisseaux qu'il leur donnait permission de [faire] couler par toute sa terre, jusqu'en leur monastère, avec pouvoir de faire et réparer les canaux lorsque besoin en serait, sans que lui ou ses héritiers y puissent mettre empêchement; à condition, néanmoins, que si le chemin se trouvait détérioré, ils seraient obligés de le faire réparer.

[1] D. Bessin, p. 87.
[2] Lisez du Parc : Volumus quod viri religiosi abbas et conventus monasterii sancti salvatoris adducant et adducere valeant per *tuellos aquam de fonte* de juxta domum Michaelis de Parco per fossatos nostros de parco nostro... (Cartulaire de Saint-Sauveur, n° 402.) On voit la fontaine dans la

Il y a une transaction entre lui et son chapitre de cette même année, par laquelle la cure de Lengronne[1] demeure alternative entre eux, ce que je remarque, parce que cette disposition est contraire à celle du pouillé, suivant lequel ce patronage appartient uniquement à l'évêque.

C'est ce que j'ai pu remarquer de notre histoire particulière pour le treizième siècle. Nous commencerons le quatorzième par le jubilé universel qui fut institué cette année par le pape Boniface VIII, comme tout le monde le sait.

Ce fut aussi avec ce siècle que commencèrent les malheurs de la France, lesquels ne discontinuèrent presque point pendant cent cinquante ans. Ils commencèrent le vingtième mars 1302 en la journée de Courtray, où vingt mille flamands, gens rustiques et non aguerris, défirent l'armée de France, composée de plus de mille chevaliers et de quarante mille gens de pied.

Nous avons encore les rôles des convocations de ban et arrière-ban que fit le roi des personnes qui y étaient sujettes, et nous savons que notre prélat y assista son roi de son conseil et de toutes ses forces. Voici un acte qui en fait foi; c'est un mandement de sa Majesté adressé à notre bailli pour ce sujet : « Phi-« lippe, par la grâce de Dieu roi de France, au bailli « de Cotentin, salut et amour. Comme nous, pour

---

cour de la Meloquerie, au bord du chemin de Hautmesnil. (Note de M. de Gerville.)

[1] Arr. de Coutances.

« refreindre les outrageuses entreprises de nos enne-
« mis et rebelles des parties de Flandre, avons ferme
« propos d'aller hâtivement ès dites parties en armes
« et en chevaux si effortement qu'il convient, ceux
« qui nous doivent service d'ost priez et requerez de
« par nous et avec semonces qu'ils soient en armes et
« en chevaux si suffisamment comme ils doivent et à
« eux appartient, à Arras, la huitaine de cette fête de
« la Nativité de saint Jean-Baptiste, et outre si effor-
« tement que nous leur en sachions gré, pour aller
« outre en la besogne de notre guerre, si comme bon
« nous semblera... Donné à Vincennes, mercredi avant
« la Saint-Gervais, l'an de grâce 1304. »

On trouve encore un ordre du même prince à tous les ecclésiastiques de son royaume de lui aider en cette même guerre, en ces termes : « Philippus, Dei gratia
« Francorum rex. Pluries fidelitatem vestram requisisse
« vobisque scripsisse ac etiam mandasse recolimus,
« ut certa die nobiscum, apud Atrebatem, interesse,
« sicut tenemini, curaretis ad defensionem regni nostri,
« in nostro Flandrensium exercitu cum Dei adjutorio
« processuri et servitium impensuri nobiscum. Datum
« Parisiis, die mercurii post festum beatorum apostolo-
« rum Petri et Pauli, anno Domini 1304. »

On m'a envoyé de l'abbaye de Saint-Wandrille certains mémoires, par lesquels il paraît que notre évêque Robert donna les lettres d'union de deux portions qui étaient en la paroisse de Varreville, datées le mardi après la fête de saint Gervais, après avoir fait faire l'information de la valeur desdites deux portions par

Pierre, scolastique de Coutances, et Henri Le Tellier, curé de Sainte-Marie-du-Mont, suivant le pouvoir qui leur en avait été donné ; ce qui est daté de Saint-Sauveur-le-Vicomte, la veille de la Pentecôte l'an 1301. Mais le jour de saint Clément 1303, le même prélat, sur la requête des moines de Saint-Wandrille, cassa cette union et rétablit en leur premier état les deux dites portions, du consentement de son chapitre, et scella de son sceau la charte qui en fut faite à Saint-Sauveur, le dit jour saint Clément 1303, et le lendemain, conféra la portion vacante à Jean de Campion, et l'autre venant aussi à vaquer de la résignation de Nicolas Pannevere, à Richard-aux-Épaules. Notre évêque Robert avait plusieurs frères, entre autres Raoul, qui lui avait succédé en l'archidiaconé de Cotentin, et Gui de Harcourt. Ce Gui fut élu en cette même année 1303 évêque de Lisieux. Guillaume de Flavacour, archevêque de Rouen, à qui appartient de droit la consécration de ce prélat, se sentant incommodé, déféra cet honneur à notre évêque de consacrer son frère. Ce fut cette même année 1303, quelques jours avant l'Ascension ; et comme cette permission accordée à l'évêque de Coutances donna quelques ombrages aux autres évêques de la province, et particulièrement à l'évêque d'Avranches, qui se croit vicaire de l'archevêque, nous avons vu une charte, que l'on conserve dans les archives de notre métropolitaine, accordée à cet évêque sur ce sujet ; la voici : « Nos Guillelmus,
« Dei gratia Rhotomagensis episcopus, notum facimus
« universis, quod cum venerabili nostro fratri Roberto

« Constantiensi Episcopo, propter infirmitatem corporis
« nostri proprii, quam in presenti patimur, consecra-
« tionem Guidonis Luxoviensis hac vice duximus com-
« mittendam, nolumus nec infensionis nostræ existit,
« quod per hoc juri venerabilis nostri Guillelmi Abrin-
« censis episcopi et ipsius Abrincensis ecclesiæ in
« consecratione Episcoporum præjudicium aliquod
« generetur, nec hoc per quod nobis ecclesiæ nostræ
« Rhotomagensi jus novum aliquod acquiratur. In
« quorum testimonium, præsentibus litteris nostrum
« fecimus apponi sigillum. Datum Rhotomagi, anno
« 1303. »

On pourra voir ci-après et en la page de notre recueil une charte datée du jour de l'Épiphanie 1303, par laquelle notre même évêque fonda en son église les trois chapelles de Saint-Louis, de Saint-Gilles et des Docteurs. Il les dota de cent vingt livres de rente à prendre sur une partie des dîmes de Cérences [1] qu'il avait achetées de Guillaume de Carbonel, et de deux rentes foncières qui lui étaient dues à Valognes; et ce, sans préjudice d'autres donations qu'il avait faites pour prier Dieu pour lui et pour ses parents. Ensuit ladite charte :

« Universis has præsentes litteras inspecturis, salu-
« tem in Domino. Robertus, etc. Noveritis quod nos, pro
« salute animæ nostræ, parentum, fratrum, sororum,
« amicorum et benefactorum nostrorum, discretis viris
« capitulo Constantiensi, una cum septem turonensibus

[1] Arr. de Coutances.

« libris annui redditus, quas aliàs eidem capitulo dede-
« ramus, ad nostrum aniversarium faciendum, super
« domum archidiaconi de Constantino sitas, apud et
« juxta quamdam domum Valloniis situatam, ex uno
« latere juxta domum hæredum Guillelmi Poullois et,
« ex altero latere, juxta manerium nostrum, quod Guil-
« lelmus de Malopertuso tenet a nobis in feodum, damus
« et concedimus, intuitu charitatis, medietatem portio-
« nis decimæ bladorum crescentium in parochia de Ce-
« rences, quam quidem decimam acquisivimus a domino
« Guillelmo Carbonel, armigero, quæ ad eumdem Guillel-
« mum jure hæreditario pertinebat, quam quidem me-
« dietatem sexties viginti libras parvorum turonensium
« vel monetæ usualis seu currentis pro parvis turonen-
« sibus, valere, ad minus, singulis annis ætimamus.
« Dimittimus etiam, nunc, prædictis capitulo libere et
« omnino quiete possessionem vel quasi possessionem
« medietatis prædictæ percipiendam de cætero in per-
« petuum et habendam, nosque de ea prorsus deves-
« timus, volentes et concedentes quod decima ipsa,
« tam proportione nostra quam pro medietate, dictis
« capitulo sic demissa, ad firmam tradatur, et per fir-
« marios ejusdem decimæ colligatur. Si vero eam ad
« firmam tradi non contigerit, imo in manu nostra vel
« successoris nostri, pro tempore existentis, ac dictorum
« capitulis remanere contigerit, nos vel successores
« nostri quilibet, suo tempore, pro medietate et dicti
« capituli pro alia per collectores idoneos et fideles ad
« hoc hinc inde ponendos insimul eam colligi faciemus
« et collecta taliter ipsa decima in domo, si quam nos

« aut successores nostri ad hoc ædificaremus, aut in
« alia quæ ad reponendam deciman ipsam pro propor-
« tione nostra, ad nostras expensas, traduceretur, una
« cum portione capituli prædictæ decimæ reponetur,
« habita vero ratione singulis annis, in omni eventu,
« quantum decima dicta valuerit. Si minus sexties viginti
« libras turonensium, deductis expensis, quas circa
« collectionem et repositionem ejusdem medietatis fieri
« contigerit, ad manum dictorum capituli annis singulis
« valuerit, ad id quod deerit de dictis sexties viginti
« libris nos et successores nostri quilibet pro tempore,
« supplere tenebimur in alia medietate nobis et succes-
« soribus nostris qui erunt pro tempore, remanente ; et
« poterunt iidem capitulum super grangiam dicti loci
« suam facere justitiam pro supplemento prædicto. Si
« vero eamdem medietatem ultra sexties viginti libras
« prædictas ad manum suam integre pervenientes, de-
« ductis expensis, vel supra valere contigerit, dicti capi-
« tulum in sua medietate prædicta in quod excesserit
« ultra sexties viginti libras prædictas nobis ac successo-
« ribus nostris reddere tenebuntur, super quo quidem
« defectu vel excessu sacramento custodis communiæ
« dictorum capituli qui pro tempore fuerit, pro omni
« productione, credetur. Addo insuper quod sexaginta
« libras turonensium, quas annis singulis de cætero
« dictus Guillelmus Carbonel et hæredes sui a nobis
« et successoribus nostris perceptas debent virtute et
« autoritate contractus sive excambii inter nos et
« ipsum facti, quousque per nos vel successores nostros
« sibi pro se et suis hæredibus sufficientes alias

« fuerint annui redditus assignati super portionem
« dictæ decimæ ad nos ac successores nostros perti-
« nentem, percipiet totaliter et habebit, nosque et suc-
« cessores nostri, prædictos capitulum de cætero in
« perpetuum super his indemnes tenebimus, et tene-
« mur ergo dictum Guillelmum Carbonnel et causam
« habituros ab eo penitus observare, nos et successores
« nostros ad hoc, quantum possumus, obligantes,
« volumus insuper quod totalis dicta decima taliter
« insimul expletur et in duas partes æquales inter
« nos et successores nostros pro tempore, ex una
« parte, et dictos capitulum, ex altera, tam blada
« triturata cum bucello quam alii proventus ejusdem
« decima et exitus dividantur. Item et cum omnibus
« prædictis damus eidem capitulo octo libras turo-
« nensium annui redditus super manerium prædic-
« tum, quod Guillelmus de Malopertuso tenet a nobis
« in feodum, Valloniis situatam, juxta domum superius
« assignatam, ex uno latere, et domum dicti Guillelmi
« et Joannis dicti Bircot, ex alio; et si dictum manerium
« non sufficeret ad dictas octo libras singulis annis sol-
« vendas, volumus et ordinamus suppleri quod deerit
« de octo libris prædictis super domum quam in villa
« Valloniensi acquisivimus a Radulpho Aligot, et quod
« pro ipsis octo libris in prædicto manerio ac pro sup-
« plemento in dicta domo quondam Radulphi Aligot,
« suam iidem capitulum valeant justitiam exercere ad
« distribuendam medietatem prædictam decimæ et red-
« ditus antedictos per dictos capitulum in modum
« qui sequitur; videlicet : quod iidem capitulum cui-

« libet trium capellaniarum quas in ecclesia Constan-
« tiensi prædicta fundamus, unam scilicet in honorem
« beati Dionisii ejusque sociorum, et beatorum Hilerii
« et Ægidii confessorum, sitam immediate post capel-
« lam B. Apollinæ ; secundam vero in honorem beati
« Ludovici confessoris, immedietate post capellam
« B. Dionisii supradictam, quam capellam beati Ludovici
« volumus et ordinamus transferri ex cimeterio eccle-
« siæ memoratæ, cum ibidem capella fuerit fabricata et
« ejusdem capellaniæ communitatem (*sic*); tertiam, quæ
« erat in altari quod est a parte australi sub pulpito, in
« honorem sanctorum Augustini, Ambrosii et Hieronimi
« doctorum, decem octo libras parvorum turonensium
« monetæ usualis vel currentis pro parvis turonensibus
« annis singulis ministrabunt in dotem, videlicet unam
« medietatem ad paschalem synodum et aliam medieta-
« tem ad synodum autumnalem, pro victu et vicaria
« capellanorum pro tempore capellas obtinentium
« antedictas. Capellanus vero capellaniæ quæ est sub
« pulpito, erit de eundo ad matutinas immunis, sed in
« hieme in filo diei et in æstate immediate post matu-
« tinas ad pulsationem campanæ, unam missam spe-
« cialiter pro nobis, parentibus, fratribus et spe-
« cialiter pro Joanne, sororibus, amicis et benefacto-
« ribus nostris, per se vel per alium in dicto altari
« tenebitur celebrare, cujus missæ officium diebus sin-
« gulis erit de die, vel alias prout melius viderit
« expedire, dum tamen quam frequentins poterit, cele-
« bret pro defunctis et in dicta missa, cum aliàs quam
« pro defunctis celebraverit, semper fiet una collata de

« Spiritu Sancto quandiu vixerimus, et alia pro de-
« functis. Capellani etiam aliarum duarum capellania-
« rum tenebuntur ire ad matutinas et missam, et
« quinquies ad minus missas ad sua altaria per heb-
« domadam celebrare, et pro singulis suis defectibus,
« videlicet pro matutinis de duobus denariis et pro
« missa de uno denario et pro defectu celebrationis
« missa cujuslibet, ut præfertur, faciendo, de quatuor
« denariis privabuntur et eo modo quo defectus alio-
« rum capellanorum dictæ ecclesiæ converti consue-
« verunt, denarii hujusmodi convertuntur, ipsis tamen
« capellanis salvis immutationibus et aliis prout regi
« consueverunt et se habere alii capellani ecclesiæ
« memoratæ. Hanc capellanus dictæ capellaniæ sancti
« Dionisii missam pro fidelibus defunctis et specia-
« liter pro patre et matre, fratribus et præcipue pro
« Joanne, sororibus et amicis, et benefactoribus nos-
« tris, et pro nobis, quolibet die, ut supra, per se
« vel per alium celebrabit, exceptis die Natalis. Do-
« mini, et tribus diebus post diem Resurrectionis
« dominicæ, et tribus diebus ante et tribus diebus
« post Pentecosten, duplicibus et semiduplicibus fes-
« tis et diebus de dominicis et quibus poterit cele-
« brare de die, et tunc collectam facere tenebitur pro
« defunctis.

« Capellanus autem Sancti Ludovici capellæ predictæ
« quolibet die, ut supra, quandiu vixerimus, missam
« de Spiritu Sancto vel de Beata Maria per se vel per
« alium celebrabit, in qua semper unam collectam
« faciet pro defunctis, et post decessum nostrum in

« missam pro defunctis mutabitur dicta missa, exceptis
« diebus et festis antedictis.

« Hæc autem omnia, ut præmittitur, adimplenda,
« dicti capellani et eorum successores in sua institu-
« tione episcopo, qui erit pro tempore, jurare tene-
« buntur cum aliis capellanis ad matutinas, et missam
« juxta morem ecclesiæ punctuabuntur.

« Item dicti capitulum tertio quolibet anno, quando
« celebrabitur nostrum aniversarium, in eadem eccle-
« sia, decem solidos parvorum turonensium vel mo-
« netæ usualis quovis currentis tenebuntur in pane
« pauperibus erogari et triginta solidos consimilis mo-
« netæ custodiis, qui quolibet die in festo diei cam-
« panam pulsabunt ad missam sub pulpito singulis
« annis, videlicet pro qualibet die unum denarium.

« Item quindecim libras monetæ consimilis in qua-
« libet aniversario nostro dicti capitulum inter se et
« clericos dicti chori ad hoc præsentes decem libras, et
« capellani et clerici qui præsentes fuerint, centum
« solidos percipient et habebunt.

« Item prædictis capitulo damus et concedimus in
« augmentum aniversarii Joannis, quondam fratris
« nostri, una cum quatuor libris et decem solidis de
« prædictis sexaginta solidis turonensibus annui red-
« ditus, quas acquisivimus a discreto viro magistro
« Petro le Tonnellier, scholastico Constantiensi, juxta
« domum dictorum capituli, in qua manet Guillelmus
« de Turnebus, canonicus Constantiensis, ita quod
« in universo prædicto aniversario septem libras et
« decem solidos turonenses annis singulis dicti capi-

« tulum percipient et habebunt, quarum septem libra-
« rum et decem solidorum duæ partes inter præsentes
« ad hoc canonicos dividentur, et tertiam presbyteris
« et clericis, ad dictum anniversarium præsentibus,
« tradere tenebuntur, tenenda, habenda et de cætero
« in perpetuum possidenda dictis capitulo, omnia et
« singula supradicta modo quo superius est expres-
« sum, in puram, perpetuam et liberam eleemosinam
« habere pacifice et quiete absque reclamatione, contra-
« dictione, ac impedimentis a nobis successoribus et
« hæredibus nostris in contrarium super his faciendis,
« et ex nunc omnia et singula prædicta, quidquid juris
« habebamus et habere poteramus in eis, transferimus
« in capitulum memoratum. Et ut hæc nostra donatio
« et concessio robur obtineat perpetuæ firmitatis, præ-
« sentes litteras iisdem capitulo dedimus sigilli nostri
« appensione munitas. Datum apud Bonum Fossatum
« die lunæ in festo Epiphaniæ Domini, anno ejusdem
« millesimo trecentesimo tertio [1]. »

En 1304, Eustache de Pirou, chevalier, seigneur de Montpinchon et de Cerisy, consentit par un acte particulier qu'un prêtre, nommé Geoffroi Cotton, fondât à la cathédrale un obit pour lui, par le don de deux boisseaux de froment de rente à prendre sur cinq acres de terre en ladite parroisse, dont voici l'acte, en partie extrait du 354º feuillet du cartulaire du chapitre :

« A tous ceux qui ces lettres, etc., Eustache de

---

[1] Copie de M. Dubosc, archiviste du département de la Manche.

« Pirou, chevalier, seigneur de Montpinchon et de
« Cerisy, salut. Comme Geoffroi Cotton, prêtre, a
« donné et octroyé, et du tout en tout en perpétuel
« héritage délaissé à hommes honorables et discrets,
« le chapitre de Coutances, pour Dieu et le salut des
« âmes de ses père et mère, et pour faire un obit
« annuel en la mère église de Coutances, après son
« décès, deux boisseaux de froment, à la mesure de
« Cerisy, d'annuelle rente, à prendre et lever sur quatre
« pièces de terre contenant cinq acres, assises en la
« parroisse susdite, etc., sachent tous que j'ai eu ce
« pour agréable et confirmé en tant comme il me peut
« et doit appartenir, etc., dont j'en donne audit cha-
« pitre ces lettres, scellées de mon sceau, l'an de
« grâce 1304, le jeudi après la fête de Toussaint,
« sauf autrui droit et mes redevances. »

Nous apprenons des archives de Fécamp, que cette même année les évêques de la province, savoir : Guillaume, archevêque de Rouen ; Robert, évêque de Coutances ; Geoffroi d'Avranches, Mathieu d'Évreux, Philippe de Séez et Gui de Lisieux, s'assemblèrent avec les autres prélats de la province en concile à Déville[1], bourg assez près de Rouen, afin de pourvoir aux taxes extraordinaires dont le clergé de la province était surchargé, en laquelle assemblée l'abbé de Fécamp protesta publiquement, par un acte qu'on a fait depuis imprimer, n'être point obligé de paraître à ces sortes

---

[1] D'après D. Bessin, p. 167, et le *Gallia*, xi, 173, *instrum.*, ce concile aurait été tenu l'année suivante à Pinterville (Eure), et Robert d Harcourt n'y aurait pas plus figuré que l'évêque de Lisieux.

de convocations, vu ses priviléges, dont il demanda acte, qui lui fut acordé.

L'an suivant, 1305, Geoffroi Meslier, curé de Lingreville[1], résigna cette cure à Guillaume Meslier, chanoine de Saint-Surin, de Bordeaux, et notre prélat, *intuitu charitatis*, la conféra à son procureur, nommé Nicolas Badin. Il est marqué exprès que l'évêque l'investit par son anneau épiscopal, « per annulum nostrum pontificalem investimus ». L'acte est daté de Bonfossé, le vendredi après la fête de l'Annonciation 1305.

Nous apprenons par un autre acte de cette même année qu'il était en son château de Saint-Sauveur le mercredi avant la Saint-Martin d'hiver. Cet acte contient un accord qu'il fit entre son chapitre, d'une part, et noble homme messire Robert de Hotot, chevalier, seigneur du Hommet, « super eo quod dicebat idem
« miles annuatim pro quadam grangia dicti capituli, in
« parochia de Artenei[2] situata, quam idem miles de suo
« feodo esse dicebat, sibi deberi duos capones vel par-
« tem, et alias faisantias molendinorum, et pro coustu-
« miis mercatorum suorum, petens insuper per retrac-
« tum cirose dictam grangiam, ratione domini sui
« temporalis », etc. Notre évêque fit en sorte que le seigneur céda, pour le salut de son âme et celui de sa mère, audit chapitre tout le droit qu'il prétendait sur cette grange, et en outre « præfatus miles pro se et
« suis heredibus, quantum in se erat et est, confirmavit
« et confirmat prædictis capitulo tertiam partem decimæ

---

[1] Arr. de Coutances.
[2] Saint-Pierre-d'Arthenay, arr. de Saint-Lo.

« bladorum parochiæ de Arteneio colligendam de
« cætero pacifice. »

Ce serait ici le lieu de parler de cette révolution par laquelle, après la mort du pape Boniface VIII, ce cruel ennemi du roi de France Philippe le Bel, le siége apostolique fut transféré en France, translation que les Italiens appellent la captivité de Babylone et à laquelle la plupart de nos historiens attribuent la cause des malheurs dont le royaume fut accablé dans la suite ; mais puisque ce point appartient à l'histoire générale, je n'en dirai que le peu qui suit, où notre prélat ayant eu part, je ne puis me dispenser d'en parler.

Dans les immenses contestations entre ce souverain pontife, Boniface VIII, et Philippe, notre roi, ce monarque ayant fait, le 10 avril 1302, assembler les prélats et les grands de son royaume pour délibérer sur les réponses qu'il y avait à faire aux propositions que lui avait apportées de Rome l'évêque de Pamiers, le clergé résolut, qu'avec sa permission, on en écrirait à Boniface et on lui députerait trois évêques pour lui remontrer, avec tout le respect dû au rang qu'il tenait, de la part du clergé de France, combien son procédé était éloigné de la douceur et de la charité paternelle que ses prédécesseurs avaient toujours eue pour le fils aîné de l'Église et pour le royaume, et combien il était impossible que les évêques et les docteurs obéissent au commandement qu'il leur faisait de se trouver à Rome au premier jour de novembre suivant, pour assister au concile qu'il avait indiqué à ce jour-là.

Robert de Harcourt, notre évêque, eut l'honneur

d'être un de ces députés avec Pierre de Ferrière, évêque de Noyon, et Simon de Beaulieu, évêque de Béziers. Mais très-inutilement ils entreprirent le voyage; la dureté du pape mit leur prudence et leur éloquence à bout, et cette célèbre ambassade ne servit qu'à élever son cœur et le rendre plus altier.

Il envoya donc un légat en France avec commandement de faire souscrire au roi, sous peine d'excommunication, certains articles qu'il lui prescrivait. Ce légat était un mauvais Français de la ville d'Amiens en Picardie, nommé Jean le Moine, cardinal du titre de Saint-Pierre-et-Marcelin. Ce cardinal avait entre ses domestiques un de nos archidiacres nommé Nicolas de Bienfaite; il était resté à Rome, et ce fut de lui dont se servit le pape pour envoyer en France le décret de la prétendue excommunication qu'il disait avoir prononcée contre le roi, pour n'avoir pas voulu accepter les propositions que lui était venu faire son légat. Notre archidiacre ne réussit pas; il fut découvert et arrêté à Troyes.

La paix ayant été rendue au royaume par la mort funeste de Boniface, notre évêque Robert retourna en son diocèse. J'ai vu un acte daté de Bonfossé le jeudi après la Saint-Grégoire, 1306, par lequel il mandait au doyen des Pieux de mettre Nicolas de Boulbert en possession de la cure de Saint-Ouen-de-Sideville[1], vacante par la mort de Guillaume le Gros, notre évêque ayant donné l'investiture de ce bénéfice à Nicolas par

[1] Arr. de Cherbourg.

dévolu, faute aux patrons ordinaires de lui avoir présenté en temps et lieu des personnes capables. Il est à remarquer en cet acte qu'il est mandé à ce doyen de dresser un état des ornements de cette église et d'en écrire un autant dans le plus grand livre qui y soit.

En 1304[1], le quatrième jour d'août, Gilbert Bacon, écuyer, et Jeanne, son épouse, renoncèrent, en la présence de notre évêque et de son official, au patronage de Saint-Jean-des-Champs en faveur des moines du Mont-Saint-Michel à qui ils l'avaient contesté.

J'ai trouvé dans le cartulaire d'une ancienne et noble famille de ce diocèse nommée de la Haye-Hue, maintenant éteinte en Normandie et non en Angleterre, que cette même année 1307, le mercredi devant la Saint-André, fut ratifié, par son mandement et sa présence, certain accord qui, dès l'an 1297, avait été fait entre messire Robert de la Haye, chevalier, seigneur de Néhou et Guillaume de Rivers, aussi chevalier, par lequel celui-ci cédait au premier tous les droits qu'il avait en la forêt de Montrond[2], avec quelques autres droits et terres désignés en cet acte, en considération de ce que de Rivers, n'étant encore qu'écuyer, Robert de la Haye avait servi pour lui en l'ost de Flandre, duquel acte de cette cession notre prélat adjugea un autant aux religieux de Montebourg pour la conservation de leur droit en cette forêt, suivant les donations à eux faites par Guillaume de Vernon, père de Richard, duquel Richard Robert de la Haye, père de notre Robert,

---

[1] Il faut lire sans doute 1307.
[2] Ou Montrot, à Néhou.

second du nom, avait épousé la fille, sœur de Guillaume de Vernon, deuxième du nom, lequel, mort sans postérité, avait laissé ses grands biens et ses honneurs à ces de la Haye.

Et sur ce propos on me permettra de faire ici une autre remarque, laquelle peut-être ne déplaira pas aux curieux. Ce Guillaume de Vernon étant, comme nous avons dit ailleurs, le principal fondateur de l'abbaye de Montebourg, le droit de la garde de la porte de cette abbaye, pendant la vacance du siége abbatial, lui appartenait incontestablement à lui et à ses héritiers. Ce droit, avec tous les autres avantages à lui annexés, fut transmis aux sœurs de Guillaume de Vernon, deuxième du nom, et après lui à ses sœurs ; elles étaient deux, l'une fut mariée à ce Robert de la Haye dont nous venons de parler ; l'autre épousa un seigneur du nom de Brucourt, lequel mourut encore jeune, laissant un fils, Guillaume de Brucourt. Comme ce Brucourt était mineur, et que lui et ses biens étaient en la garde du roi, dont le procureur était en cette occasion un nommé Nicolle du Pont-Audemer, lequel par provision s'était saisi de la porte de la garde de l'abbaye, il s'ensuivit procès par devant le bailli de Cotentin, en l'assise de Valognes, le samedi après la Sainte-Luce, sur ce que débat était entre Robert de la Haye et Guillaume de Brucourt [au sujet] de la garde de la porte de Montebourg et des franchises de la seigneurie qui appartiennent à ladite garde au temps qu'il n'y a point d'abbé, et on demanda aux amis dudit Guillaume, c'est à savoir à messire Guillaume Bertrand, sieur de

Fauquernon, et Robert Bertrand, écuyer, sieur de Fauquernon, oncles dudit Guillaume, et à Robert Bertrand, écuyer, sieur de Briquebec, cousin germain dudit Guillaume, si elle était en partie dudit Guillaume et s'il y avait droit. Eux dirent qu'elle n'était pas en sa partie et que c'était le droit dudit messire Robert, et par sentence définitive prononcée aux assises de Valognes, le mardi après la fête saint Vincent, 1311, il fut dit que la main du roi serait levée et que le droit serait maintenu audit Robert de la Haye.

Notre évêque cependant était occupé au service de l'Église et du royaume. MM. de Sainte-Marthe nous assurent qu'il était au conseil du roi, tenu en janvier 1306, et qu'il intervint en divers actes pour la Sainte-Chapelle auxquels on voit son nom, et qu'en 1308 il obtint de notre monarque la confirmation de deux chapelles que ses ancêtres avaient fondées en leur seigneurie de Harcourt[1]. M. du Tillet, dans son traité du rang des grands, témoigne qu'il assista le roi au jugement donné par les habitants de Conches contre le duc de Bourgogne, au parlement d'hiver 1310[2]; mais nous apprenons d'un acte daté du mardi avant Noël de cette même année 1310, qu'il était alors en son diocèse, lequel acte contient une relation d'une charte de saint Louis, par laquelle il avait, en 1264, consenti que les religieux de Saint-Sauveur présentassent au

---

[1] A Philippo rege impetravit confirmationem fundatarum duarum capellarum a Johanne de Harcourt parente in terra sua mense. Martio 1308 (1309). — *Galla christ.*, XI, 883.

[2] Page 370.

bénéfice de Saint-Ouen-de-Catteville[1] lorsqu'elle vaquerait, y ayant, lui roi, présenté à la dernière vacance Pierre-aux-Épaules[2].

Cette même année 1310, le 9 mai, il obtint du roi lettres d'indemnité et de protection pour tous les biens, fiefs, terres, rentes et revenus qui appartenaient à son église. L'acte en est dans le deuxième volume du cartulaire du chapitre, feuillet 100°, et est daté de Maubuisson[3].

Raoul de Harcourt, frère de notre évêque, et qui, comme nous avons vu, lui avait succédé à l'archidiaconé de Cotentin, fut tout d'une suite chantre de Bayeux, premier archidiacre de Rouen, chanoine de Notre-Dame de Paris, et fit le projet de la fondation du collége de Harcourt. Messire Robert de Harcourt, notre prélat, l'exécuta. On verra la charte entière de cette fondation dans notre recueil, si on veut s'en donner la peine ; en voici quelques termes en preuve de ce que nous disons :
« A tous ceux qui ces présentes lettres verront, Robert,
« par la grâce de Dieu, humble ministre de l'église de
« Coutances et exécuteur du testament ou de la der-
« nière volonté du seigneur Raoul de Harcourt de
« bonne mémoire, autrefois archidiacre de Cotentin
« dans l'église de Coutances, salut en Notre-Seigneur.
« Comme ainsi soit que nous ayons destiné et donné
« certaines maisons situées à Paris, rue Saint-Côme,

[1] Arr. de Valognes.
[2] Cartulaire de Saint-Sauveur, n° 217.
[3] Ces lettres sont datées de 1319 : « Datum in abbatia regali B. M. juxta Pontisaram, millesimo ccc° decimo nono, mense maii. » (Cartulaire de Coutances, n° 132.)

« vers la porte qu'on appelle la porte d'Enfer, avec
« 500 livres de rente, à prendre sur la prévôté de
« Caen, pour l'usage et l'entretien des pauvres maîtres,
« écoliers et étudiants aux arts et en théologie établis
« ou qui seront établis dans lesdites maisons, nous
« pour le bon gouvernement, l'utilité et la paix desdits
« maîtres et écoliers étudiants, nous avons réglé toutes
« choses de la manière qui suit : premièrement nous
« ordonnons qu'il y aura vingt-huit pauvres écoliers
« étudiants aux arts et en philosophie, desquels il y
« en aura quatre du diocèse de Coutances, quatre du
« diocèse de Bayeux, autant de celui d'Évreux et au-
« tant de celui de Rouen, dans lesquels le susdit
« Raoul de Harcourt, pendant qu'il vivait, a eu des
« biens d'église ; le surplus sera pris ou des mêmes
« diocèses ou des autres tels qu'ils sont en distinc-
« tion [1]. »

Ces règlements pour ce collége, faits par notre évêque, sont trop longs et trop ennuyeux pour être rapportés ici ; nous en marquerons seulement quelques-uns ici. Il y est ordonné : « 1° Qu'il y aura pour le
« moins douze théologiens, deux de chacun des dio-
« cèses susdits ; que chacun de ces écoliers aura cinq
« sous parisis la semaine ; qu'il sera permis à toutes
« sortes de personnes de fonder des places en ce col-
« lége telles qu'il leur plaira, dont lui ou ses représen-
« tants seront présentateurs, par dix livres de rente
« bien assurées, si c'est pour un artiste, douze livres,

---

[1] *Histoire généalogique de la maison de Harcourt*, IV, 1198.

« si c'est pour un théologien ; qu'on n'y recevra aucun
« artiste qui aura douze livres parisis de rente de son
« patrimoine, ni aucun théologien qui en aura trente,
« ce revenu étant alors réputé suffisant pour la nour-
« riture d'un chacun, et ces places n'étant que pour
« les pauvres ; que lui, évêque, pendant sa vie, et les
« supérieurs du collége pourront recevoir dans lesdites
« maisons d'autres écoliers en payant une pension
« raisonnable ; que si par ces bienfaits ou par ceux
« de quelques autres, le revenu du collége devient plus
« grand et plus que suffisant pour l'entretien des qua-
« rante écoliers ci-dessus, on pourra en augmenter le
« nombre, de sorte néanmoins qu'il y ait deux artistes
« contre un théologien ; que tous les ans on fasse
« dans la chapelle du collége deux services ou obits
« pour feu Raoul d'Harcourt, savoir le vendredi qui
« suit la cérémonie des Cendres et le vendredi qui suit
« la fête de l'Exaltation Sainte-Croix, au premier des-
« quels il y aura trente sous pour la pitance et à l'autre
« vingt sous pour la pitance, le tout monnaie de Paris,
« auxquels obits ou services tous seront obligés d'as-
« sister sous peine d'un denier d'amende ; qu'aucun
« ne prête ou ne transporte hors le collége les livres
« et que chacun soit obligé d'en faire serment ; que
« chacun des étudiants s'applique et s'affectionne, de
« sorte que dans sept ans il soit capable de prêcher
« et d'enseigner les moindres cours et dans dix ans
« d'expliquer les sentences, c'est-à-dire enseigner la
« théologie, autrement qu'il soit chassé de la maison
« sans néanmoins qu'aucun ose présumer d'enseigner

« sans en avoir auparavant été jugé capable par ses
« supérieurs ; qu'on élise dans la suite le proviseur de
« la manière qui suit ; c'est à savoir : que les susdits
« huit théologiens, des quatre susdits diocèses, quinze
« jours après la nouvelle assurée de la mort dudit
« évêque ou de celle du maître du collége, fassent
« élection d'une personne capable, discrète et véné-
« rable, et seulement née en Normandie, pour être
« maître et proviseur. On présentera cet élu au chan-
« celier de Paris pour en être approuvé. On en usera
« de même à l'égard du plus ancien professeur de
« cette faculté, de quelque pays qu'il soit, comme
« aussi du recteur de l'université ; mais surtout il ne
« doit y avoir de proviseur qu'un Normand. » Cet
acte, qui contient une grande quantité d'autres règlements, est daté du lendemain de la Nativité de la
Vierge, 1311.

Après quoi, il serait de notre devoir de parler d'un
concile de Vienne, de l'élection du pape Clément V et
de l'ordre des Templiers qui fut aboli dans ce concile
de Vienne où notre évêque assista ; mais nous croyons
devoir renvoyer ces points aux écrivains publics et
nous nous contenterons de remarquer deux choses : la
première est que le Pape indiquant le concile, voulut
seulement que quelques prélats de chaque province y
assistassent et que ceux qui resteraient eussent soin des
diocèses des absents ; ainsi, dans notre province, l'archevêque de Rouen, l'évêque de Bayeux et le nôtre
furent choisis pour le concile et les autres chargés de
la garde de leur troupeau : « Quocirca mandamus uni-

« versitati vestræ per apostolica scripta, quatenus vos
« fratres archiepiscopus et Bajocensis et Constantiensis
« episcopi, reliquis vestrum episcoporum in vestra pro-
« vincia remanentibus, ad ea quæ pontificale officium
« exigunt expetenda omni negligentia delegata, accin-
« gatis vos ad iter, etc. » ; l'autre est que les Templiers
ayant été proscrits en ce concile, une bonne partie de
leurs biens fut donnée aux Hospitaliers entre lesquels
furent deux commanderies en ce diocèse, celle de Villedieu et celle de Réville [1], lesquelles avaient été fondées
et données aux Templiers par Henri, roi d'Angleterre.
Notre évêque, avant de partir pour le concile, avait terminé un procès entre les religieux de Montebourg et
ceux de Saint-Sauveur, lesquels étaient au prieuré de
Sainte-Croix-de-Virandeville [2]. Ces religieux avaient des
dîmes mêlées en la parroisse de Turqueville ; ce mélange
causait des débats continuels entre eux, parce qu'on ne
pouvait bonnement les distinguer. Pour obvier à quoi,
notre évêque jugea que toutes ces dîmes demeureraient
aux moines de Montebourg, parce qu'ils paieraient aux
autres trente livres tournois par an en deux paiements
égaux, à la Saint-Jean et à la Saint-Michel. L'acte est
daté de Coutances, le jour Saint-Pierre-aux-Liens, 1311 [3].
A son retour, continuant à veiller pour le bien des
moines de Saint-Sauveur, il fit en sorte que Guillaume
Courbet, curé de Couville [4], passa un acte semblable à
celui de son prédécesseur, reconnaissant être redevable

[1] Arr. de Valognes.
[2] Arr. de Cherbourg.
[3] Cartulaire de Saint-Sauveur, n° 120.
[4] Arr. de Cherbourg.

de cinq sous par an à ces religieux[1]. L'acte est daté du château de ce lieu le mercredi veille de la fête saint Clément; et par un second acte de ladite année 1312, le jour de la Saint-Nicolas d'hiver, passé à Bonfossé, il confirma le droit de deux foires par an devant le prieuré de Sainte-Croix-de-Virandeville, lequel droit leur avait été donné par Guillaume Carbonnel, chevalier, et Nicole son épouse, suivant les lettres qui lui en furent présentées par les religieux[2].

L'an suivant, 1313, le mardi après la fête de la Madeleine, étant en son château de Saint-Sauveur, Richard d'Ouville, curé de Henneville[3], céda entre ses mains les deux tiers [de la grange] qu'il avait fait bâtir sur les terres d'aumône [de ladite église,] à ces mêmes religieux de Saint-Sauveur pour y reporter leurs dîmes, moyennant la somme de vingt livres tournois, argent comptant, dont ce curé acheta un quartier de froment de rente tant pour lui que pour les autres curés ses successeurs, ce que l'évêque confirma de son autorité[4].

Étant encore au même lieu de Saint-Sauveur-le-Vicomte, le mardi avant la fête saint Gervais et saint Protais de l'année 1314, il conféra à la présentation des religieux de l'abbaye de Cherbourg le bénéfice de Vasteville, vacant par la mort du nommé Guillaume du Coudrai, à Robert Joué, mandant au doyen des Pieux de l'en mettre en possession.

Cette même année 1314, notre prélat fonda en son

[1] Cartulaire de Saint-Sauveur, n° 169.
[2] Cartulaire de Saint-Sauveur, n°s 176, 177.
[3] Arr. de Cherbourg.
[4] Cartulaire de Saint-Sauveur, n° 411.

église cathédrale six clercs pour assister au chœur et soulager les chantres et chanoines au chant des psaumes et des messes. Il dota ces clercs de six deniers par jour, somme peu considérable et insuffisante en notre temps pour l'entretien d'une personne, mais alors d'une conséquence tout autre, le boisseau de froment, mesure de Coutances, ne valant que trois livres, comme nous avons remarqué ailleurs. L'acte de cette donation et des règlements qu'il fit sur l'état et sur la conduite de ces clercs, est contenu au feuillet 156° du troisième volume du cartulaire du chapitre de Coutances, daté du même lieu de Coutances, le mercredi avant la fête saint Michel, audit an 1314.

Enfin le septième jour de mars de l'année 1315, que l'on comptait encore 1314, mourut ce très-illustre prélat, aimé, estimé et généralement regretté de tout le monde, comme étant un des plus distingués évêques de notre province, moins par la noblesse de sa maison que par ses grandes qualités.

Sans parler de ses autres bienfaits, il a laissé à son église cinquante-deux livres de rente pour quatre obits qu'on fait pour lui aux mois de mars, juillet, octobre et novembre. Il a même rendu sa mémoire précieuse en toutes les maisons religieuses de son diocèse : à Blanchelande on fait pour lui deux obits, le sixième mars et le 24 octobre ; on en fait un à Saint-Lo le jour de son décès, et dans le manuel de l'Hôtel-Dieu de cette ville, il est le premier évêque pour qui on doit prier. « Obiit », porte le nécrologe de l'abbaye de Saint-Sauveur-le-Vicomte sur le septième mars, « venerabilis

« pater Robertus de Haricuria, episcopus Constan-
« tiensis ac dominus Sancti Salvatoris Vicecomitis,
« anno 1314, qui dedit conventui decimam novi mo-
« lendini et 200 libras ad emendos redditus. » —
« Nonis martii », marque celui de Cherbourg, « obiit
« Robertus de Haricuria bonæ memoriæ, Constan-
« tiensis episcopus, qui nobis dedit centum libras ad red-
« ditus comparandos, de quibus comparavimus quinde-
« cim quarteria frumenti, ad mensuram Cæsaris-Burgi,
« annui redditus ad usus pitantiæ. Iste obitus debet
« solemniter celebrari et conventus debet habere pitan-
« tiam. » L'obituaire de la Perrine : « Nonas (martii)
« anno Domini M° CCC° XIIII°, obiit vir bonæ memoriæ
« Robertus episcopus Constantiensis, qui dedit nobis
« xx^{ti} libras turonensium ad emendos redditus[1]. »

Il mourut à Paris où les affaires de son roi et de son diocèse l'avaient appelé. J'apprends que son corps repose en l'église cathédrale de cette ville; mais on peut remarquer par ces témoignages des obituaires et par diverses chartes de son successeur, que ceux-là se sont trompés avec MM. de Sainte-Marthe qui ont marqué en l'an 1318.

[1] Fol. 5, v°.

CHAPITRE VII

DE GUILLAUME DE THIÉVILLE

Comme la noble famille de Robert de Harcourt subsiste encore en notre diocèse dans les personnes de MM. les marquis de Harcourt, seigneurs d'Ecausseville, d'Olonde était la maison et famille de son noble successeur Guillaume de Thiéville[1]. Il subsiste de même très-noblement en MM. les enfants de feu Nicolas de Thiéville, marquis de Bricquebosc, Héauville, Couville, Crosville, Helleville, Tracy, qui sont Charles de Thiéville, qui a plusieurs enfants de dame Catherine de Ravalet, Jacques de Thiéville, abbé de Bricquebosc, et François de Thiéville, seigneur de Crosville et autres.

Il paraît par l'épitaphe seule de Raoul de Thiéville, 35ᵉ évêque d'Avranches, oncle de notre Guillaume, que cette famille était illustre dès le XIIIᵉ siècle, puisqu'il y est qualifié de nouvel astre de la famille de Thiéville, dont il était sorti tant de Mars et de Soleils, et qu'il y est dit qu'il était d'une famille et d'une naissance sublime :

---

[1] Il est appelé de *Tyeville* dans un acte de 1338. (Cartulaire de Coutances, nº 75.)

« D. O. M.

« En Rodolfus Thevillus, viator, Thevillanæ familiæ,
« unde tot martes, tot soles, sidus novum, proh dolor!
« occiduum. Lucebat nuper non Abrincatinæ tantum
« ecclesiæ, sed Franciscæ universæ, sed externis popu-
« lis, nunc terris desiduum partim, partim astra inter
« defixum et alio micans orbe quiescit. Hic a se genere
« sublimis, virtute admodum humilis, a majoribus for-
« titer generosus, incredibili animi magnitudine ardua
« quæque ad ecclesiæ utilitatem aggressus superabat.
« Cleri custos et pater, pauperum confugium, oppres-
« sorum asylus, virtutum archetypus et pietatis, sacras
« ille infulas et dignitatis apostolicæ insignia, quibus
« vivens a populis honorem debitum satagebat exiberi,
« hic moriens posuit. Non te pluribus, viator; quod
« nunc es fuit, fac sis quod tunc erat, eris enim brevi
« quod nunc est. Vale, et mortuo bene precare. Obiit
« anno 1292[1]. »

Guillaume, notre évêque, était fils de Guillaume seigneur du Mesnil-Garnier, Chantore, Vains, Thiéville, Guéhébert, Mesnil-Oger et autres terres et seigneuries, et neveu de Nicolas de Thiéville, lequel, en 1299, partagea avec ledit Guillaume son frère les successions de Robert, fils de Raoul. Leur père épousa Nicolle de la Haye-Comtesse et fut la tige de Bricquebosc d'à présent.

Je ne sais point le nom de la mère de notre évêque[2], épouse de Guillaume, seigneur du Mesnil-Garnier; mais

---

[1] *Gallia christiana*, XI, 487.
[2] Isabelle de Beaufai, de *Bellafago*, d'après le *Gallia*.

je sais qu'il eut un frère puiné, nommé Robert, qui fut père de Henri de Thiéville. Ce Henri épousa Isabeau de Meulan, veuve deux fois, en premières noces de Fouque Paisnel, seigneur de Hambie, La Haye, et en secondes, de Guillaume, sire de Montenay-Garençière ; il en eut une fille, nommée Catherine de Thiéville, laquelle fut mariée à Olivier de Mauny, auquel elle porta ces belles terres que nous avons nommées Mesnil-Garnier, Thiéville, Chantore, etc. Elle le rendit père de Marguerite de Mauny, mariée à Jean Goyon, sire de Matignon, de qui sont descendus les seigneurs de Matignon, comtes de Thorigny.

Guillaume de Thiéville naquit à Coutances et fut baptisé dans l'église cathédrale, ce que je lui crois singulier, ne connaissant aucun autre que lui qui d'enfant de Coutances en soit devenu le père. C'est pourtant ce qu'il nous apprend lui-même dans un acte que nous rapporterons bientôt, et dont voici les termes qui regardent ce fait particulier ; c'est en parlant des grâces qu'il reconnaît avoir reçues par le moyen de la sainte Vierge : « Scilicet dignata est facere seu velle « ab ortus nostri primordiis, chrismate sacrosancto suæ « Constantiensis ecclesiæ nos in baptismo perungi. » Il fut dans la suite chanoine de cette église : « tempore « quo succedente, dictæ ecclesiæ suæ canonicum præ- « bendatum effici, » et enfin très-bon évêque : « et tan- « dem exuberiori gratia una cum dicta ecclesia ejus « tanquam sponsa nostra quamvis indigne spirituali « matrimonio copulari. »

Il fut élu pour succéder à Robert de Harcourt dont

je trouve qu'il était parent, immédiatement après sa mort, par le suffrage unanime des électeurs, et sacré à Rouen par Gilles Aycelin, archevêque de cette ville, la même année de la mort de son prédécesseur, 1315. Il a gouverné ce diocèse environ trente-trois ans en bon et véritable évêque, comme le témoignent tous les mémoires que nous avons vus de lui.

Le premier acte que je trouve de cet évêque, est un accord entre les chanoines réguliers de Cherbourg et les religieux de Saint-Paul-de-Cormery, diocèse de Tours. Ceux-ci ont un prieuré au doyenné de la Hague, nommé Saint-Germain-des-Vaux, et ceux-là un autre prieuré appelé de Jobourg. Chacun prétendant droit sur les dîmes, ou au moins sur quelques cantons des dîmes de la paroisse de Jobourg, tous en donnèrent le jugement à notre prélat. Ayant donc examiné le pouvoir de frère Gervais David, prieur de Saint-Germain, tant de sa part que comme porteur de la procuration de l'abbé et couvent de Cormery, et de frère Bertrand[1], prieur de Jobourg, pour lui et ladite abbaye de Cherbourg, il prononça que toutes les dîmes des blés et des légumes qui sont au-delà de l'église ou monastère de Jobourg, avec l'autelage de toute cette paroisse, demeureraient au prieur de ce lieu de Jobourg, et que les dîmes qui sont en deçà de la même église seraient pour le prieur de Saint-Germain, en sorte que le chemin qui va de Jobourg à Auderville[2] serait les bornes de ce que chacun de ces prieurs devrait avoir.

[1] Bertrand du Pré. (Inventaire des archives de la Manche. H. 2871.)
[2] Toutes ces paroisses, arr. de Cherbourg.

Cet acte, qui est daté du jeudi après la fête saint Pierre aux liens, fut si agréable aux parties, qu'ils supplièrent le même évêque de le confirmer de son autorité épiscopale par un second acte. Il le fit après avoir entendu juridiquement plusieurs personnes de divers rangs et qualités, qui toutes protestèrent par serment qu'on ne pouvait finir ce procès plus équitablement, procédure si nouvelle que j'ai cru devoir le remarquer. Il voulut encore, pour rendre ce jugement plus authentique, qu'il fût confirmé par le chapitre de Coutances, ce qui fut fait, ainsi qu'il paraît, par acte daté du mardi après l'Assomption de la sainte Vierge 1316.

Nous apprenons du recueil des priviléges de l'abbaye de Fécamp, dont nous avons déjà parlé, que l'an suivant, 1317, les évêques de la province, au nombre desquels était le nôtre, ayant à leur tête Gilles Aycelin, leur métropolitain, s'assemblèrent en concile dans l'église de Saint-Martin-de-Pontoise, auquel Robert, abbé de Fécamp, protesta n'être sujet à ces sortes de convocations par des raisons qu'il allégua, à quoi les évêques déclarèrent n'être leur dessein de contredire à ses priviléges, et lui donnèrent acte souscrit dudit archevêque et des évêques de Bayeux, Lisieux, Avranches, Séez et Coutances.

Il y eut procès l'an suivant entre les moines de Lessay et un nommé Robert des Moitiers, chevalier, au sujet du patronage de Saint-Pierre-d'Anneville[1]. Ce différend, porté devant Robert Busquet, bailli de

---

[1] Arr. de Cherbourg.

Cotentin, tenant les assises à Carentan, les moines l'emportèrent, et par acte exercé le mardi après le dimanche *Lætare* 1318, ce bailli, suivant la procédure de ce temps-là, en donna avis au révérend père Guillaume, par la grâce de Dieu évêque de Coutances, et à ses vicaires au spirituel.

L'an suivant 1319, cet évêque considérant que les anciennes chartes de son église, lesquelles contenaient diverses donations confirmées ou libéralement données par les princes normands et autres prélats, seigneurs ou particuliers, avaient enfin besoin d'être ratifiées et renouvelées, présenta sa très-humble requête au roi Philippe V, surnommé le Long, aux fins de ce renouvellement et de la confirmation de ces chartes, et ce roi, plein de piété, lui donna les fins de sa requête dans l'acte qui suit, traduit en français, en attendant qu'on le voie en sa langue naturelle en notre recueil des chartes :

« Philippe, par la grâce de Dieu roi de France et de
« Navarre. Parmi tous les divers soins et embarras
« dont nous sommes agités, un des principaux est de
« donner le plus d'éclat qu'il est possible aux grandes
« actions de nos pères, lesquels, après avoir par leur
« générosité détruit entièrement les rebelles et leurs
« ennemis, ont grandement amplifié les bornes et
« la gloire de leur royaume, ce que nous croyons
« leur avoir été accordé par la bonté de Dieu, à cause
« de la grande affection qu'on sait qu'ils ont toujours
« eue pour l'Église, ses ministres et les autres servi-
« teurs de Dieu, parce que nous tenons pour assuré
« que Celui-là qui fait sa demeure dans les cieux et

« regarde les choses d'ici-bas, et donne le salut aux
« rois, considère les bienfaits et les charités que les
« grands font à l'Église et à ses serviteurs, en son
« nom, et témoigne que c'est à lui qu'on les fait,
« récompense et honore ses bienfaiteurs au pied de
« son sanctuaire et de leur disposition. A ces causes,
« notre féal et bien-aimé Guillaume, évêque de Cou-
« tances, nous ayant représenté certain privilége ou
« ancienne charte accordée à l'église de Notre-Dame-
« de-Coutances, diminuée et effacée en plusieurs de
« ses parties par la grande vétusté, tant en l'écriture
« qu'en papier, nous requérant humblement de la
« renouveler, la faire transcrire en nouveaux carac-
« tères et la confirmer, [de] crainte qu'à l'avenir il n'en
« arrivât à ladite église quelque perte ou dommage en
« ses biens, à raison de ladite vétusté et diminution,
« lequel privilége ou charte contenait plusieurs posses-
« sions, revenus, redevances, libertés et franchises
« accordés à ladite église par les prédécesseurs de
« l'illustre Guillaume, duc de Normandie, fils de
« l'illustre Robert, par lui confirmés avec ce que ledit
« duc lui-même avait établi, offert et accordé de
« nouveau à ladite église avec tant de magnifi-
« cence, ainsi qu'il était déclaré ci-après, sachent
« donc tous fidèles présents et à venir à jamais, que
« nous, suivant par la grâce de Dieu, autant qu'il nous
« est possible, la piété de nos pères, nous avons
« ordonné que ledit privilége ou charte serait renou-
« velé et rédigé en nouvelle écriture en ces termes
« et en la teneur qui en suit :

« Au nom de la sainte et individuelle Trinité, amen.
« Que toutes nos actions commencent et finissent par
« elle. Une génération passe et une autre revient, mais
« la terre demeure pour l'éternité. Il semble que ces
« paroles n'ont pas été dites de celles-là dont le Sei-
« gneur a dit : « *Le ciel et la terre passeront*, » mais
« de celles dont le Psalmiste a dit : « *Que mon partage*
« *soit en la terre des vivants*, » en laquelle il n'y a
« point d'entrée ni d'accès qui soit véritable que par
« la sainte Église, laquelle si elle est fondée tempo-
« rellement sur la terre, conservera éternellement ses
« fondateurs dans les cieux. C'est ce que connaissant
« parfaitement le duc des Normands, Guillaume très-
« illustre, fils de l'illustre Robert, il rétablit glorieu-
« sement l'église de Coutances, qui de son temps fut
« dédiée à la bienheureuse vierge Marie, mère de
« Dieu, en tous les bienfaits qu'elle avait reçus de ses
« ancêtres, et lui-même les augmenta de beaucoup,
« tous lesquels il voulut être écrits et contenus en une
« même charte, [de] crainte que la mémoire ne s'en perdît
« à l'avenir, et afin que ses successeurs les conser-
« vassent inviolablement et dans leur intégrité, dans
« laquelle charte sont marqués en premier lieu les
« dons qui avaient été faits avant lui, de tous les-
« quels les noms en suivent et sont des prébendes ;
« c'est à savoir : Blainville avec l'église, la terre
« cultivée et non cultivée et les salines qui en dé-
« pendent ; Trély, l'église, les moulins et les autres
« dépendances ; Soule, l'église, le moulin, le bois et
« ce qui en dépend ; Courcy, l'église, deux moulins,

« les prairies et ce qui y est joint; la moitié de Mune-
« ville avec la moitié de l'église; le manoir Oiselia[1]
« avec ses dépendances; Saint-Louet-sur-Sienne, l'église
« et deux moulins; en la ville de Coutances, l'église
« fondée en l'honneur de saint Pierre avec la dîme
« qui lui appartient sous ladite ville et un moulin sur
« la rivière de Soule; la paroisse d'Urville[2], l'église,
« les salines et ce qui en dépend. De plus, ledit duc
« ayant voulu et ne pouvant corriger les chanoines de
« Saint-Lo-de-Rouen, qui percevaient le revenu de
« ladite église et ne vivaient pas canoniquement, il
« leur retira, suivant le conseil des évêques, les églises
« qu'ils étaient en obligation de desservir, desquelles
« les noms en suivent, savoir : Quibou, les moulins
« et ce qui en dépend; la Mancelière avec ses dépen-
« dances; la terre nommée le Caillou; Mesnil-Rhé-
« tand[3], qu'on appelle Fumichon, avec un moulin qui
« est à Baudre, nommé le moulin Vautier; Mesnil-
« Osmond; Mesnil-Jean, le patronage, le moulin, leurs
« dépendances; la moitié de l'église d'Agon, la moitié
« de la dîme et une terre d'une charrue. Ce qui ayant
« été réglé, il régla aussi les autres choses que nous
« allons marquer et qui suivent : à Rouen l'église de
« Saint-Lo, comme elle a été d'ancienneté, avec tous
« ses priviléges et exemptions; la paroisse de Saint-Lo
« sur la rivière de Vire anciennement[4] avec tous lieux
« circonvoisins qui en dépendent et les terres de Mar-

---

[1] Le *Gallia* porte *mansum Aloii*.
[2] *Brevilla* dans le *Gallia*.
[3] Le *Gallia* dit *mansum Tessaloi*.
[4] Lisez entièrement.

« tinville et de Pierrefite ; la paroisse de Sainte-Marie-
« du-Château dudit Saint-Lo ; celles de Saint-Georges-
« du-Mont-Coq, du Mesnil-Rouxelin, de Saint-Ouen-de-
« Montieu[1], d'Aigneaux, Saint-Gilles et leurs dépen-
« dances ; Gourfaleur ; de même Saint-Ebremond ; la
« terre de la Vacquerie ainsi qu'elle se consiste tant en
« plaines qu'en bois, avec un moulin ; Bonfossé, l'église
« et ses appartenances ; Montieray[2], Canisy, l'église, les
« moulins et appartenances ; de plus la terre de la
« Haye avec l'église Saint-André et le moulin que
« Richard, comte de Mortain, donna à sainte Marie
« pour le salut de son âme ; la terre de Forteville que
« lui donna la princesse Gonnor, servante de J.-C.,
« lorsqu'elle posa la première pierre des fondements
« de l'église ; l'église de Poupeville, avec la dîme de
« toute la parroisse et une maison ; l'église du Homme
« avec la dîme et tout lieu à tributs de cette même
« paroisse, et trois maisons à Valognes ; les deux tiers
« de la dîme d'Yvetot et de Huberville ; la dîme de la
« venaison de toutes les forêts du comté de Mortain,
« excepté celle de la forêt de Saint-Sauveur ; la dîme
« de la pêche à la ligne du gros poisson qui se prend
« au rivage de la mer, depuis la rivière Cardet jusqu'en
« ses cantons, la Verrée[3] ; l'église de Cherbourg avec

[1] Lisez Montreuil.
[2] Le *Gallia* porte *Mons-Johannis*.
[3] Le *Gallia* porte : « Decima lignarum crassi piscis totius rippariæ maris et fluminis *Caredel*, usque ad flumen *Thar*, totiusque ejectini quod in illis finibus dicitur *Veresc*. » Dans une note sur l'*Histoire des évêques de Coutances*, M. de Gerville remarque que dans plusieurs cartulaires, et entre autres celui de Montebourg, qui fut rédigé à la fin du xiiie siècle, on a essayé la traduction de *crassus piscis*, et on l'a rendu (comme notre auteur) par *gros peison*. »

« ses tributs en tout lieu de la ville; Tourlaville avec
« la terre qui avait été à Angot, chapelain de ce lieu;
« Equeurdreville avec la terre que le curé du lieu
« lui laissa, et les dîmes et autres priviléges desdites
« églises.

« Mais après avoir rapporté et transcrit les choses
« données à cette église du temps des prédécesseurs du
« susdit duc des Normands, il est à propos de recenser
« ce que lui-même a donné et confirmé de son propre ;
« c'est à savoir : la moitié de la ville de Coutances, la
« moitié du faubourg, la moitié du tribut ou tonlieu,
« une foire générale, deux moulins avec toute la moute
« qui en dépend, et nommément la terre de Grimouville;
« la terre de Richard fils, fermier, de Rénaud, fils
« Gilbert, et d'Angot, fils Pépin. Ce susdit très-bon
« duc, lui a acquis ce que dessus et l'a affranchie de
« tout ce qui pouvait être dû. Il lui a encore donné
« l'église d'une île que l'on appelle Aurigny avec la
« dîme et autant de terre que quatre bœufs en labou-
« rent ordinairement; l'église d'une autre île nommée
« Herm[1] avec tous ses priviléges et dépendances et
« 18 acres de terre; dans l'île de Jersey, l'église de
« Saint-Sauveur avec la dîme de la venaison de
« toutes les forêts qui sont de la dépendance du
« château de Domfront et de tous les cuirs des bêtes
« sauvages des forêts du Cotentin; enfin à Mont-
« chaton[2] 5 acres de terre en prairie.

« De plus, au jour de dédicace de l'église qui fut faite

---

[1] *Serth, Serk*, dans le *Gallia*.
[2] Le *Gallia* dit *apud Cathonium*, à Caen.

« le 8 décembre 1056, il lui donna la moitié de la pêche
« de la rivière de Sienne qui était de son domaine ; il
« aumôna le même jour une terre d'une charrue dans
« l'ile de Guernesey. Il augmenta encore les prébendes
« d'une maison située en ladite ville, et leur donna la
« terre de Huguelin Tronchey ; une autre terre d'une
« charrue dans la paroisse de Saint-Sauveur, qu'on dit
« avoir appartenu au nommé Edelin[1], avec la dîme de
« trois moulins de ce lieu ; en outre un aitre de huit
« perches autour de ladite église ; la terre de Beurant
« que Carbon de Remilly[2] et sa femme avaient eue en
« se mariant ensemble ; la terre de L'Oiselière à Lin-
« greville, ainsi qu'elle était de son domaine ; la terre
« de Loucelles, de Fresné-le-Puceux et de Sainte-Croix
« que tenait Hebert d'Aigneaux dans le Bessin ; celle
« de Crapot que l'évêque Geoffroi avait acquise pour le
« service de la sainte Vierge et celle de Versey acquise
« par le même pour ladite église[3].

« Or si quelqu'un, ce qu'à Dieu ne plaise, avait par
« instigation du diable usurpé quelque chose de ces do-
« nations faites à Dieu et à la sainte Vierge Marie mère
« de Dieu, qu'il soit excommunié, anathématisé, chassé
« hors de l'Eglise, privé pour jamais de la communion
« des fidèles, maudit de la malédiction éternelle, damné
« pour jamais, privé de la société des bienheureux,
« jeté au feu éternel avec le diable et ses anges, son
« nom effacé du livre de vie, et sa mémoire abomi-

---

[1] Saint-Sauveur-Lendelin.
[2] *Corbo de Similleyo* dans le *Gallia*.
[3] *Gallia Christ.* xi, 271, *instrum.*

« nable parmi les justes. Amen. Amen. Ainsi soit-il
« fait. Qu'il soit anathème et plus qu'anathème. Mara-
« thana. »

« Nous approuvons et de notre certaine science, à la
« requête de susdit évêque, nous confirmons de notre
« autorité royale cette charte et tout ce qu'elle contient
« en l'honneur de Dieu et de la sainte Vierge mère
« de Dieu, dont nous espérons par ce moyen nous
« acquérir la bienveillance; nous ne voulons pas
« néammoins, par ce renouvellement et confirmation,
« acquérir aux chanoines et personnes de cette église
« ou à quelqu'autre que ce puisse être aucun droit
« nouveau en propriété ou possession, ni porter aucun
« préjudice à nous, à nos successeurs, ni à quelqu'au-
« tre que ce soit. Et afin que ce que dessus demeure
« ferme et stable à perpétuité, nous avons fait appo-
« ser notre sceau à ces présentes lettres. Fait à Paris,
« l'an de Notre Seigneur 1319, au mois de mars. »
Au mois d'octobre de l'année 1397, les mêmes lettres
furent lues, relatées et confirmées derechef par le
roi Charles VI. L'acte en est ensuite. Elles furent
référées et visées à Coutances le 24° jour d'avril, l'an
1438, par Guillaume Jourdan et Guillaume Lair, tabellions dudit lieu, Jean Le Gascoing, écuyer, étant garde
des sceaux de cette vicomté, et encore une fois le dernier jour de février, l'an 1549, par Paul Cocagne et
Gilles Bouhavard, aussi tabellions audit Coutances,
Nicolas des Hogues étant garde des sceaux.

Il me semble l'avoir déjà dit, cette charte me plaît
peu; je souhaiterais la relation de la charte de Guil-

laume le Conquérant en ses propres termes. Je n'aime pas en la plume d'un prince séculier cette longue suite de malédictions par lesquelles finit cette charte[1]. Je la donne comme je l'ai trouvée ; j'ajouterai seulement qu'il y a quantité de ces biens donnés dont l'église n'est plus en possession, et qu'il y en a d'autres dont les noms ayant changé, nous avons de la difficulté à les connaître.

En 1323, il donna à son chapitre cette partie de la dîme du Cheffrêne[2], tant de blés que des légumes, qu'il avait acquise d'un nommé Jean Megnard, écuyer, donation faite en son nom par Geoffroi Le Monnier. L'acte qui en fut dressé et qui est contenu au 89e feuillet du 1er volume du Cartulaire du chapitre, est daté de Saint-Lo, le samedi avant la fête saint André, l'an susdit 1323[3].

Et puisque nous l'avons commencé, nous continuerons à apporter tout ce que nous savons s'être passé entre ce prélat, son église et son chapitre. La première chose qui se présente, est un accord passé entre lui et son chapitre, le lundi 13e jour de décembre 1330, par lequel le chapitre est obligé à la fourniture des livres de l'église tant pour le chant que pour les messes, du luminaire, tant en cire qu'en huile, des rochets pour les enfants de chœur, de l'encens, des gages des custos de l'église, outre ce que les évêques sont obligés

---

[1] Le cartulaire de Coutances ne contient qu'un acte assez court de Philippe le Long.

[2] Arr. de Saint-Lo.

[3] V. le n° 145 du cartulaire de Coutances, où il est question de cette donation.

de leur payer, et en outre ledit chapitre demeure encore obligé aux menues réparations des cloches, savoir : [de fournir des] cordes, des cuirs, des verges et de faire renouer les battants; et l'évêque est tenu de fournir à ses dépens et entretenir les calices, patènes, corporaliers, croix, châsses des reliques, chandeliers, encensoirs, leurs chaînes, bassins, lutrin, la couverture des livres telle qu'elle soit d'or ou d'argent, tous les ornements nécessaires et convenables à l'office divin, soit pour les messes ou pour les autres choses, spécialement des chapes pour l'usage du chœur et pour les processions qui se font seulement dans l'église et le cimetière, mais point ailleurs, ainsi qu'il est plus amplement expliqué dans l'acte que nous avons extrait du feuillet 158e du 2e volume du Cartulaire du chapitre et dont on pourra voir en notre recueil une copie.

Nous trouvons qu'en l'an 1336, il fonda en sa cathédrale un obit pour feu Jean Tesson, seigneur de la Roche-Tesson, par dix livres de rente, suivant le contrat passé devant les tabellions, le lundi après la Saint-Georges, dont voici les termes :

« A tous ceux qui ces présentes lettres verront, Hue
« Aubert clerc, garde des sceaux, etc. Sachent tous
« que par devant Adrien Ganei, clerc tabellion juré
« de notre sire le duc de Normandie, fut présent révé-
« rend père en Dieu messire Guillaume de Thiéville,
« par la grâce de Dieu évêque de Coutances, [lequel] a
« reconnu de son bon gré et de sa bonne volonté, sans
« nul contraignement, qu'il avait donné dix livres
« tournois d'annuelle rente chacun an, à la fête saint

« Michel, à l'obit de messire Jean Tesson, seigneur
« de la Roche-Tesson, à faire en ladite église N.-D.-
« de-Coutances, de laquelle rente les chanoines auront
« les deux parts et les clercs le tiers, etc. Fait le lundi
« après la Saint-Georges, l'an 1336. »

Mais il y a, de cette même année, de notre évêque et de son chapitre, une chose plus considérable et plus digne de mémoire; c'est la distribution du psautier en autant de parties égales qu'il y a de chanoines en l'église cathédrale de Coutances, chacun desquels est en obligation de réciter en l'église la partie qui lui est échue, de manière que par ce moyen, outre l'office commun et ordinaire, le psautier entier est récité en l'église chaque jour par les chanoines, et ceux de ces chanoines qui ne veulent ou ne peuvent pas le réciter eux-mêmes, gagent un clerc pour faire cette récitation.

L'office divin en l'église de Coutances consistait uniquement au chant de cent cinquante psaumes, qui se disaient chaque jour avant, après et pendant la célébration des Saints Mystères. Guillaume de Thiéville considérant que le revenu de son église lui avait été donné sur ce pied-là, se fit un scrupule de ne pas renouveler ce dernier, et pour y satisfaire il régla, avec son chapitre, la récitation de ces psaumes en son église de la manière que nous venons de dire.

Quoi qu'il en soit, ce même acte dont nous parlons contient un deuxième règlement aussi digne de remarque que le précédent: les bénéfices qui dépendent du chapitre en commun, seront donnés à chacun des chanoines par quinzaine, et ceux dont la vacance écherra en la quinzaine d'un chanoine, seront uniquement à la présentation de ce chanoine[1]. On en pourra voir la charte en son lieu; elle est longue, ennuyeuse selon le style commun de ce temps-là; voici seulement la disposition et l'arrangement de ces quinzaines :

La première commence le lendemain de la fête de l'Assomption de la sainte Vierge. L'évêque, en qualité de chanoine, dispose des bénéfices qui vaquent pendant cette quinzaine et est en obligation de réciter du psautier depuis *Beatus vir*, jusqu'à *Confitebor*. Le prébendé de Lengronne est marqué par après et doit réciter depuis ce psaume inclusivement, *Confitebor*, jusqu'à *Exaudi, Domine*, présentant pendant la quinzaine aux bénéfices du chapitre qui viennent à vaquer. Celui qui suit est le prébendé de Saint-Louet; ses psaumes sont *Exaudi, Domine*, et les autres, jusqu'à *Domine, in virtute tua*. Ensuite [vient] la quinzaine du chanoine de Saint-Samson, dont les psaumes sont depuis *Domine, in virtute tua*, jusqu'à *Dominus illuminatio mea*; de celui qui a la [première] prébende de Quibou, *Dominus illuminatio mea* et les autres jusqu'à *Exultate, justi*; de celui qui a l'autre prébende de Quibou, *Exultate, justi*, jusqu'à *Noli æmulari*; du premier [prébendé] de Trély, *Noli æmulari*, jusqu'à *Beatus qui intelligit*; celui de Quettreville, *Beatus qui intelligit*, jusqu'à *Magnus Dominus*; celui de Muneville, le psaume *Magnus Dominus*, jusqu'à *Dixit insipiens*; le second prébendé de

---

[1] J'ai dû modifier cette phrase, qui était absolument inintelligible.

Trély, *Dixit insipiens*, jusqu'à *Deus, repulisti*; celui de Saint-Sauveur, *Deus, repulisti,* jusqu'à *Exurgat Deus*; celui de Saint-Gilles, depuis ce psaume jusqu'à *Deus, judicium tuum*; celui de Blainville, depuis ce psaume jusqu'à *Voce mea*; le premier de Coutances, depuis *Voce mea* jusqu'à *Deus, venerunt gentes*; celui de Besneville, depuis ce psaume jusqu'à *Inclina*; le troisième chanoine de Quibou, depuis *Inclina* jusqu'à *Domine, refugium*; le premier chanoine de la Mancelière, depuis ce psaume jusqu'au premier *Cantate*; le second prébendé de la Mancelière, depuis ce psaume jusqu'au premier *Benedic*; celui d'Yvetot, depuis le premier *Benedic,* jusqu'au second *Confitemini*; l'autre prébendé de Saint-Gilles, depuis ce second *Confitemini* jusqu'à *Paratum;* le chanoine d'Urville, depuis *Paratum* jusqu'à *In exitu*; le second chanoine de Muneville, depuis *In exitu* jusqu'à *Legem pone;* le second prébendé de Coutances depuis *Legem pone* jusqu'à *Mirabilia;* l'autre prébendé de Trély depuis *Mirabilia* jusqu'à *Sœpè expugnaverunt;* de même, l'autre prébendé de Coutances[1], depuis *Sœpè expugnaverunt* jusqu'à *Confitebor;* le troisième prébendé de Coutances depuis *Confitebor* jusqu'à *Benedictus,* et le chanoine d'Huberville, depuis ce *Benedictus* jusqu'à la fin[2].

Il est ajouté dans la suite que les abbés de Lessay, de Troarn, de Saint-Taurin d'Evreux, et le premier de l'abbaye de Saint-Lo de Rouen sont dans la même obligation; mais il n'est point marqué

---

[1] Lisez la Mancelière.
[2] *Gallia Christ.*, XI, 274, *instrum.*

quels psaumes ils doivent réciter : *Item abbas de Exaquio*, etc., et j'estime que par cette addition on voulait simplement marquer qu'ils avaient autrefois été du nombre des chanoines.

Nous devons aussi remarquer les termes dont notre évêque et son chapitre se servent pour expliquer l'obligation d'un chacun. L'évêque doit réciter ces psaumes *Beatus vir* et les autres jusqu'à *Confitebor*, et ensuite celui de la prébende de Lengronne, dont les psaumes sont *Confitebor*, etc. Il n'est pas dit : celui qui possédera une telle prébende récitera tels psaumes; mais celui qui a telle prébende a tels psaumes, ce qui semble témoigner que ce décret, pour user de ce terme, n'était pas une nouveauté pour cette récitation, qui était de tous les temps, mais seulement un renouvellement de statuts pour régler suivant les quinzaines à l'égard des bénéfices.

Nous avons une autre charte, datée du 24 mai 1341, qui témoigne sensiblement le génie de cet évêque et l'affection particulière qu'il avait pour son église. Cet acte, que nous avons extrait du 48° feuillet du 1er volume du cartulaire du chapitre, et qu'on pourra voir entier en son lieu, page 7°, contient que Guillaume de Thiéville, réfléchissant souvent sur les obligations qu'il avait à la sainte Vierge, telles qu'étaient d'avoir été baptisé en son église de Coutances, d'en avoir été chanoine et enfin évêque, crut ne pouvoir mieux témoigner sa reconnaissance qu'en s'attachant à honorer de tout son possible cette église qui est dédiée en l'honneur de cette sainte Mère de Dieu et dont il lui avait plu lui donner l'administration. Ayant donc reconnu, qu'aux fêtes solennelles, les chanoines et les autres ecclésiastiques de cette église étaient en obligation de faire la procession et ne le pouvaient en temps de pluie sans s'exposer, en sortant dehors, à l'injure du temps et gâter les chapes et les autres ornements, il fit construire à ses frais un bâtiment en forme de cloître, semblable à celui des couvents ordinaires, par lequel on pouvait sûrement, et sans crainte de la pluie et du mauvais temps, faire la procession quand on le jugerait à propos; et parce qu'une bonne partie du revenu du chapitre consistait en rentes de froment et d'autres grains, et qu'on manquait de lieux à les serrer, il fit faire des greniers amples et commodes pour ce sujet sur cette galerie ou cloître.

Ce bâtiment, dont maintenant il ne reste aucun vestige, en sorte que même on ignore le lieu où il était, fut élevé sur le fond du chapitre, et comme le terrain n'était pas propre pour y faire un bâtiment régulier ni droit sans prendre quelque chose du terrain de la chapelle du palais épiscopal, notre évêque, pour suppléer à ce défaut, donna environ 5 pieds de large et 19 de long du terrain de cette chapelle, espérant que ses successeurs l'approuveraient d'autant plus, que non-seulement il l'avait fait pour le bien commun et l'utilité de toute l'église et du chapitre, mais aussi qu'il avait fait refaire cette chapelle beaucoup plus longue, plus grande et en meilleur état qu'elle n'avait été jusqu'alors.

Et comme il était nécessaire de construire une sacristie pour y conserver proprement et sûrement les ornements de son église que lui et ses successeurs étaient obligés de fournir et entretenir, il donna de son terrain 45 pieds en longueur et 15 en largeur, à prendre vers l'extrémité de la cour jusqu'à l'église cathédrale, et pria le seigneur archevêque de Rouen Aimeri de confirmer de son autorité métropolitaine cette sienne disposition, ce qu'il fit par un acte particulier, donné à Gaillon le 30° du même mois de mai et même an 1341.

Rien ne nous peut faire connaître les lieux de cette chapelle ni de cette sacristie, tant les choses ont changé. Il y a actuellement deux sacristies à la cathédrale, l'une au nord, et l'autre au midi, à l'extrémité des deux grandes chapelles de Notre-Dame-de-Pitié et de Saint-Sébastien, qui sont les deux ailes de l'église; mais il n'y a nulle apparence que ce soient celles-là. Celle-ci a été faite au même temps que le corps de l'église et elle est sous la grande salle du chapitre. Les deux chapelles du Saint-Sépulcre et de Saint-Jean, qui servent à présent de vestiaire, paraissent avoir été ajoutées au corps de cette aile; je ne crois pas néanmoins que ce soit de ce vestiaire dont il s'agit ici. Le palais épiscopal était vers le levant de l'église, vers le lieu où sont encore les prisons de la cour de l'église et les maisons neuves que le sieur abbé de la Roque a fait bâtir, et le lieu où est présentement le palais épiscopal était au temps où nous parlons le château de Coutances.

Quoi qu'il en soit, ce prélat avait tant de passion

pour la défense de cette sacristie, que nous trouvons au 91° feuillet de ce même volume des chartes, un acte duquel nous apprenons qu'ayant acheté d'un nommé Geoffroi Le Fèvre, et de Richard et Graffard, ses frères, une cour et une maison situées auprès le verger du manoir épiscopal, il les donna libres et franches de toute servitude à cette même sacristie : in augmentum sacristiæ Constantiensis ecclesiæ.

En 1343, le mercredi après la fête saint Ambroise, notre évêque, charitatis intuitu, donna à son église et à son chapitre une portion de dîme qu'il avait à prendre dans la paroisse de Montmartin-en-Graignes, qui appartenait autrefois à M° Guillaume Gobout, et qu'icelui évêque avait achetée de Raoul de Hamars, écuyer, seigneur de Villodon, demeurant en la paroisse de Tournay au diocèse de Bayeux, et de Luce, son épouse, laquelle était de ladite paroisse de Montmartin, de laquelle dîme la susdite Luce et ses prédécesseurs et ancêtres avaient joui depuis longtemps comme de leur propre héritage. Il donna aussi à ce même chapitre certaines maisons et ménages ainsi qu'ils se contiennent, sis et situés en ladite paroisse de Montmartin, qu'il avait acquis du même de Hamars et de son épouse, toutes lesquelles dîmes et maisons doivent dès lors vertir au bénéfice de la commune du chapitre et être appliquées aux obits et mémoires qu'on devait faire pour lui en ladite église, outre les autres donations qu'il avait faites pour le même sujet. Il voulut que cette somme entière de ce revenu fût divisée en huit parties égales, pour chacune de ces parties être distribuée en chacun des huit jours que le chapitre choisirait et ordonnerait pour le temps de ces mémoires; que le communier du chapitre distribuerait chacune de ces huit parties en chacun de ces 8 jours; ainsi les chanoines présents devaient en avoir la moitié et les clercs du chœur aussi présents la moitié de l'autre moitié, et du surplus les custos devaient avoir 10 sous tournois; 10 autres sous et le restant [seraient] à certain nombre de pauvres que le chapitre choisirait pour assister à ces mémoires, ce qui se ferait par le communier, de telle sorte que chacun pauvre eût 4 deniers pour son assistance. Il entendait qu'après son décès ces commémorations ou services de 8 jours devaient chaque année commencer au jour qu'arriverait ce décès et continuer tout de suite, et en cas que son décès arrivât en un temps où l'église serait occupée de façon qu'elle ne pût vaquer à ces services, ils seraient remis aux jours les plus prochains du jour de sa mort où il y aurait moins d'empêchement. On verra en la page de notre recueil l'acte entier de ce que nous disons, extrait du cartulaire du chapitre, volume 2°, feuillet 55°[1].

Il avait aumôné aux chanoines 40 sous de rente, pour les engager à tenir et continuer le chapitre de l'Assomption pendant les jours de l'octave. En 1344, il leur donna, au lieu et pour ladite rente, une maison qu'il avait l'an précédent achetée par contrat passé en français par devant Collin de la Porte, tabellion pour notre seigneur le duc, de Jean Benoît, bourgeois de

---

[1] Cartulaire de Coutances, n° 77.

Coutances, et de Guillette sa femme, ladite maison butant à hommes honorables et discrets, le chapitre de Coutances, et d'autre but à la rue de Guesnet, etc. Il ajouta à cette donation ou échange, que si le revenu de cette maison excédait ledit prix de 40 sous, cet excédant serait appliqué pour ses obits. Cet acte est dans toutes les formes passé devant Jean de la Lande, clerc et notaire public à Bonfossé, l'an de J.-C. susdit 1344, ind. 3°, le 10° décembre, l'an 4° du pape Clément VI, et a pour témoins : noble homme Henri de Thiéville, chevalier; vénérable et discrète personne Henri de Thiéville, pénitencier de Coutances; vénérable et discrète personne maître Guillaume Meurdrach; Guillaume du Saussey, écuyer, et Jean Thoisnel, tous du diocèse de Coutances. Cet acte est au cartulaire du chapitre, 1er volume, feuillet 54°.

Nous trouvons que, veillant incessamment pour le bien de son église, il obtint du roi une indemnité des acquisitions faites par son chapitre, soit par donation ou à prix d'argent. L'acte en est français, au cartulaire tant de fois cité, volume 3°, folio 407°; le voici :
« Philippe par la grâce de Dieu roi de France et de
« Navarre, salut. Savoir faisons que comme le cha-
« pitre de Coutances eut acquis en notre seigneurie ou
« de notre aîné fils le duc de Normandie, sans moyens,
« les choses qui en suivent, c'est à savoir : 4 livres
« 3 sous 4 deniers tournois du don de Michel
« Sanson, pour célébrer son obit, de laquelle somme
« il y a 60 sous 4 deniers sur la maison de Pierre
« Nicolas, prêtre, et 15 sous sur la maison de Pierre

« Chambreure, en bourgeoisie de Coutances; item,
« 14 boisseaux de froment, à la mesure de Coutances,
« du don de maître Jean Taute et de sa femme,
« pour célébrer leur obit; item, 7 livres 11 sous et
« 2 boisseaux de froment, du don de Drouet le
« Lièvre et sa femme; item, 6 livres 10 sous du don
« de Pierre et Geoffroi Hieu frères, sur la maison
« Guillaume le Bœuf, au bourgage de Coutances;
« item, 11 sous du don de maître Pierre le Blanc ou
« ses hoirs, pour son obit; item, 6 livres 2 sous, du
« don de Guillaume Bouvel, pour son obit; item,
« 6 boisseaux de froment, au prix de 10 deniers le
« boisseau, et 12 deniers du don de Nicolas Cauvin,
« prêtre; item, 4 livres de rente, du don de Nicolas
« le Marchand; item, un quartier de froment, du don
« de Raoul Griver, pour son obit; item, 10 livres de
« rente, du don de l'évêque de Coutances, qui auraient
« été pour l'obit de Jean Tesson, chevalier; item,
« 23 sous par titre d'achat, sur Thomas Bourbier;
« item, 5 sous, du don de maître Jean Ricault, pour le
« luminaire N.-D. Item, comme ledit chapitre eut
« acquis en la seigneurie de notre très-cher et féal
« cousin le roi de Navarre, comte d'Evreux, les choses
« qui suivent : et premièrement, 4 sous 10 deniers de
« rente, du don de maître Pierre le Blanc, pour son
« obit, en bourgage à Coutances; item, 7 quartiers de
« froment, à la mesure de Coutances, par titre d'achat
« de Jean Hébert et sa femme, pour l'obit de maître
« Pierre le Blanc, sur le pré Aubert le Vicomte, sis
« en bourgage; item, 5 quartiers de froment, du

« don de Jean Taute et sa femme, pour leur obit;
« item, 5 sous titre d'achat de Jean Langlois; item,
« 3 boisseaux de froment et 3 deniers, du don de Vin-
« cent le Tonnelier, au village, sous le fief au sire de
« Gratot; item, 19 boisseaux de froment, deux pains
« et deux gelines, du don de Vincent le Tonnelier,
« pour l'obit de Pierre le Tonnelier, sur deux clos
« appelés la Casterie, au village, sous le fief Jean
« du Mesnildot, tenu sous ledit roi de Navarre; item,
« 26 livres sur les terres qui furent jadis Robert
« Mellier, du don de Roger Mellier, pour son obit... [1] »

Voici quelques autres particularités de la vie de notre évêque Guillaume, que j'ai cru ne devoir pas omettre. Nous le trouvons au nombre de ces prélats qui furent assemblés par le roi Philippe le Valois, en 1329, avec les grands du royaume, où le fameux Pierre de Cugnières harangua si cruellement contre la juridiction des ecclésiastiques et où le roi répondit en prince véritablement très-chrétien, que son intention était d'augmenter plutôt les biens de l'Église que de les diminuer.

L'an suivant, 1330, il reçut une bulle du pape Jean XXII, datée d'Avignon, le 13 janvier et le 14ᵉ de son pontificat, par laquelle ce pontife lui mandait que Philippe, illustre roi de France, lui avait donné à connaître, auprès de Cherbourg, une abbaye de l'ordre saint Augustin, fondée par des rois ses prédécesseurs, à laquelle il était arrivé de grandes

[1] La fin manque.

pertes et dommages durant les guerres entre les rois de France et d'Angleterre, de sorte qu'elle avait été brûlée deux fois et perdu les chartes de ses cens, revenus et priviléges, livres et ornements, et était alors en un état si misérable, qu'il était impossible de satisfaire aux réparations du monastère et à la nourriture des religieux, à moins que d'y être autrement pourvu; qu'à ces causes le roi l'avait requis d'y remédier par l'union à ce monastère des églises de Sainte-Geneviève-en-Saire, de Saint-Ouen-de-Sideville, de Sainte-Marguerite-du-Theil et de la grande portion de Sainte-Marie-des-Pieux[1]. Ce que souhaitant avec affection, tant pour la compassion des malheurs de ce monastère qu'en considération des prières du roi, et ayant une confiance toute particulière en lui, susdit évêque de Coutances, tant en ceci qu'en tout autre chose, il lui mandait et commettait de sa part et de son autorité de faire cette union, si les choses se trouvaient en l'état qu'on les lui avait représentées, et, s'il le jugeait à propos, aux conditions néanmoins de revenus suffisants pour la nourriture et entretien des curés, et sauf les droits des évêques et des archidiacres[2].

Cette union fut faite avec toutes les cérémonies ou formalités nécessaires, ainsi qu'il paraît par un acte très-long qui en fut dressé devant les notaires, daté de la chapelle du manoir de Bonfossé, le 6 décembre audit an 1330, duquel nous remarquerons ici, qu'après avoir réglé que chaque curé de ces paroisses aurait la

[1] Ces paroisses, arr. de Cherbourg.
[2] Inventaire des archives de la Manche, H, 1983.

moitié des dîmes de toute sa paroisse, il explique le terme d'*autelage*, qu'il voulut aussi être partagé également entre les curés et religieux, de la manière que nous l'avons toujours expliqué jusqu'ici, non-seulement des offrandes, mais aussi de ce que nous appelons les menues dîmes, qui sont : laine, agneaux, lin, chanvre, pommes, poires, arbres, porcs, veaux, poissons et autres choses semblables : « Item, medietatem « altalagii et omnium ac singulorum, quæ sub altalagii « nomine tam de jure quam de consuetudine in diœcesi « nostra Constantiensis communiter continentur et « intelliguntur, præcipuè medietatem decimarum « lanæ, lini, canabi, pomorum, pirorum, arborum, « porcorum, vitulorum, piscium, cœterorumque ani- « malium quorumcumque et obligationem, etc. [1] »

Ce serait une longueur trop grande de marquer les collations des bénéfices; on me permettra néanmoins d'en citer une, datée du Mesnil-Garnier[2], son patrimoine, le vendredi après la fête saint Philippe et saint Jacques, cette même année, par laquelle il conféra au nommé Landri Tardif la cure de Saint-Jean-des-Champs, suivant la présentation que lui en avait faite l'abbé et religieux du mont Saint-Michel, ce qu'il fit après avoir fait connaître à Guillaume du Bois qu'il n'avait pas lieu de la lui contester, et que ce du Bois eut en effet acquiescé par un acte daté de Coutances, le mercredi après la fête saint Georges 1330. Il termina un différend entre les religieux de Cherbourg et le curé

[1] Inventaire des archives de la Manche, H, 1983.
[2] Arr. de Coutances.

de Sideville, touchant certaines portions de pré, jardin et terre labourable, que ce dernier prétendait lui appartenir à lui seul comme les autres revenus de l'église, conformément à l'union de cette paroisse à l'abbaye dont nous venons de parler.

M. du Tillet, faisant le dénombrement des prélats qui assistèrent au conseil du roi, tenu au Louvre « le mercredy devant Pâques fleuries », ainsi qu'il parle de l'an 1331, marque après l'archevêque de Sens, l'évêque de Coutances, qu'il nomme M. Louis d'Erquery; mais il y a de l'erreur ou au nom ou au temps. Certainement au temps que désigne cet écrivain, Guillaume de Thiéville était encore notre évêque et non Louis d'Erquery, qui ne lui succéda que longtemps après, comme nous verrons bientôt[1].

Il y a de l'erreur aussi ou du nom ou du temps en ce que nous allons rapporter de l'auteur de l'histoire de la ville de Rouen, volume 2°, page 26°[2], en parlant de l'église paroissiale de Saint-Jean. « L'église de Saint-
« Jean, dit-il, netoit au commencement qu'une Chapelle
« aussi bien que les Paroisses voisines; on l'appeloit
« Saint Jean des Prez. » Je trouve aussi qu'elle a été quelque temps sous la juridiction de l'évêque de Coutances, comme on peut voir dans une ancienne charte du prieuré de Saint-Lo, qui dit qu'un nommé Guillaume, évêque de Coutances, conféra les ordres à ses diocésains dans l'église de Saint-Jean : « In

---

[1] « Maistre Loys Derquery » n'est cité ni après l'archevêque de Sens ni même parmi les évêques. (Du Tillet, 380.)

[2] Page 84 de la IV° partie de l'édition de M. DCC. XXXI.

« nomine Domini. Tenore præsentis publici instru-
« menti cunctis pateat, quod anno Domini... Que la
« postérité connaisse que l'an de Notre Seigneur 1303,
« nous avons conféré les ordres sacrés dans notre église
« de Saint-Jean-sur-Renelle, de notre exemption et dio-
« cèse de Coutances, à Jean de Sebey et à Guillaume de
« Bressie, de la paroisse de Saint-Lo-de-Rouen, de notre
« diocèse, et à plusieurs autres, etc. » Si la date de cette
charte était véritable, ç'aurait été Robert de Harcourt
qui aurait fait cette ordination et non Guillaume; mais
je crois que l'erreur est à la date et non au nom, et
qu'au lieu de 1303 il faut mettre 1333.

De cette même année 1333 nous trouvons un acte,
daté du mercredi avant la Saint-Valentin, par lequel
Olivier de Pirou, fils et héritier de Jean de Pirou, de la
paroisse de Fermanville, vendit à M° Nicole de Neaufles,
chantre de l'église de Coutances, la moitié de cette
portion de dîme, comme le père dudit Olivier avait en
temps qu'il vivait en la paroisse d'Orglandes. L'acte en
est en français au volume 3°, folio 412. Et aux mêmes
an et volume, feuillet 183, nous voyons un contrat
passé devant Groult Ganes, tabellion juré de notre sire
le duc, pour lequel M° Thomas Le Prêtre, recteur de
Sainte-Croix en Bocage, reconnut qu'il avait vendu,
cédé, quitté et délaissé, à fin d'héritage, à hommes honorables et discrets le chapitre de Coutances, 14 sous
tournois de rente annuelle à la Saint-Michel, et ce,
par 7 livres tournois une fois payées.

En 1338, le chapitre de Coutances, ayant le chantre
à sa tête, ayant renouvelé un statut du lundi après

l'Assomption de la Sainte-Vierge, de 1232, fait par Hugues de Morville et son chapitre, par lequel, conformément aux canons de l'Église, il était ordonné que le chantre était en droit et en devoir d'examiner les clercs du chœur et les régler sur le chant et leurs habits, avant que de les y recevoir, fit une ordonnance, « si reverendus pater ac dominus Guillelmus, Dei gra- « tia Constantiensis episcopus, voluerit », par laquelle il fut résolu qu'en outre les chapelains et les clercs des chanoines, il y aurait 24 clercs de chœur, entre lesquels il y aurait 4 diacres et 4 sous-diacres, qui sauraient bien chanter et lire, lesquels, tour à tour de semaine, serviraient à l'autel et au chœur, comme il était accoutumé, lesquels devaient être comme les vicaires des chanoines, soit qu'ils fussent absents ou présents, pour le régime du chœur et pour les autres offices ou services accoutumés. Il y en devait avoir encore six, depuis l'âge de douze ans et au-dessus, qui eussent la voix claire, saine et grêle, et qui sussent bien lire, lesquels seraient marqués chacun à son tour et rang dans la carte pour porter et tenir les chandeliers, pour lire et chanter au chœur et faire les autres choses accoutumées, selon l'usage ordinaire, et les autres dix restant du nombre susdit resteraient dans le chœur pour l'honneur de l'église, pour y faire le service et les autres fonctions qui se présenteraient avec les clercs des chanoines et les chapelains ordinaires, et s'il arrivait à quelqu'un d'eux ou des clercs des chanoines quelque bénéfice qui les obligeât à résidence et les empêchât de ces devoirs envers l'église cathédrale, il serait dès lors privé de tous les profits qu'il tirait auparavant de l'église, s'il n'était dispensé de résider en son bénéfice, et s'il ne venait desservir en cette église. Il est de plus ajouté qu'on ne pourra, sous quelque titre que ce soit, recevoir aux seconds bancs ou stalles aucun clerc, s'il n'est licencié en quelque science, qu'ils ne seront reçus qu'aux chapitres généraux de l'Assomption et de la Purification, et encore s'ils sont trouvés être de bonnes mœurs et suffisamment instruits des choses de leur devoir : « quæ omnia « ut robur obtineant... dicto domino reverendo patri, « ut scripsi, decretum suum interponere dignetur, per « presentes humiliter supplicamus. Actum et datum « in capitulo nostro generali Assumptionis Virginis « gloriosæ, sub sigillis nostris quibus utimur, anno « Domini 1338. » Ce que ce prélat ratifia par une charte qui suit celle-ci, extraite du cartulaire du chapitre, volume 3°, feuillet 379°.

Ce très-illustre prélat n'a rien oublié de ce qui a pu enrichir son église. Je trouve qu'il a laissé 105 livres de rente pour des obits, somme très-considérable en ce temps-là, auquel on sait que la somme de blé ne valait que 30 sous et la pension perpétuelle d'un curé ou vicaire perpétuel n'était que de 15 livres par an. Sa mémoire est demeurée précieuse à son chapitre ; on y fait sept services solennels pour lui chaque année, aux mois de janvier, février, mai, juillet, août et novembre, encore en ce dernier il y en a deux, et comme on a marqué qu'il y a 15 livres pour chacun de ces obits, c'est justement la somme que nous avons

marquée. Voici l'extrait de l'obituaire de la cathédrale :
« Januarius, 14° Cal. feb. Commemoratio Guillelmi de
« Thievilla, Constantiensis episcopi, præ manibus. Fe-
« bruarius, quarto idus. Commemoratio fratris Lau-
« rentii de Thievilla et parentum ejus, videlicet Guil-
« lelmi de Thievilla episcopi et benefactorum suorum,
« præ manibus. Maius, quarto idus. Commemoratio
« Guillelmi de Thievilla Constantiensis episcopi, præ
« manibus. November, art. 60. Commemoratio Guil-
« lelmi de Thievilla, Constantiensis episcopi, præ ma-
« nibus. »

On voit par ceci, que ce qu'avait souhaité ce prélat en donnant la dîme de Montmartin, comme nous avons vu ci-dessus, n'a pas été exécuté. Il voulait qu'aux huit jours qui suivaient celui de son décès on fît en chacun un obit pour lui ; les choses ont changé.

Il n'y avait point d'autres communautés religieuses dans le diocèse à qui il n'eût fait du bien ; il y en a peu qui n'en fassent mémoire. Cette mémoire est marquée en l'obituaire de Blanchelande le 10 novembre ; ceux de l'abbaye de Saint-Lo et du prieuré de la Perrine le marquent au 2 novembre ; voici les termes du dernier : « Quarto nonas novembris, obitus domini
« Guillelmi de Thieuvilla quondam Constantiensis
« episcopi, qui nobis dedit centum libras [1]. »

Il nous aurait fait plaisir de nous marquer l'année de cette mort. L'auteur du livre intitulé *Noctes Blan-*

---

[1] L'obituaire de la Perrine porte le 3 des nones de décembre, le 3 décembre. (Fol. 24, v°.)

cœlandæ, dit qu'il mourut en 1347, et cite pour cela le nécrologe d'un écrivain anonyme de Blanchelande ; nous croyons qu'il se trompe. J'ai vu une charte au Mont-Saint-Michel, datée du 5ᵉ jour de mai de l'an 1347, le 5ᵉ du pontificat de Clément VI, indiction 15ᵉ, car toutes les époques y sont marquées, de laquelle nous apprenons que notre évêque était alors absent de sa ville épiscopale, mais certainement encore vivant. Cette charte est une requête présentée par un nommé Nicolas Pontin « venerabilibus et discretis viris dominis « vicariis generalibus in spiritualibus et temporalibus « reverendi in Christo patris Domini Guillelmi, Dei et « apostolicæ sedis gratia episcopi Constantiensis », pour être reçu à la grande portion de la cure de Lingreville, dépendante de ladite abbaye, vacante par permutation faite avec un nommé Michel Freret, de la cure de Saint-Pierre du Mont-Saint-Michel.

Il mourut au Mesnil-Garnier, patrimoine de ses ancêtres et le sien ; il y fut inhumé dans le chœur de l'église paroissiale. Cette église fut détruite, il y a quelque temps, par feu M. Morand, parce qu'elle incommodait par son voisinage le superbe bâtiment qu'il faisait faire. Il la fit réédifier plus loin, en un lieu moins incommode pour lui. On transféra en même temps tous les ossements qu'on put découvrir des personnes qui avaient été inhumées dans l'église et le cimetière, afin d'en ôter la mémoire aussi bien que la figure. Ceux de notre très-illustre évêque de Thiéville furent du nombre, et la pierre de son tombeau se voit encore sur le petit mur qui sert de clôture au cimetière. A la fin de son épiscopat commencèrent les malheurs dont non-seulement son diocèse, mais encore toute la France fut accablée pendant plus de cent ans.

Le premier jour de juillet 1346, Edouard, roi d'Angleterre, descendit sans aucune opposition à la Hague avec une puissante armée dont il ruina une bonne partie de notre Cotentin, ainsi que tout le monde le sait et que nous l'avons déjà remarqué ailleurs.

Et l'auteur, qui a pour titre *Noctes Blancœlandæ*, dit que ces afflictions commencèrent l'année précédente 1345 : « Cœpit maxima mortalitas, quæ duravit « annos tres et extraxit ubique terrarum partes duas « virorum ac muliorum. » C'est en parlant de l'abbaye de la Luzerne, au temps que Raoul le Clerc en était abbé.

CHAPITRE VIII

DE LOUIS D'ERQUERY

La plupart des évêques dont nous avons à parler ont été évêques de faveur, élevés à cette dignité par le choix des princes. Il y en a eu de grands mérites et de piété ; mais ces raisons ont eu souvent moins de part à leur élévation, que celles de politique, de bien, de récompense et d'intérêt, les papes et les souverains ayant peu à peu ôté aux églises le droit de se choisir des pasteurs.

Louis d'Erquery fut ainsi élevé par l'autorité du pape et du roi à la première dignité de notre diocèse ; il était conseiller au parlement et au premier conseil de sa majesté, ainsi que nous le trouvons dans le rôle des grands qui assistèrent en un conseil du roi en 1331, au carême. Messieurs de Sainte-Marthe disent qu'il était fils de Raoul Herpin, chevalier, grand panetier de France, et qu'il avait un frère nommé Simon qui fut vice-roi : « Patria Bellovacensis Ludovicus, filius
« Radulphi dicti Herpini militis, magni Franciæ pane-
« tarii, fratres habuit Simonem dominum d'*Erquery*

« proregem in Occitania[1]... » Dans le catalogue des grands panetiers de France depuis Philippe Auguste jusqu'à notre temps, Raoul Herpin, seigneur d'Erquery, est nommé le dixième. Je trouve encore son nom dans les rôles de l'arrière-ban, imprimés par La Roque, des années 1316, 1317, 1318 et 1319 : dans le premier de ces rôles, il est marqué au nombre de ceux qui devaient se trouver à Paris, en la quinzaine de Pâques 1316, ayant avec lui 15 hommes d'armes; et, dans l'autre, il est seulement nommé Herpin d'Erquery sans le prénom de Raoul, et ce entre les seigneurs du pays de Senlis.

A l'égard de Simon d'Erquery, frère de notre évêque, le même de La Roque en son *Traité de la noblesse*, parlant au chapitre XXIII du *droit des francs-fiefs et des nouveaux acquêts*, [dit] que « par lettres données « l'an 1339 au mois de juillet, pour les Sénéchaussées « de Toulouse et de d'Albigeois, Sa Majesté députa... « pour recevoir les finances que devoient au Roi les « non-Nobles et les Ecclésiastiques, pour les choses « qu'ils avaient acquises des personnes Nobles, » entre autres : « Simon sire d'Erquery, Chevalier, Conseiller, « et Maître des Requêtes de l'Hôtel du Roi, et son Capi- « taine ordinaire au païs de Languedoc[2]. » Il y a long-temps que cette famille, qui portait d'argent au lion de gueules, est éteinte et que les biens en sont passés en la famille de Montmorency par alliance.

Il était chanoine de Paris lorsqu'il fut choisi pour

[1] *Gallia christiana*, XI, 886.
[2] Page 101.

être notre évêque ; c'est une particularité que nous apprenons de François Farin en son histoire de la ville de Rouen, en l'an 1337. Il dit entre autres choses que l'échiquier fut tenu, en présence de noble et discrète personne Louis d'Erquery, chanoine de Paris.

Il paraît, par les registres du Vatican cités par messieurs de Sainte-Marthe, quoiqu'il y ait de l'erreur en leur citation, que le siége vaqua peu de temps après la mort de son prédécesseur, Louis d'Erquery y étant marqué être évêque de Coutances le mois de janvier suivant. Je ne trouve aucun acte de lui avant l'an 1350 ; néanmoins celui-ci semble en supposer de précédents.

Cette charte dont je veux parler, contient un acte de juridiction ordinaire de notre prélat exercée sur les prieurs et chanoines réguliers de Saint-Lo de Rouen. Elle mériterait pour son importance d'être traduite tout entière et insérée ici ; mais, outre que nous n'en avons pas le commencement, elle est d'un style si long et si ennuyeux selon la manière d'écrire de ce temps-là, que nous nous contenterons d'en rapporter les points principaux, sauf à la donner dans sa langue naturelle dans notre recueil.

Premièrement, notre évêque défend au prieur et à ses religieux, sous peine de suspense divine et même d'excommunication, comme désobéissants, de porter ou souffrir porter des habits étroits, indécents et éloignés de la modestie religieuse et canoniale, faisant exprès commandement au sous-prieur, vertu de sainte obédience, si quelqu'un de ces chanoines devient immodeste dans ses habits, qu'il soit un an entier sans lui fournir aucun argent pour se vêtir, quelque besoin qu'il ait d'habits, de souliers, chausses, linges de chemises, mais que lui-même sous-prieur ait soin de lui en acheter et fournir qui soient selon les canons.

Il ordonne ensuite que si l'on fait à ces religieux quelques legs pieux en argent, cet argent soit déposé dans un coffre-fort, dont le prieur et le sous-prieur aient chacun une clef, lequel, à la fin de chaque année, sera ouvert en présence de lui évêque ou de celui qu'il aura député pour cela, pour être cet argent employé suivant son ordinaire, conformément à l'intention des donateurs, si faire se peut.

Item, si quelques-uns des religieux sont demandés pour aller à des obsèques, il ordonne que le sous-supérieur en ordonne et dispose de tout, selon qu'il le jugera à propos, et que si on reçoit quelque émolument de ces obsèques ou par quelques autres legs pieux, que le cellérier les reçoive, en donne le récépissé aux donateurs et un mémoire de ce qu'il en aura reçu au supérieur.

Item, que le prieur ou supérieur rende au bout de l'an à la communauté l'argent qui lui aura été mis entre les mains pour acheter des rentes ou du fonds au bénéfice de ladite communauté, pour la communauté même.

Item, que le prieur deux fois par an, savoir à la Saint-Michel et à Pâques, rende compte, en présence de l'évêque, ou des députés de sa part, et des chanoines, de tout ce qu'il aura reçu et employé, et que le surplus, s'il s'en trouve, soit séparé également entre lui et la communauté.

Enfin, que le prieur et supérieur, et le frère Robert Buham, jureraient en sa présence, foi de prêtre, en mettant la main sur la poitrine, d'observer exactement et diligemment ces ordonnances faites pour le bien et l'avantage de cette communauté, et même de leur avis, à quoi aussi ils consentirent de bonne volonté, en présence des témoins, et lui évêque prononçant toutes sortes de suspenses et excommunications contre les contrevenants dont cet acte devait tenir lieu de toute monition, ajoutant encore qu'il n'entendait pas par ces présentes préjudicier aux autres ordonnances que ses prédécesseurs auraient faites ci-devant.

Il est porté que ce que dessus a été fait, statué et ordonné par lui évêque dans ledit prieuré de Saint-Lo de Rouen, dans la chambre haute où il demeurait, *camera superiori*, l'an 1350, le 16° jour d'avril, l'an 8° du pontificat du pape Clément VI, [en] présence de vénérables et discrètes personnes, messires Lucas Justra, archidiacre et official de Coutances, Pierre le Jeune et Guillaume Encage, Renaud des Prés, Pierre Le Chandelier, clercs notaires en la cour de Rouen, Jean Boullen, bourgeois de Saint-Lo, Jean Veron, curé de Soule, du diocèse de Coutances, avec quelques autres, et enfin l'acte notifié et reçu par Pierre Le Clerc, du diocèse de Soissons, notaire apostolique.

Ces circonstances et diverses autres formalités que les curieux pourront voir dans l'acte que nous donnerons entier, sont considérables en ce qu'elles font une preuve authentique de la dépendance de ce prieuré de Saint-Lo de Rouen de notre église et de nos évêques de Coutances.

La résidence la plus commune de Louis d'Erquery était la cour : il était conseiller d'État ; son inclination l'y attachait d'ailleurs. On avait été si mécontent de l'administration des finances jusqu'alors, au moins pendant le règne des derniers rois, qu'on jugea à propos de les faire régir par un conseil particulier, dans lequel il y aurait quatre évêques. Louis d'Erquery en fait un ; aussi le trouvons-nous fort peu à Coutances ou aux autres parties de son diocèse, si ce n'est en celle qui est au milieu de Rouen. Il s'y plaisait beaucoup ; on garde encore dans les archives de ce prieuré, des registres de diverses ordinations qu'il y a faites.

Notre Cotentin cependant était régi par des grands vicaires qui avaient l'administration de son spirituel et de son temporel ; ainsi, dans un acte passé le samedi après la fête saint Martin d'hiver, l'an 1351, entre les religieux de Cherbourg et le curé de Sainte-Geneviève, l'official de Valognes devant lequel il se passa, Sidrel, [était] commissaire en cette partie de vénérables et discrètes les sieurs vicaires, tant au temporel qu'au spirituel, de révérend père en Dieu le Seigneur Louis, par la grâce de Dieu évêque de Coutances, étant pour lors hors de son diocèse, *in remotis nunc notoriè absentis*[1].

Il paraît néanmoins, par une charte datée de Valognes le cinquième février 1352, que l'on comptait encore

---

[1] Inventaire des archives de la Manche, H, 3449.

de l'an 1351, qu'il était alors en son diocèse. Cet acte contient l'approbation d'une chapelle fondée et érigée en l'honneur de saint Michel, dans l'église de Saint-Martin-de-Montaigu[1], par feu de bonne mémoire Michel d'Anneville, chevalier, mû à ce faire par piété, *fervore devotionis accensus*, pour son salut, celui de ses parents et de ses amis, *pro ipsius, parentum, consortiumque salute*, laquelle chapelle il avait dotée de la quatrième partie des dîmes de ladite paroisse qui lui appartenait, dont la valeur annuelle était ou pouvait être de 15 sous tournois forte monnaie, suffisant pour l'entretien d'un chapelain perpétuel et titulaire qui desservirait ladite chapelle et serait en obligation d'y célébrer quatre messes la semaine, et en outre aurait ledit chapelain cent sous de rente sur les autres biens du susdit fondateur, dont et du tout ledit seigneur évêque Louis, ayant fait faire diligente enquête par discrète personne Thomas Fabri, son official à Valognes, suivant l'ordre qu'il en avait donné, « vivæ « vocis oraculo, » il confirma le tout : Nos... devotionem
« laudabilem et motum salubrem ipsius quondam
« domini Michaelis, ex eo quod augmentat cultum Dei,
« quem semper augeri cupimus, ad supplicationes exe-
« cutorum testamenti domini Michaelis, humilem et
« devotum ipsum capellanum tanquam sufficienter
« fundatum et dotatum, laudamus, approbamus ac nos-
« tra autoritate præsenti scripti patrocinio confirma-
« mus, et ipsum ecclesiasticum beneficium nos crea-

---

[1] Arr. de Valognes.

« mus... Datum Valloniis, die 15ᵃ februarii 1352. » Nous la rapporterons entière en son lieu.

J'ai lu, dans l'auteur du *Neustria pia*[1], que notre évêque Louis confirma aux religieux et abbé de Thorigny les biens qui lui avaient été donnés en son diocèse, qui sont entr'autres une partie des dîmes de la paroisse de Fervaches[2], cette année susdite 1352. Il ne m'a paru depuis ce temps-là aucun acte par lequel j'aie pu connaître qu'il ait été en notre Diocèse, au lieu que nous avons plusieurs monuments de son absence dont nous rapporterons quelques-uns.

La France, en ce malheureux siècle, était en un état très-pitoyable, accablée de tous les fléaux de la colère de Dieu. Nos historiens en parlent d'une manière qu'on ne peut entendre sans horreur, jusqu'à écrire que les personnes qui naquirent en ces temps infortunés furent d'une complexion très faible, petits, sans force ni santé.

Quoi qu'il en soit du reste du royaume et de la province, il est certain que rien n'était en plus mauvaise disposition que l'état de notre Cotentin. Ce serait inutilement que nous le répèterions ; nous en avons assez dit pour le faire comprendre dans notre histoire générale de notre pays, suivant les extraits que nous avons faits du cartulaire de la Bloutière, dont l'écrivain Guillaume le Gros était témoin oculaire.

Trois chartes de ce même prieuré de la Bloutière nous font foi de l'absence de notre évêque Louis. Par

---

[1] Page 916.
[2] Arr. de Saint-Lo.

la première, datée du samedi après la saint Martin d'hiver 1361, Richard, vicaire général de révérend père en Dieu et seigneur Louis d'Erquery, absent de son diocèse, *in remotis nunc agentis*, confère, à la présentation du prieur de ce lieu, la cure de la Bloutière, à frère Laurent le Breton. Par la seconde, datée du jeudi après la Pentecôte l'an 1360, les vicaires généraux du même prélat, *in remotis nunc agentis*, permettent à Guillaume le Gros, prieur de ce monastère, d'ériger un second autel dans l'église, suivant les fins de la requête qui leur en avait été présentée par ce prieur, attendu le grand concours du monde qui y venait de toutes parts pour y recouvrer la santé, spécialement à cause des miracles qui s'y faisaient très-souvent à l'égard des personnes qui étaient attaquées de l'épilepsie. Et enfin par une troisième charte, datée du jeudi après la Saint-Georges 1370, les mêmes vicaires généraux du même évêque encore absent, donnent permission aux mêmes prieur et religieux d'ériger un troisième autel pour les mêmes raisons.

Ce fut par devant ces mêmes grands vicaires, en l'absence de l'évêque, que l'an 1362 se passa certain appointement entre les moines du Mont-Saint-Michel et le seigneur de Coudeville[1], par lequel le patronage de cette paroisse fut jugé aux religieux, lequel néanmoins ne leur demeura entier que jusqu'en l'an 1396, auquel Jean Costard, seigneur du lieu, renouvelant le procès pour ce patronage, il fut jugé alternatif, à con-

[1] Arr. de Coutances.

dition que Costard et ses successeurs payeraient aux moines cent sous de rente.

Ce fut encore par le jugement ou médiation des mêmes grands vicaires de l'évêque absent, que fut fait appointement entre les moines du Mont-Saint-Michel et les frères de l'Hôtel-Dieu de Coutance, en 1369, par lequel les moines cédèrent aux frères la part qu'ils avaient aux dîmes de la Pommeraye[1], moyennant 32 quartiers de froment de rente ; mais depuis, c'est-à-dire l'an 1490, fut passé entr'eux autre appointement par lequel lesdits moines du Mont laissèrent auxdits frères de l'Hôtel-Dieu ce blé, moyennant 32 sous de rente.

Louis d'Erquery, cependant, était en cour comme un des principaux et plus fidèles conseillers de Charles, ou régent, ou roi. Charles fut roi au commencement d'avril l'an 1364, auquel temps son père, le roi Jean, mourut à Londres, où il était repassé pour traiter, dit-on, de la liberté des otages qu'il avait été obligé de donner pour sortir lui-même de la captivité.

Ce nouveau monarque, je veux dire Charles V, ayant été sacré à Reims, vint peu de temps après à Rouen, où, si l'on croit les mémoires de cette église métropolitaine, il eut quelque différend avec les chanoines de cette cathédrale, qui ne fut décidé à son avantage. Le roi allant à l'église, le chapitre le reçut processionnellement au grand portail, et là lui fut présenté l'eau bénite et le livre des évangiles à baiser, par Bernard

---

[1] Arr. de Coutances.

Cariti, archidiacre d'Eu, comme étant le plus ancien du chapitre, en présence et au préjudice de notre prélat ayant droit de faire la cérémonie, d'autant plus que le roi lui en avait donné l'ordre, le tout si nous en croyons le rapport de l'auteur de l'histoire de la ville de Rouen.

En 1368, il assista à la cérémonie du baptême du fils aîné du roi, et qui le fut lui-même sous le nom de Charles VI. Cette cérémonie est décrite par l'auteur de la vie de ce roi, que l'on appelle communément la *Chronique scandaleuse*[1] ; en voici les termes en ce qui nous regarde : « Ainsi fut apporté ledit enfant jusqu'à
« la grande porte de l'église Saint-Paul, en laquelle
« étaient ceux qui attendaient ledit enfant, le cardinal
« de Beauvais, chancelier de France, qui ledit enfant
« chrétienna, et le cardinal de Paris, en sa chappe de
« drap sans autre parement, et les autres archevêques
« de Lyon et de Sens, et les évêques d'Evreux et
« Coutances, de Troyes et d'Arras, de Meaux, de Beau-
« vais, de Noyon, de Paris, et les abbés de Saint-Ger-
« main-des-Prés, de Sainte-Geneviève, de Saint-Victor
« et de Saint-Magloire, tous en mitres et en crosses
« et tous furent à chrétienner l'enfant, et cette céré-
« monie se fit le 11 décembre 1368. »

Nous apprenons de M. du Tillet, dans son traité du rang des grands, qu'il ne se tint presque point de conseil d'importance où n'assistât notre prélat. Ainsi, cet écrivain parlant d'un conseil tenu par le roi en

---

[1] La *Chronique scandaleuse* est la chronique de Louis XI.

son hôtel de Saint-Pol, le 21° février 1365, nomme les prélats qui y furent en ce rang : « les Archevesques [de Reims et] de Sens, les Evesques de Coustances, Noyon, Meaux[1], » etc. Il le compte de même en deux conseils tenus au même lieu l'an 1366, savoir le 27 juillet[2] et le 25 novembre, où du Tillet, après avoir nommé les deux susdits archevêques et l'évêque de Beauvais qui était chancelier de France, fait suivre immédiatement l'évêque de Coutances. Enfin dans deux autres conseils tenus, dit Tillet, pour des affaires de grande importance le 9° et 11° jour de mai 1369, notre évêque, dans le dénombrement de ceux qui y assistèrent, suit les archevêques de Reims, Sens et Tours, et est suivi des évêques d'Evreux, Noyon, Arras, Troyes, Bayeux, Le Mans, Paris, Lisieux et Orléans[3].

Au reste, cette résidence continuelle de notre évêque à la cour déplut à bien des gens et donna occasion aux impies de décrier la religion. Ainsi trouvons-nous en l'histoire de Charles VI que M. le Laboureur [a donnée] au public, qu'entre les accusations qui furent [portées] contre le fameux Hugue Aubriot, il fut rapporté au procès qu'étant une fois en l'église de Saint-Denis et assistant à la messe de l'évêque de Coutances qu'il célébrait derrière le chœur, un religieux qui voyait cet Aubriot distrait et dans un état peu respectueux, étant venu l'avertir de l'élévation de la sainte

---

[1] Page 384.
[2] *Ibidem*, p. 386.
[3] *Ibidem*.

hostie, afin qu'il eût à fléchir le genou et l'adorer, il le rebuta insolemment et lui dit en jurant, qu'il ne croyait point au Dieu de cet évêque qui ne bougeait de la cour.

Enfin, étant en son prieuré de Rouen, en 1371, il fut pris de mal, y mourut et fut inhumé dans le chœur de l'église. On y voyait encore son tombeau, il y a quelque temps, comme aussi sa figure, dans une vitre du même chœur, avec les armes de sa famille, qui étaient d'argent au lion de sable. Je dis qu'elles étaient, car il y a longtemps que cette famille est éteinte et que les biens sont passés en la maison de Montmorency. On remarque cette seule particularité de sa mort, qu'il légua par son testament son bâton pastoral, qui était d'argent, à Jean de la Croix, prieur de la ville de Saint-Lo. Il y est compté au nombre des bienfaiteurs pour qui on a obligation de prier.

On établit de son temps dans l'église des Augustins de Barfleur, en l'honneur de saint Thomas de Cantorbéry, cette fameuse confrérie dont nous avons parlé en notre histoire générale et dont on conserve encore le registre, qui fut alors dressé, de ceux qui s'y firent enrôler. Ce fut en 1357, et notre Louis d'Erquery y est le premier.

CHAPITRE IX

DE SYLVESTRE DE LA CERVELLE

La terre ou fief de la Cervelle, dont la famille de cet évêque porte le nom, est dans une des paroisses du diocèse de Rennes, nommée Saint-Georges-de-Reintembault[1]. Elle appartient maintenant à la maison de Poilly, où elle est passée par mariage.

Cette famille de la Cervelle, qui porte de sable à trois losanges d'or, existe auprès de Pontorson en la paroisse d'Auxé[2] et ailleurs, et même en ce diocèse où [nous trouvons] Bonaventure de la Cervelle, écuyer, seigneur et patron du Désert, paroisse à deux lieues de Saint-Lo, entre cette ville et Carentan.

Sylvestre, notre évêque, était fils de Jacques et petit-fils de Guillaume de la Cervelle, chevalier, et de Jeanne des Pins. Il avait un frère nommé Hervé de la Cervelle, seigneur de Villers, lequel continua la postérité.

Sylvestre ayant achevé ses études à Paris, où ses parents l'avaient envoyé dès sa première jeunesse

[1] Arr. de Fougères.
[2] Arr. d'Avranches.

comme l'ayant destiné à l'église, il fut à Avignon, qui était alors l'école de ceux qui aspiraient aux dignités ecclésiastiques, les papes par ce droit qu'on appelait réservation disposant presque de tous les bénéfices.

Les mérites de ce jeune aspirant le firent bientôt distinguer et connaître aux papes et aux cardinaux dont la cour était alors en Avignon, de sorte que, l'évêché de Coutances venant à vaquer, Grégoire XI, qui venait de succéder à Urbain V, et [qui n'] étant encore que Pierre Roger, cardinal, neveu et filleul de Clément VI, l'avait connu digne de remplir cette charge, l'y éleva d'autant plus, qu'étant parent du fameux Bertrand du Guesclin, à qui la France avait tant d'obligations et que le roi venait de créer connétable, ce monarque le souhaitait.

MM. de Sainte-Marthe ont remarqué des registres du Vatican, qu'il fut élevé à cette dignité le 27ᵉ mai 1371, d'où nous apprenons que le siége épiscopal ne vaqua que fort peu de temps, puisqu'étant certains par la charte de la Bloutière ci-dessus citée, que Louis vivait encore sur la fin d'avril 1370, sans néanmoins savoir combien il a vécu depuis, il y a peu de l'un à l'autre. Il ne fut pas longtemps non plus après son élévation sans venir en son diocèse et s'appliquer tout de bon au devoir de sa charge, comme il nous paraît d'une requête qui lui fut présentée, le jeudi après la Nativité de la Sainte-Vierge, audit an 1373, par Lucine de Villers, dame de Bellon, veuve de Guillaume d'Argouges, pour le supplier d'accepter et ratifier la donation qu'elle faisait du patronage de

Bellon[1] et Saint-Fragaire[2] aux prieur et religieux du même couvent de la Bloutière.

Nous avons encore les règlements et statuts qu'il fit ou renouvela par le bon ordre de son diocèse et qu'il publia en deux synodes généraux : le premier, tenu l'an IV de son pontificat ou épiscopat, l'an de Jésus-Christ 1375 ; l'autre, le mardi après la Quasimodo 6° d'avril.

Au premier, après avoir rapporté, renouvelé et confirmé toutes les ordonnances ci-devant faites par ses prédécesseurs, et enjoint étroitement de les observer, il ajouta que tout ecclésiastique bénéficier, qui ne comparaîtrait pas dans le synode dans le mois, serait jugé contumace ; que toutes les dispenses et indulgences accordées jusqu'alors seraient reçues et examinées derechef par lui ou par ses officiers ; qu'on ne se servirait à l'avenir que de calices d'argent, interdisant tous les autres absolument, hors le cas de nécessité ; qu'on aurait soin de tenir les cimetières bien nets et bien enclos, afin que les bêtes n'y entrassent point ; que les bénéficiers eussent à résider à moins qu'ils n'en eussent obtenu dispense, et que les manoirs presbitéraux fussent tous en due et bonne réparation ; qu'on ne donnât point la sépulture ecclésiastique aux personnes qui seraient mortes subitement par un accident extraordinaire et inconnu, sans sa permission ; qu'on n'eût point à établir de coûteurs dans les églises sans sa permission et autorité ; enfin qu'on eût à empêcher et défendre

---

[1] Bellon, arr. de Saint-Lo.
[2] Saint-Fragaire, arr. de Saint-Lo.

sévèrement auprès des églises toutes ventes de pain, chair, poisson, et de toutes autres sortes de marchandises, aux dimanches et fêtes.

Le recueil du synode de 1377 commence par le mandement de l'évêque, que nous avons jugé à propos de traduire et insérer ici en notre langue : « Sylvestre,
« par la grâce de Dieu et du siége apostolique évêque
« de Coutances, au doyen de la chrétienté dudit Cou-
« tances, à tous autres doyens, curés et personnes ecclé-
« siastiques, salut en Notre Seigneur. Quoique les curés
« et tous les autres ecclésiastiques du diocèse soient en
« obligation d'observer les statuts et les ordonnances de
« l'Eglise faites pour l'utilité publique tant par nos
« prédécesseurs que par les synodes provinciaux, qu'on
« puisse et doive les y contraindre par les censures
« ecclésiastiques et même les corriger et les punir
« selon les canons, s'ils y manquent, il est vrai néan-
« moins qu'il y a beaucoup de curés, nos sujets, les-
« quels depuis longtemps ont négligé d'observer lesdits
« statuts provinciaux et synodaux comme ils s'y
« étaient obligés, ainsi que nous l'avons connu par
« expérience, ce qui sans doute tourne au péril et au
« scandale du peuple. Voulant donc nous proposer d'y
« apporter le remède nécessaire, de prévoir et préve-
« nir ces grands périls autant qu'il est en notre pou-
« voir, en notre saint Synode, tenu aujourd'hui après
« Quasimodo, sixième jour d'avril, l'an de Notre Sei-
« gneur 1377, nous avons fait et publié les statuts et
« ordonnances qui suivent. » Ces statuts sont premièrement un abrégé et un renouvellement, tant de ceux

que nous avons rapportés ci-dessus que des autres faits par ses prédécesseurs, avec une nouvelle injonction d'en avoir copie et de les observer religieusement ; à quoi il ajouta : 1° que, pour la non-résidence, il fallait nécessairement en avoir obtenu dispense ou de lui évêque ou du pape ; 2° qu'un clerc ne devait point du tout, par quelque cause que ce pût être, traduire un autre clerc devant un juge laïque ; 3° qu'un clerc ne devait point être en une maison de laïque en qualité de procureur ou secrétaire ; 4° qu'un prêtre ne devait point dire deux messes en un jour sans une expresse permission pour cela du pape ou de lui évêque ; 5° qu'aucun prêtre ni religieux ne devait donner l'absolution de cas réservés sans une licence spéciale de l'évêque, ni recevoir aux sacrements d'obligation les habitants des autres paroisses sans le consentement des curés : « reli-
« giosi contrarium facientes, excommunicationis sen-
« tentiam incurrunt ipso facto. » 6° Avertissant ensuite que les frères quêteurs « in suis proponunt prædicatio-
« nibus multa falsa et vana, ut simplices decipiant, et
« pecuniam è fallaci ingenio extorqueant ab eis », il défendait étroitement d'en souffrir aucun, à moins qu'il ne soit pourvu de lettres apostoliques ou de lui évêque :
« quibus quæstoribus interdicimus quamlibet prædica-
« tionem. » 7° Défense faite aux ecclésiastiques de donner aucun soupçon d'avarice, d'usure, comme d'attendre en été à vendre les blés pour avoir plus d'argent, de donner temps du paiement jusqu'au mois de septembre pour le vendre plus cher. 8° Défense aux pères et aux mères de mettre leurs petits enfants à coucher avec eux,

de peur de les étouffer, comme il arrive quelquefois, et ordre aux curés de les en avertir tous les dimanches. 9° Que les curés obligent tous leurs paroissiens de se confesser avant le dimanche des Rameaux, *ante Pascha floridum*. 10° Défense à tout autre qu'à un clerc tonsuré en surplis de chanter l'épître. 11° Défense à tout prêtre et autres personnes ecclésiastiques de porter des bonnets rouges, des bourelets à leurs capuchons, ni cornettes cousues ou non : « Præcipimus ne quis pres- « byterorum aut aliorum virorum ecclesiasticorum, bir- « reta rubea, borreletos in suis caputiis, aut cornetas « dissutas deferre præsumant. ». Les bonnes œuvres faites en état de péché mortel étant inefficaces pour obtenir le salut, et le péché ne s'expiant que par le sacrement de pénitence, les curés doivent avertir leurs peuples de la fréquenter le plus souvent qu'il leur sera possible : « Cùm opera bona in peccato mortali « facta ad salutem animæ impetrandam sint inefficacia, « nec peccatum ipsum aliter quam per sacramentum « pœnitentiæ deleatur[1]... »

On peut remarquer par ces statuts combien ce bon évêque s'était appliqué à connaître les besoins de son diocèse, avec quel soin et quelle exactitude il travaillait à y remédier. On pourra aussi remarquer que Sylvestre est le premier de nos prélats qui se soit intitulé par la grâce de Dieu et du saint-siége apostolique, « Dei et apostolicæ sedis gratia Constantiensis episco- « pus », comme peut-être ayant été le premier de nos

---

[1] V. D. Bessin, 560-65, qui met ce concile à la date de 1272.

évêques élevé à cette dignité par la seule autorité du pape.

Le 25 février 1379, notre évêque étant à Bonfossé, il confirma un accord passé devant Guillaume Le Cordier, bailli et garde de sceaux de la haute justice de Moyon, le vendredi 20° janvier précédent, entre les abbé et religieux de Hambie, d'une part, et Collin le Tenneur, écuyer, seigneur de Briqueville, d'autre part touchant le patronage de la paroisse de Saint-Romphaire [1], par lequel il avait été arrêté que lesdits religieux présenteraient à ladite église de Saint-Romphaire deux curés de suite et ledit seigneur de Briqueville le troisième. Quelque temps après, Jean de la Croix, ce prieur de Saint-Lo de Rouen dont nous avons parlé, étant décédé, il eut pour successeur Richard de Caumont. Ce nouveau prieur voulut comme les précédents être béni par son évêque, conformément aux saints canons. Cette bénédiction se fit en notre cathédrale, suivant aussi ce qui avait été décidé, en 1263, entre Jean d'Essey et son chapitre, ainsi que nous avons dit. On conserve dans les archives de ce prieuré de Saint-Lo de Rouen l'acte de cette bénédiction; en voici l'extrait traduit en notre langue sauf à le donner en la sienne :

« A tous ceux qui ces présentes lettres verront, Syl-
« vestre, par la permission divine évêque de Coutances,
« salut en notre Seigneur. Savoir faisons que, l'an 1384,
« le dimanche auquel on chante dans la sainte Eglise
« *Vocem jucunditatis* [2], célébrant avec l'aide de Dieu la

---

[1] Moyon, Saint-Romphaire, arr. de Saint-Lo.
[2] 5e dimanche après Pâques.

« sainte messe solennellement et en habits pontificaux,
« nous avons donné toutes les bénédictions, selon les
« formes et manières ordinaires en tels et semblables
« cas, à notre chère et religieuse personne Richard de
« Caumont, prieur du prieuré de Saint-Lo de Rouen, de
« l'ordre de Saint-Augustin, de notre exemption et dio-
« cèse de Coutances, ainsi comme ses prédécesseurs en
« leur temps ont été bénis par les nôtres, en présence et
« assisté de religieuses et honnêtes personnes les abbés
« des monastères de la Très-sainte-Trinité de Lessay et
« de Saint-Lo en la ville de ce nom, des ordres de saint
« Benoît et de saint Augustin, de notre diocèse; nous
« avons aussi reçu de lui, dit Caumont, le serment de
« fidélité, qu'il nous a prêté à nous et à notre église
« de Coutances, ainsi et de la manière qu'il a toujours
« été fait par ses prédécesseurs, lorsqu'ils ont été bénis.
« En témoignage de quoi nous avons fait apposer notre
« sceau à ces présentes, l'an, le jour, et au lieu susdits. »
On voit de cet acte seul combien est injuste la prétention de ceux qui osèrent entreprendre de faire perdre
à nos évêques la juridiction qu'ils ont sur ce prieuré
et sur ce qui en dépend en la ville de Rouen.

En ces temps-là, un nommé Pierre Lesage, clerc
licencié aux décrets et bachelier aux lois, fonda dans
la cathédrale la chapelle Saint-Lo, et la dota de 22 livres de rente, à prendre et avoir par chacun an sur
un nommé Nicolas le Prêtre, de la paroisse de Saint-
Lo, sauf la garantie de tous ses biens, tant de ceux
qui sont non-seulement dans la ville, mais des fau-
bourgs et ailleurs ; et notre prélat, par un acte con-

tenu au cartulaire du chapitre, volume 1ᵉʳ, feuillet 120, approuva cette fondation. Cette chapelle maintenant n'est plus que de cent sous de rente et est à la nomination du chapitre.

Ce même prélat, Sylvestre de la Cervelle, fit bâtir cette chapelle, qu'on appelle la *Cerclée* ou des *Enfants de chœur*, qui est derrière le grand autel, en laquelle nos évêques tiennent leur synode général et font faire l'appellation des curés. Elle est hors d'œuvre et plus grande que les autres; aussi nos maîtres en architecture n'approuvent pas ce bâtiment et disent qu'elle gâte la symétrie du corps de l'église et en ôte le rond-point qui, sans elle, était parfait. En effet, nous avons remarqué que la hauteur des clochers se trouvant égale à la longueur de l'église, la mesure de cette hauteur vient justement à l'entrée de cette chapelle, au lieu où finissait le rond-point lorsqu'on fit cette chapelle.

C'est en cette chapelle que repose le corps de ce bon évêque, lequel, après avoir gouverné ce diocèse en véritable pasteur, mourut en Notre Seigneur, bien aimé de son clergé et de son peuple, et regretté de tous, après avoir tenu le siége épiscopal environ seize ans. On y voit encore son portrait peint en une vitre qui est du côté de l'Evangile, proche de l'autel; il y est représenté à genoux, en ses habits pontificaux, ayant derrière lui un saint Jean qui le présente au Ciel, et au-dessus sont écrits, en lettres gothiques, ces mots : « Sylvestre, évêque de ce lieu, est inhumé en cette chapelle, en l'an 1387. Priez Dieu pour lui. » Il y avait encore d'autres écritures, dont il reste quelques lettres séparées; mais il n'est pas possible de les lire, ni d'y rien comprendre, le verre ayant été cassé. Ce fut au mois de septembre qu'il mourut, au moins nous le croyons, parce qu'en l'obituaire de la cathédrale, il y a en l'article quatre un obit marqué pour lui en ces mots simples : *Sylvester episcopus*.

CHAPITRE X

DE NICOLAS DE THOLON ET DE GUILLAUME DE CRÈVECŒUR

Charles V avait pour frères Louis, duc d'Anjou, Jean, duc de Berry, et Philippe, duc de Bourgogne; il laissa en mourant, le 16 septembre 1380, deux fils en bas âge, Charles VI qui lui succéda, et Louis, qui fut comte de Touraine et par après duc d'Orléans. Ce sage prince, se sentant près de mourir, nomma le duc d'Anjou régent du royaume pendant la minorité de son fils et déclara ses deux autres frères tuteurs de ses enfants; mais le duc d'Anjou, s'étant entêté de courir après le royaume de Naples, et celui de Berry de courir après rien, Philippe devint maître de tout.

Ce fut par le crédit et le moyen de ce prince que Nicolas de Tholon fut notre évêque, mais pour onze mois seulement, ainsi que le témoigne le *Livre noir* du chapitre.

M. Le Laboureur, parlant en son introduction à l'*Histoire de Charles VI*, du duc de Bourgogne, page 98 :
« Il eut, dit-il, pour chancelier Philibert Paillard, pré-
« sident à mortier au parlement de Paris, lequel ayant
« été établi en cette charge par le roi Jean, il l'en

« destitua le 3ᵉ décembre 1366 pour y instituer Ber-
« trand Duncey, mort l'an 1367. Pierre de Dinteville,
« évêque de Nevers, succéda, puis Nicolas de Tholon,
« chantre d'Autun, qui fut successivement évêque de
« Coutances et d'Autun, par faveur ». Je ne sais rien de
la famille de cet évêque; je sais seulement que le
Trésor héraldique marque un Tholon, du Dauphiné,
qui porte de sinople au cygne d'argent, membré d'or;
mais j'ignore si c'est le même, d'autant plus que
MM. de Sainte-Marthe le nomment Bourguignon.
J'apprends de ces écrivains, qu'en 1362 il fut pourvu
d'une chapelle en l'église d'Autun, qu'en 1365 il en
fut chanoine, ensuite, comme nous avons dit, chantre, *præcentor*, puis, conseiller au parlement et chancelier de Bourgogne, comme nous venons de l'apprendre de M. le Laboureur. Il était donc en cet état,
lorsque l'évêché de Coutances venant à vaquer, la
faveur de son prince lui procura cette chaire du pape,
qui siégeait à Avignon et que la France reconnaissait;
mais peu de temps après, Autun ayant vaqué, la
main qui nous l'avait donné nous le retira et le transporta à Autun. Ces mêmes MM. de Sainte-Marthe
disent que son bienfaiteur, Philippe le Hardi, duc
de Bourgogne, lui rendit aveu de certaines terres
qu'il tenait, dépendantes de « l'église d'Autun, le
3ᵉ d'avril 1390, comme fit aussi un nommé Gui d'Arcy
de la charge de bailli d'Autun.

Il mourut le 20 décembre 1400 et fut inhumé dans
l'église de Saint-Lazare, en une chapelle qu'il y avait
fait bâtir, sous un tombeau de cuivre sur lequel on

grava cette épitaphe : « Hic jacet quondam bonæ me-
« moriæ dominus Nicolaus de Tholono, quondam Cons-
« tantiensis episcopus ac deinde Augustodunensis,
« cujus anima requiescat in pace. Amen. Qui obiit die
« decima mensis decembris, anno Domini 1400. »

L'auteur du *Noctes Blancœlandæ* dit de lui qu'il était notre évêque en 1387, auquel an ses grands vicaires, qu'il nous aurait fait plaisir de nommer, donnèrent un démissoire à Jean de Pré, chanoine de Blanchelande, pour recevoir les quatre ordres mineurs de tel évêque qu'il voudrait : « Nicolaus sedebat anno
« 1387, quo ejus in remoto loco agentis vicarii gene-
« rales permittunt Joanni de Prato, canonico de Blan-
« chalanda, ut a quocumque visum fuerit episcopo
« initiaretur minoribus quatuor ordinibus.

GUILLAUME DE CRÈVECOEUR

Il est le troisième évêque de Coutances du nom de Guillaume. Il succéda à Nicolas de Tholon par la même voie que celui-ci avait succédé à Sylvestre de la Cervelle. MM. de Sainte-Marthe disent qu'il fut créé notre évêque le 17ᵉ septembre 1387 : « Creatus
« 1387, die 17ᵃ septembris, exactis consistorialibus ».
Ils se trompent, ce mois et cet an sont ceux de la mort de Sylvestre de la Cervelle. Il faut, au lieu de 1387, 1388, afin de donner onze mois d'épiscopat à son pré-

décesseur; encore faut-il que ce prédécesseur ait été sacré bientôt après la mort de Sylvestre.

Notre Guillaume était d'une famille fort noble et distinguée. J'ignore le nom de son père, je sais seulement qu'il avait un frère, nommé Jean, qui, ayant épousé Blanche de Saveuse, fut père de Jacques de Crèvecœur, qui est en réputation dans l'histoire de Bourgogne, qui fut père de Philippe, seigneur de Guerdes, maréchal de France. Cette famille est éteinte; les biens en sont passés aux maisons de Gouffier et de Halwin, par les deux mariages de Louise de Crèvecœur, fille de François, fils d'Antoine, fils de Jacques, laquelle épousa en premières noces l'amiral Bonnivet, Guillaume Gouffier, et en secondes noces Antoine d'Halwin, seigneur de Piennes.

Crèvecœur portait de gueules à trois chevrons d'or. Cet écu se voit encore en quatre endroits de notre église cathédrale, savoir : en la voûte de la nef, en la vitre de la chapelle saint Louis, en celles de la Cerclée et de saint Sébastien.

Comme Guillaume avait été élevé à la dignité épiscopale par la cour, ce fut aussi un prélat de cour, se contentant quelquefois de voir son diocèse, ce qu'il faisait néanmoins fort rarement.

Il y était en 1391, ainsi que nous le connaissons d'un acte passé devant lui, le samedi 8° avril de cette même année, entre les frères de l'Hôtel-Dieu de Coutances et les Jacobins du même lieu, touchant certains droits prétendus par les premiers sur ceux qui se faisaient inhumer aux Jacobins. Comme cet acte est de conséquence par les inductions qu'on en peut tirer, j'en insèrerai ici quelque chose, sauf aux curieux de le voir en son entier dans notre recueil. « Au nom « du Seigneur, amen. A tous ceux qui ces présentes « verront, Guillaume, par la grâce de Dieu évêque de « Coutances, salut en notre Seigneur. Savoir faisons « que, l'an 1391, le samedi 8⁰ avril, sont comparues « devant nous religieuses personnes, Jean Fauvel, « prieur, Thomas Ernaud et Richard Lurienne, prê- « tres, frères de l'Hôtel-Dieu de Coutances, d'une part, « et François-Guillaume Pignet, prieur, et Pierre « Guisle, Jean Bernard et Guillaume Nay, de l'ordre « des frères prêcheurs du couvent de Coutances, « tant pour eux que pour les autres, d'autre part. » Le différend était que les frères de l'Hôtel-Dieu de Coutances prétendaient la quatrième partie des funérailles de tous et chacun des paroissiens et paroissiennes des églises de Saint-Pierre et Saint-Nicolas, lesquels élisaient leur sépulture en l'église, maison et cimetière des Jacobins. Il fut ordonné que lesdits paroissiens de Saint-Pierre et de Saint-Nicolas pourraient choisir leur sépulture au couvent des Jacobins, et pour ce sujet les Jacobins seraient tenus faire et assigner en la bourgeoisie de Coutances, bien et dûment assurer et garantir pour l'avenir, auxdits frères de l'Hôtel-Dieu, 45 sous tournois de rente pour tout ce que pourront ceux-ci prétendre à raison desdites sépultures, et que les morts seraient portés auparavant en l'église de Saint-Pierre, où l'on célèbrerait la messe pour le salut de leurs âmes, et ensuite au lieu où ils auraient choisi leur sépulture. Les parties y consentirent, et le tout se passa au palais épiscopal, en la présence du prélat et de plusieurs autres témoins dénommés en l'acte qui en fut dressé par un notaire apostolique, nommé Laurent Yvon, qu'on avait fait venir exprès de la ville de Laigle. Outre la date que nous avons marquée, y sont encore désignés l'indiction 14 et l'an 13 du pontificat de Clément VII, que la France reconnaissait alors durant le schisme.

Ce fut cette même année et par la permission du même prélat qu'arriva ce changement de vêture aux chanoines réguliers de la ville de Saint-Lo, dont nous avons parlé en son lieu, *anno* 1391, ainsi que portent leurs registres : « De consensu reverendi in Christo « patris Domini Guillelmi de Crevecœur, Constantien- « sis episcopi, nos accipimus almucias pro capuciis « albis, quæ prius tempore æstivali portabamus. Con- « cessit etiam nos accipere tunicas nigras. »

L'année suivante, 1392, fut très-funeste à la France par l'effroyable maladie dont le roi fut attaqué et par les malheurs, suite de cette maladie. Dans un intervalle de son mal, il résolut d'accomplir le vœu qu'il avait fait de faire une translation solennelle des reliques de saint Louis. Il fit pour cela faire une châsse d'or du poids de 250 marcs. Ce monarque, au rapport de M. Le Laboureur, ne voulait que rien y manquât. Il avait appelé les principaux prélats du royaume, et particulièrement messire Guillaume de Crèvecœur, évêque de Coutances, et fit le soir qui précédait cette fête porter cette châsse de Paris, dans une litière couverte, à Saint-Denis. Elle fut déposée en la chapelle Saint-Clément au cloître de l'abbaye, où le lendemain tous les prélats se rendirent revêtus de leurs habits pontificaux avec le roi orné de ses habits royaux. Les reliques furent tirées de l'ancienne châsse et mises dans la nouvelle ; les princes et les seigneurs la portèrent en procession, laquelle finie, Guillaume de Vienne, archevêque de Rouen, célébra la messe, après laquelle ces prélats furent traités magnifiquement dans le réfectoire des religieux [1].

L'an suivant, 1394, ces prélats et les autres du royaume furent appelés encore à Paris pour une des plus grandes affaires qui aient troublé la paix de l'Eglise et du royaume. Cette affaire était le schisme, qui non-seulement déchirait la robe de J.-C., désunissait ses membres, rompait la paix qu'il était venu apporter au monde, mais encore achevait de ruiner la France. Le pontife qui siégeait à Avignon, et que le royaume reconnaissait, ne laissant passer aucune occasion d'arracher de l'argent pour s'en servir d'une manière désolante, les gens de bien gémissaient, mais la plupart dans le silence, lorsqu'enfin l'université de Paris, animée tant par le zèle de la maison de Dieu que par son propre intérêt, en ce qu'en la distribution des bénéfices on n'avait égard qu'à l'argent et point du tout à ses priviléges ni à ses supports, employa la langue et la plume de Nicolas de Clémengis, bachelier au collège de Navarre, pour remontrer au roi et au conseil l'im-

---

[1] *Chronique du Religieux de Saint-Denys*, publié par L. Bellaguet, II, 34.

portance et les moyens de finir ce schisme malheureux.

On écouta Clémengis ; mais comme les princes qui gouvernaient l'État avaient pour maxime de se contrarier les uns les autres, le duc de Bourgogne voulant y travailler, le duc de Berry s'y opposa, gagné par l'argent de Pierre de la Lune, envoyé exprès à Paris par le prétendu pape Clément pour y défendre ses intérêts, et fit faire défense à l'Université de se mêler d'autre chose que de ses écoliers. Celle-ci irritée fit fermer ses classes, grand désordre en ces temps-là, sur quoi le conseil jugea à propos de convoquer les évêques de France en concile national, pour suivre ce qu'ils détermineraient.

On est redevable au père Dom Luc d'Achery des actes de ce concile. Ce n'est pas ici le lieu d'en parler, je veux et dois seulement dire que c'est de ce savant benédictin de qui nous apprenons [1] que Guillaume de Crèvecœur, notre évêque, accompagné de son archidiacre, nommé Bertrand Geneste, y assista avec les évêques de Bayeux, d'Avranches, Evreux, Lisieux, ayant à leur tête leur métropolitain. On proposa d'excellents moyens pour finir le schisme, mais fort inutilement. On dit que ces papes, qui s'excommuniaient en public les uns les autres, s'accommodaient en secret, chacun d'eux se contentant assez aisément de la partie du monde chrétien qui lui obéissait.

En ce temps, messire Jean Painel, chevalier et

[1] *Spicilegium*, VI, 71.

chambellan du roi, étant gouverneur de la ville et château de Coutances, il se trouva que les murs de l'un et de l'autre eurent besoin de réparation d'importance. On présenta pour cet effet une requête au roi pour obliger le chapitre d'y contribuer, et le conseil sans beaucoup examiner la chose l'y condamna, ce qui ayant été fait signifier aux chanoines, ils en portèrent leurs plaintes à la cour, dont ils reçurent toute satisfaction qu'ils pouvaient espérer; le premier arrêt ou édit fut déclaré subreptice, eux déchargés et retenus en leurs priviléges. Cet acte que je trouve dans les mémoires de feu M. du Vaudôme, est trop beau et contient trop de particularités des guerres du temps pour être oublié; le voici :

« Charles, par la grace de Dieu, roy de France, au
« bailli de Cotentin ou son lieutenant, salut. Reçu
« avons l'humble supplication de nos bien amés
« l'eveque, chantre, chapitre, chapelains et clercs de
« l'eglise de Coutances, contenant que comme icelle
« eglise ait été anciennement fondée par nos predeces-
« seurs et autres, de grandes rentes et revenus, de ma-
« noirs et habitations amorties par nos predeces-
« seurs, entre lesquels ils eussent joui et jouissent
« encore de plusieurs rentes et revenus assis tant
« sur maisons et manoirs, comme autres possessions
« en la ville et fauxbourgs d'icelle, lesquelles pour le
« fait de nos guerres et la cloture de la ville sont dimi-
« nués à plus de la moitié, voire des trois parts, et tant
« que de présent tant pour l'occasion de laditte cloture,
« comme desdictes guerres qui par longtems y ont

« duré, et jusqu'a naguerres que Cherbourg fut mis
« hors des mains de nos ennemis, pour lesquelles
« guerres aussi et pour la fortification de laditte ville,
« les habitations et manoirs dudit chapitre ont été
« abbatus ou demolis, et les matieres converties en
« la cloison des fortifications de laditte ville, et ne
« seroient pas refaits pour cinquante mille francs,
« dont ils n'eurent oncques aucunes récompenses
« de nous ni d'autres, pour laquelle cause il est
« convenu auxdits chantre et chapitre de reedifier
« d'autres habitations et manoirs, hors les lieux où
« étaient anciennement edifiés icelles habitations et
« manoirs, et encore à iceux supplians ou à aucun d'eux
« ait convenu faire et supporter moult grands frais et
« dépens, et mises pour reparer et soutenir laditte
« église, laquelle pour le fait desdittes guerres et
« durant icelles avoit été dommagée et moult empiree
« en plusieurs lieux, et tant que pour le siege que nos
« ennemis mirent devant notre ditte église qui pour lors
« était forte, et laquelle se tint et demoura toujours en
« notre obéissance, et les pierres d'engins qu'ils jette-
« rent pour icelle prendre et avoir, et a été en voie de
« choir en ruine, si ne fussent les grandes reparations
« et amendemens que y ont depuis fait faire conti-
« nuellement iceux supplians, ou aucuns d'eux, ou
« autrement et mesmement ont eu grand dommage
« iceux supplians en cette même année pour cause
« qu'on leur a arrêté tous les grains de leur dixme
« pour nos garnisons où ils ont eu dommage de trois
« à quatre cens livres, si comme il sera su claire-

« ment, ce nonobstant et que de tout tems lesdits
« supplians ont été tenus francs, quittes et exemts des
« reparations de la reparation d'icelle ville, tant du
« tems desdites guerres, et pour le tems que les An-
« glois et les Navarrois tinrent ledit siége devant, et
« furent par le pays d'environ que d'empuis, et ce,
« sans qu'on leur ait demandé aucune chose, ny qu'ils
« contribuassent à taille ni à taxe qui ait été faite pour
« la réparation d'icelle ville : néantmoins sous ombre
« d'aucunes lettres de nous subrepticement impetrées
« en ce faisant, ce que dit est pardevant notre loyal
« chevalier et chambellan Jean Painel, capitaine et
« garde de notre ditte ville, à vous adressées, il
« s'efforce et veut s'efforcer de faire contraindre lesdits
« suppliants à contribuer es réparations d'une tour et
« des murs de la fortification d'icelle ville, sembla-
« blement comme les gens laics, bourgeois et habitans
« d'icelle ville, qui serait chose moult dure et impor-
« table auxdits supplians, attendues et considérées les
« choses dessusdittes, et les frais et mises qu'il leur
« faut pour chacun jour supporter pour raison de
« leur ditte église et autres leurs affaires, si comme
« ils dient, requérant que ces choses ainsi considérées,
« et aussi que ledit capitaine pour obtenir lesdittes
« lettres nous a donné subrepticement à entendre entre
« les autres choses que ladite ville de Coutances est
« scituée en la frontière, et près de Bretagne et de
« Cherbourg et de la mer, laquelle sauf ces graces est
« de Bretagne à plus de 12 lieues, et a Cherbourg à
« plus de 15, et a plusieurs villes assises audit pays qui

« pourroient être prises et occupées de nos ennemis
« avant icelle, et lesquelles sont plus près de la mer,
« et toutesfois les gens d'église ne sont en rien con-
« traints aux dites réparations, et attendu que lesdits
« supplians ont de tout temps joui de la franchise et
« liberté, et sans empechement aucun, nous sur ce,
« leur voulons pourvoir de remede gracieux et conve-
« nable. Pourquoi nous ces choses considérées, vous
« mandons, et pour ce qu'on dit ladite ville être
« assise en notre baillage, commettons que si appelés
« ceux qui seront à appeller, il vous appert être
« ainsi, ne contraigniés ne souffrés être contraints
« lesdits suppliants, ni aucun d'eux, à contribuer aux
« réparations de la tour ni des murs de laditte fortifi-
« cation de laditte ville avec les gens laics ne autre-
« ment en aucune manière, mais les tenés et les
« faites tenir francs, quittes, exemts et paisibles, ainsi
« que d'ancienneté ils ont accoustumé, et si aucune
« chose avoit été ou étoit pour ce pris et arreté du
« leur, si leur mettés ou faites mettre du tout en pleine
« délivrance, en faisant en cas d'opposition entre les
« parties, icelles sur ce ouïes, bon et bref accomplis-
« sement de justice ; car ainsi nous plaist y être fait et
« aux suppliants l'avons octroié et octroions de grâce
« speciale par ces presentes, nonobstant lesdittes lettres
« impetrées par ledit capitaine, lesquelles nous ne
« voulons avoir ni sortir audit cas aucun effet, et
« quelquonques autres lettres subreptices impetrées[1] ou

---

[1] *Gallia christiana*, XI, 276, *instrum*.

« à impetrer au contraire. Donné à Paris, le 15° jour de
« juillet, l'an de grâce 1402 et de notre règne le 22°. »

On pourra, si l'on veut, faire diverses réflexions sur cet acte, et cependant nous marquerons deux ou trois autres singularités arrivées à notre prélat; les voici. En 1395, Richard de Caumont, prieur de Saint-Lo de Rouen, dont nous avons parlé [1], étant mort, eut pour successeur Guillaume Couvette. Notre évêque confirma son élévation et le bénit à la manière accoutumée. Je n'en ai pas vu les actes, mais l'auteur du *Neustria pia*, qui les avait vues, le témoigne en ces termes en parlant de lui : « Confirmata est ejus electio
« capitulariter a Guillelmo, Constantiensi Episcopo 62,
« anno 1393 [2]. » J'estime qu'il faut 1395.

En 1389, Renou de Rampan avait rendu aveu à cet évêque du fief de Rampan. J'en ai copie et peut-être ne sera-t-on pas fâché que je l'insère ici, y ayant des particularités qui ne déplairont pas aux curieux. Le voici donc en son entier : « Sous le roi notre sire et
« sous la souveraineté d'un révérend père en Dieu, Monseigneur l'évêque de Coutances, à cause de sa
« baronnie de Saint-Lo, j'ai, Renou de Rampan,
« écuyer, confesse et avoue tenir un fief par hommage,
« nommé le fief qui fut jadis Sanson de Montcoq,
« et toutes appartenances, franchises et honneurs à
« cour et usage aux simples gages plèges en basse
« justice, par un quart de franc fieu et à chevalier,
« dont le chef est assis en la paroisse de Saint-

---

[1] Guillaume le Conuette, dans le *Neustria*.
[2] Page 811.

« Georges-de-Montcoq, et s'étend ès paroises de Saint-
« Thomas et de Notre-Dame de Saint-Lo [1], et partout
« ailleurs en quel lieu il s'étend, et y a manoir,
« colombier, moulin, prés, bois, qui ne doit ni tiers
« ni danger, et domaine, services, rentes, droitures
« appartenant audit fieu, et en doit au dit évêque ser-
« vice d'ost, un tiers de chevalier en Normandie quand
« le cas s'offre, et le roi notre sire prend ses services à
« cause de la duché de Normandie, et peut valoir le dit
« franc fieu par an continuellement 50 livres en toutes
« choses susdites, en grains, deniers, œufs, oiseaux,
« qu'autrement à cause de ladite baronnie, et quand
« celui qui va faire ledit service d'ost, de la ville de
« Saint-Lo, pour aller faire le dit service, le dit M. de
« Coutances est tenu bailler le tiers de 8 livres, lequel
« service d'ost se doit faire et payer en la compagnie du
« seigneur de Pierrefite et du seigneur de Baudre, et en
« doit 34 deniers par journée, et partant le dit Renou et
« ses hommes sont quittes aux foires et marchés des den-
« rées qu'ils vendent et achètent, et qu'eux ont nourri
« par an et par jour, soit bêtes, labour ou autres quelles
« qu'elles soient, et se relève ledit fieu, quand le cas
« s'offre, par payant le quart d'un fieu de haubert, et en
« doit tous et tels autres services, comme a accoutumé
« être fait au manoir dudit évêque, de garde quand le
« cas s'offre. En témoin desquelles choses, j'ai scellé
« ces lettres de mon propre scel, l'an de grâce 1389,
« le 15 janvier, et pour plus grande connaissance y a

[1] Toutes ces paroisses, arr. de Saint-Lo.

« été mis à ma requête les scel des obligations de la
« vicomté de Coutances. » J'ai vu, dans les archives
de la maison de ville de Saint-Lo, que les évêques
de Coutances, qui en étaient seigneurs temporels,
ayant continuellement des différends avec les bourgeois
au sujet des lots et ventes, notre Guillaume de Crèvecœur traita avec eux à forfait par 80 livres de rente
inamortissable, que les bourgeois s'obligèrent de lui
faire annuellement à lui et à ses successeurs pour
ce sujet. Cette transaction fut homologuée à la cour
de l'échiquier, au mois de juin de l'an 1408.

Cette année est la dernière de sa vie. Il mourut au
milieu de sa famille et fut inhumé dans le chœur de
l'église de l'abbaye de Beaupré, ordre de Citeaux, sur
lequel on voit encore cette épitaphe : « Ci gît noble
homme Mre Guillaume de Crèvecœur, jadis évêque de
Coutances, qui trépassa le vendredi 20 avril après
Pâques, l'an 1408. Priez Dieu pour lui. »

Il est représenté sur ce tombeau revêtu de ses habits
pontificaux; il a la tête et les mains de marbre blanc
et tient en chacune de ses mains un écusson : celui qui
est dans sa main droite a en chef deux fleurs de lis et
un lion accroupi en pointe, et est appuyé sur une
crosse; celui qui est en sa main gauche est l'écusson
de la maison de Crèvecœur.

On fait deux obits pour lui en son église cathédrale
aux mois d'avril et d'octobre. Le premier est marqué
dans l'obituaire au dernier article d'avril : « Guillel-
« mus de Crepicordio, Constantiensis episcopus, præ
« manibus. » Au troisième article d'octobre : « Comme-

« moratio Guillelmi de Crevecœur, episcopi Constan-
« tiensis. » Il y a 7 livres de rente pour chacun de
ses obits. Feu M. du Vaudôme qui avait vu le compte
du chapitre pour l'année commençant le 1ᵉʳ août
1661, et finissant le dernier juillet 1662, y avait lu
ces mots : « Dépense pour la commémoration de Guil-
« laume de Crèvecœur, 5 livres 15 sous 4 deniers.
« Avril, pour l'obit de M. Guillaume de Crève-Cœur,
« 7 livres. »

CHAPITRE XI

DE GILLES DES CHAMPS

Ce prélat est le premier des évêques de Coutances élevé à la dignité de cardinal; aussi fut-il en son temps un des plus illustres du royaume pour avoir excellemment travaillé à l'extinction du cruel schisme dont l'Eglise était alors divisée.

Cette dignité et cet emploi ont fait que sa vie a été écrite par divers auteurs, et feront que nous ne rapporterons presque rien ici, que nous n'ayons appris de Frizon [1], d'Aubery [2], du Prévost [3], de MM. de Sainte-Marthe, et des autres qui ont écrit de ce temps-là, nos mémoires étant en défaut à son égard, parce que Gilles des Champs n'a été pour ainsi dire évêque de Coutances que de la main, je veux dire pour recevoir le revenu de l'évêché et non pas pour y faire les fonctions d'évêque. Il était de Rouen, fils de Robert des Champs, seigneur de Tourville, maître et premier capitaine de

---

[1] *Gallia purpurata. Parisiis*, 1638.

[2] *Histoire générale des cardinaux*. 1642.

[3] *Annalium S. Rotomagensis Ecclesie Epitome, etc., ab anno Christi C usque ad annum MDCXXXII opera et studio Joannis Prevotii, Rotomagœi Canonici et Bibliothecarii*. — Bibliothèque nationale, fonds latin, 5194.

Rouen, et de Thomasse de Mandestour à qui Frizon donne pour armes un écu de gueules à trois fasces d'argent accompagnées de trois aigles couronnés d'or. Ce Robert des Champs, au rapport de M. Le Prévost, mourut en 1388 et fut inhumé dans l'église de Saint-Maclou de Rouen en la chapelle de la Trinité. On dit qu'il y en a encore de cette famille descendus de Robert des Champs, frère de notre évêque. Il y en a en effet de ce nom, mais je ne les crois pas de cette maison ; ils ne portent pas les mêmes armes.

Quoi qu'il en soit, nous apprenons des mémoires de M. Le Prévost, que notre Gilles des Champs fut reçu chanoine en l'église cathédrale de Rouen, le 3 juin 1380. Il dit en parlant du seigneur de Tourville : « Duos habuit liberos, Robertum et hunc Ægidium « episcopum, theologum et confessarium regis, qui « receptus est ad præbendam ecclesiæ Rhotomagensis, « quam obtinuerat Petrus Chaumilly, anno 1380, « octavo junii. »

Il fit ses études à Paris et devint un des plus signalés docteurs et professeurs en théologie de cette fameuse université. L'an 1380, il fut fait proviseur du collége de Navarre et eut cette charge jusqu'en 1404, qu'il fut choisi par le roi Charles VI pour être un de ses aumôniers, et son confesseur. Un auteur semble révoquer en doute cette qualité de grand aumônier de France ; voici ce qu'il en dit : « Ægidius des Champs, « cardinalis, theologus Parisiensis, Caroli sexti Franco- « rum regis a confessionibus, magnum Navarræi collegi « moderatorem et principem, Franciæ eleemosina-

« rium voluerunt extitisse nonnulli, sed quo autore
« ipsi videant. »

L'auteur de l'*Histoire des cardinaux*, partie 2°, page 721, parlant de lui, dit qu'il parvint par ses mérites à la charge de grand-maître du collége de Navarre, et l'exerça jusqu'à l'an 1404 ou environ, ce qui serait plus que suffisant quand même nous n'aurions aucun autre témoignage de sa doctrine, pour prouver qu'il a été un des plus célèbres théologiens de son temps et une des principales lumières de l'université de Paris.

Au reste, on ne peut révoquer en doute sa qualité d'aumônier du roi[1]. Nous en avons une preuve incontestable, puisque nous trouvons qu'au retour du concile de Pise dont nous allons parler, Gilles des Champs corrigea certains règlements que Mre Hugue Blanchet, trésorier de la sainte chapelle et aumônier du roi, avait faits en 45 articles pour l'administration de l'hôpital du roi en la ville de Rouen, où est maintenant la maison des pères de l'oratoire de cette ville, ce droit n'appartenant qu'à la charge de grand aumônier.

Quoique le schisme ait été le théâtre où notre Gilles des Champs ait le plus paru, l'histoire en est trop commune pour en dire ici plus que la nécessité ne le requiert. Je dirai donc seulement que, suivant les résolutions du conseil et de l'université de Paris, le roi, en 1395, ayant envoyé à Pierre de la Lune, autrement Benoit XIII, qui siégeait en Avignon, la plus célèbre ambassade qui peut-être ait jamais été au monde, son

---

[1] Mais fut-il son confesseur? V. Launoy, *Histoire du collége de Navarre*.

frère et ses deux oncles étant du nombre des ambassadeurs, notre Gilles des Champs porta la parole, et prenant pour texte ces paroles de Zacharie dans saint Luc : *Illuminare his, qui in tenebris, et in umbra mortis sedent, ad dirigendos pedes nostros in viam pacis*, il prouva très-éloquemment et fortement l'obligation qu'avait ce prétendu pape de fuir ce schisme et rendre la paix à l'Église par l'un des moyens qu'il lui proposait de la part du roi, du conseil et de toute la France [1].

Il [2] harangua une seconde fois sur le même sujet inutilement, et Benoît, qui avait goûté le plaisir de l'autorité, n'était pas d'humeur de quitter ainsi la partie. Il éluda donc adroitement toutes les raisons qu'on put lui alléguer et envoya nos ambassadeurs sans rien faire. On connut manifestement qu'il y avait collusion entre ces deux prétendus papes, Boniface qui était à Rome et Benoist qui était en Avignon, et [que,] quoique extérieurement ils se condamnassent et s'excommuniassent l'un l'autre, ils s'entendaient néanmoins à se conserver ce qu'ils avaient de crédit et d'autorité, sans beaucoup se soucier de terminer cette division, rejetant absolument tous les moyens qu'on leur proposait pour cela.

C'est ce qui obligea encore le roi d'en donner avis à Wenceslas, roi de Bohême et empereur d'Allemagne, afin que, se joignant à lui, ils travaillassent de concert à cette grande affaire ; le conseil regarda notre Gilles des Champs comme la personne la plus propre à cette négociation. Il fut donc envoyé en qualité d'ambassa-

---

[1] *Chronique de Saint-Denys*, II, 254.
[2] *Ibid.* 260.

deur extraordinaire vers ce prince et réussit si bien, qu'il engagea cet empereur de venir trouver le roi à Reims, malgré les intrigues et les oppositions de Boniface, qui craignait les suites de cette entrevue. Il y fut résolu d'envoyer encore une fois le fameux Pierre d'Ailly, évêque de Cambray, à Rome et en Avignon savoir leur dernière résolution sur cette affaire du schisme, et leur protester, de la part des deux monarques, qu'en cas de refus d'accepter l'un ou l'autre des moyens qu'on avait proposés pour l'union de l'Eglise, et à l'acception desquels ils s'étaient obligés par serment, et, en cas de plus longue persévérance en leur obstination, non-seulement on se soustrairait de leur obéissance, [mais] on les contraindrait par la force à faire cette session de la papauté qu'on leur demandait. Soins inutiles.

Cependant l'évêché de Senlis vaqua. Le roi jugea que cette place ne pourrait être occupée mieux que de son aumônier, Gilles des Champs : il la lui procura. Il ne fut point sacré néanmoins, d'autant que Guillaume de Crèvecœur étant mort peu après, il fut choisi pour lui succéder, et sacré le 27 septembre 1408. Mais à peine eut-il le temps de penser à nous; les affaires de l'Eglise universelle l'emportèrent sur celles de son église particulière; il fallut travailler pour l'une au préjudice de l'autre. Voici comment :

Boniface étant mort en 1404, les cardinaux de sa communion lui donnèrent pour successeur un nommé Cosme Meliorati, qui se fit nommer Innocent VII. Ils lui firent promettre par serment de travailler de tout son pouvoir à l'extinction du schisme, et même par la voie de session, si on le jugeait à propos. Etant sacré, il se dispensa de son serment, comme avaient fait les autres. Etant mort au bout de deux ans, Ange Conrario, son successeur, sous le nom de Grégoire XII, viola de même son serment d'une manière si éclatante, que les cardinaux de son parti firent dessein de l'abandonner, ce que firent aussi un assez bon nombre de ceux qui suivaient le parti de Benoît.

Ce que je dis fit naître le concile de Pise. Ces cardinaux assemblés à Livourne, suivant l'avis du roi et de l'université de Paris, l'indiquèrent pour être commencé en cette ville de Pise, le 25e mars 1409. Il se tint et se fit en cette célèbre assemblée, où notre évêque Gilles des Champs parut avec plus d'éclat. Il y assista sous deux titres : premièrement en qualité d'ambassadeur du roi très-chrétien, et en second lieu en qualité d'évêque de Coutances. Aussi le trouvons-nous souscrit sous ces deux titres aux actes de ce concile, donné au public par le père dom Luc d'Achery[1], au premier rang, avec Simon, patriarche d'Alexandrie, administrateur perpétuel de Carcassonne, Pierre, évêque de Meaux et quelques autres ; à l'autre rang, avec les évêques d'Evreux et Lisieux, de cette province, et avec les procureurs de Jean, abbé de Saint-Lo, Guillaume, abbé de Hambie, Michel, abbé de Saint-Sauveur-le-Vicomte, Etienne, abbé de Montebourg, et Jean, abbé de Lessay, de son diocèse.

[1] *Spicilegium*, VI, 345, 353.

Je rapporterai seulement ce que saint Antonin dit de ce concile, d'où l'on pourra connaître que, bien loin de donner la paix à l'Eglise, il en augmenta le trouble. « Tout le monde, dit-il, étant arrivé pour la
« célébration du concile de Pise, on compta à la pre-
« mière assemblée quantité de prélats venus de divers
« royaumes et nations, et y parla-t-on bien au long du
« scandale que causaient ces deux pontifes, entre
« lesquels on voyait beaucoup de collusion et qu'ils
« ne voulaient point du tout entendre à l'union de
« l'Eglise, comme ils l'avaient promis. Il fut résolu
« qu'on leur enverrait des ambassadeurs pour les
« exhorter à venir. Benoît s'en moqua et dit que le
« différend était personnel du droit à la papauté entre
« Grégoire et lui, ce qui ne regardait en rien ces évê-
« ques, lesquels n'étaient pas leurs juges. Grégoire
« répondit que ce n'était pas à ces cardinaux à convo-
« quer le concile, mais à lui seul, en qualité de pontife
« romain; qu'il voulait bien en convoquer et en tenir
« un, non pas à Pise, mais à Forli; que c'était aux
« cardinaux à le suivre et non à lui de suivre les cardi-
« naux, n'étant pas naturel que la tête obéisse aux
« membres, mais que les membres obéissent au chef.
« Le concile de Pise poursuivant son dessein, après les
« citations et les appellations légitimes à leur manière,
« et eux ne comparaissant point et se rendant contu-
« maces, fut prononcée sentence de déposition et de
« privation du pontificat contre Benoît et Grégoire et
« eux déclarés hérétiques et schismatiques, avec défense
« faite à tous chrétiens de les qualifier papes ou leur

« obéir comme pontifes romains, après quoi on pro-
« céda à l'élection d'un autre, et les cardinaux de l'un
« et l'autre parti étant entrés dans le conclave, suivant
« les formes accoutumées, ils élurent Pierre de Candie
« cardinal de Milan, personnage très-bien versé en la
« théologie spéculative, qui fut nommé Alexandre V,
« l'an 1409, et tint la chaire de saint Pierre un an et
« mourut, à ce qu'on dit, empoisonné dans un lave-
« ment. » « Congregatione facta pro concilio Pisis
« tempore statuto, de diversis regnis et nationibus
« advenientes numerati sunt multi prælati, et relatione
« omnibus facta de scandalo, quod inferebant illi duo
« pontifices colludentes ad invicem et nolentes unio-
« nem Ecclesiæ quærere, prout promiserant, decretum
« est ut oratores mitterentur ad utrumque, ut ad
« locum accederent, quorum operam Benedictus diri-
« sit, dicens controversiam forte de jure Papatûs inter
« se et Gregorium, et nihil ad eos spectare de re ipsâ.
« Gregorius vero respondit non ad eos pertinere congre-
« gare concilium, sed ad ipsum, ut pontificem roma-
« num, quod et celebrare volebat non Pisis, sed in
« alio loco, videlicet in Foro Juvii circa Aquileiam,
« ipsosque cardinales 'sequi deberre ad locum, non
« ipse eos, quia non decet a capite membra dis-
« cedere, sed omnia membra caput sequi... Congre-
« gati interea Pisis processerunt incœpta sua. Post
« legitimas enim suo modo citationes, non comparentes
« sed contumaces, contra eos sententiam depositionis
« et privationis protulerunt in Gregorium et Bene-
« dictum, ut hæreticos et schismaticos, prohibentes

« christicolis cunctis ne quem illorum papam nomina-
« rent, aut tanquam romano pontifici obedirent. His per-
« actis, ad electionem alterius processerunt, unde con-
« clave ingressi cardinales utriusque partis, more
« consueto, pertractantes rem ipsam, elegerunt in præsu-
« lem summum Petrum de Candis, cardinalem Mediola-
« num, ordinis Minorum, virum utique valde peritum
« in theologia speculativa. Hunc nominarunt Alexan-
« drum quintum, anno Domini 1409. Qui anno uno
« sedem Petri tenuit,... tandem migravit a seculo, ut
« dicitur, toxicatus in clysterio [1]. »

Cette mort fut dans la suite avantageuse à notre prélat. On donna pour successeur à cet Alexandre V le fameux Balthazar Cossa, sous le nom de Jean XXIII; car ce pape prétendu qui, dit-on, s'était élu lui-même, ou tout au moins avait extorqué les suffrages des électeurs, voulant se faire des créatures qui le soutinssent contre les compétiteurs, Grégoire et Benoît choisirent douze ou quatorze personnes d'un mérite distingué, qu'ils créèrent cardinaux, et notre évêque Gilles des Champs fut du nombre, sans aucun autre titre que celui de cardinal de Coutances.

Auparavant qu'il fût élevé à cette dignité, nous trouvons qu'il a exercé un acte de juridiction d'évêque de Coutances au prieuré de Saint-Lo de Rouen. Le dix-septième prieur de ce lieu, — ce fut Guillaume Couvette, — dont nous avons parlé, étant mort, les religieux assemblés en chapitre lui donnèrent pour suc-

[1] *Divi Antononi Archiepiscopi Florentini et Doctoris S. Theologiæ præstantissimi chronicum opus.* Ed. de Lyon, 1587.

cesseur Guillaume du Bourg, l'acte de l'élection duquel ayant été présenté, selon le droit et la coutume, à notre évêque Gilles des Champs, il l'approuva et le confirma comme légitime. Mais le prétendu pape Jean XXIII en ayant nommé un autre par droit de réservation, il y eut procès entre ce du Bourg et lui, et comme cependant on ne recevait point de religieux et que le service se trouvait diminué, on eut recours à l'autorité de l'évêque de Coutances, comme au supérieur naturel et immédiat, pour y être pourvu. Il y donna ordre de la manière qu'on pourra voir par l'acte qui en fut dressé et que voici en français : « Gilles, par la grâce
« de Dieu évêque de Coutances, à religieuse personne
« le supérieur du prieuré de Saint-Lo de Rouen, de
« l'ordre de Saint-Augustin, régi ordinairement par un
« prieur et dépendant au spirituel de notre église de
« Coutances, salut en Notre-Seigneur. Comme ainsi soit
« que pour chanter le service divin en ce prieuré, tant
« de nuit que de jour, il n'y a pas présentement un
« nombre suffisant de religieux et il n'y a pas non
« plus aujourd'hui de prieur ou d'administrateur pai-
« sible pour y pourvoir, nous voulant et étant de
« notre devoir d'obvier au scandale et aux autres incon-
« vénients, et souhaitant de continuer et augmenter, si
« faire se peut, le culte de Dieu, ayant aussi toute con-
« fiance en vous comme personne sage et suffisante,
« nous vous commettons, mandons et donnons pouvoir
« d'assembler au lieu et en la manière accoutumée le
« chapitre et, suivant la résolution qui y sera prise, de
« [la] plus grande, au moins de la meilleure et plus saine

« partie, vous ferez élection de deux personnes propres
« et capables pour être élevées à la vie et la discipline
« religieuse de ce prieuré, lesquelles vous recevrez du
« moins pour l'an de probation et auxquelles seront
« fournies les choses nécessaires qu'on a de coutume
« de fournir aux novices, et [pourrez] en outre les
« reprendre, punir et corriger, selon la manière an-
« cienne des religieux de ce prieuré, jusqu'à ce qu'ils
« aient un prieur, faisant exprès commandement auxdits
« religieux, nos sujets, par ces présentes, qu'ils aient à
« obéir en tout ce que dessus et en tout ce qui en
« dépend, faute de quoi, nous procéderons contre les
« rebelles et désobéissants selon toute la rigueur du
« droit. Donné à Paris, sous notre scel, le 12 août 1412.
« Signé Jahurs. »

Jean XXIII décida en faveur de Guillaume du Bourg
contre le pourvoi en cour de Rome. J'ai copie de sa
bulle ; elle est datée du 6° mai, l'an 3° de son pontificat, qui était de J.-C. 1412. J'en fais ici mention parce
que ses prédécesseurs reconnurent la dépendance de
ce prieuré de l'église de Coutances, et ce par trois fois
dans ce seul acte.

« Johannes episcopus, servus servorum Dei, dilecto
« filio Guillelmo de Bourg, priori prioratus sancti
« Laudi Rhotomagensis ordinis Sancti Augustini,
« Contantiensis Diœcesis, salutem et benedictionem
« apostolicam. » Au surplus, Gilles des Champs,
notre évêque, et cardinal de l'église de Rome, jouit
peu de cette éminente dignité. Il avait été créé
cardinal le 6° jour de juin 1411, il mourut le

5° mars 1313. Il fut inhumé dans l'église cathédrale de Rouen, en la chapelle qui est derrière le grand autel du côté droit. On y éleva un magnifique tombeau de marbre sur lequel était son effigie aussi de marbre, auprès de laquelle on avait fait graver cette épitaphe :

« In hac sepultura jacet bonæ memoriæ quondam, « eminentissimæ scientiæ nobilis vir, magister Ægidius « de Campis de Rotomago oriundus, sacræ Theologiæ « eximius professor, Episcopus Constantiensis ac sacro- « sanctæ Romanæ Ecclesiæ Presbyter Cardinalis Cons- « tantiensis nuncupatus, qui obiit anno Domini 1413, « die 5ª Martii[1]. »

Cette épitaphe et celle de deux neveux, que rapporte M. Le Prévost en son manuscrit, ne se trouvent plus que dans les écrits et les mémoires des curieux. Les infidèles, en 1562, détruisirent le tombeau, la statue et l'épitaphe ; ils n'ont pu détruire sa mémoire : « Hac « die », porte le nécrologe de cette métropolitaine au 5ᵉ de mars, « obitus ad majus altare reverendi in « Christo patris Ægidii de Campis de Rhotomago « oriundi, sacræ paginæ eximii professoris, episcopi « Constantiensis et prononciati per dominum nostrum « Joannem XXIII S. S. Ecclesiæ cardinalis. »

Il est remarquable, dit M. Le Prevost, que quoiqu'il y ait une très-grande quantité d'obits fondés en cette église pour des évêques et autres grands, celui de Gilles des Champs est le seul auquel le chanoine,

---

[1] Le manuscrit de Le Prévost porte 15.

après avoir célébré la messe, soit en obligation d'aller, accompagné des ministres qui l'ont servi à l'autel, au tombeau de ce cardinal, réciter le psaume *De profundis* avec les versets et oraisons convenables pour les défunts et l'asperger d'eau bénite : « Illud porrò
« observatione dignum hac ipsa die quot annis ex sin-
« gulari instituto Canonicum Sacerdotem, unà cum
« altaris ministris, peracto piaculari sacro, in majori
« Altari ad dictum Tumulum accedere, recitatoque
« Psalmo *De profundis*, cum Versiculis et Orationibus,
« locum Aspergillo lustrare, qui ritus antea in nullo
« alio loco, tot Antistitum, Regum, magnatum ve
« anniversario servabatur ; sed postea per totam Gal-
« liam invaluit[1]. » Ce sont ces paroles qui ont fait penser à feu M. Morel et a plusieurs autres, que cette coutume de répandre de l'eau bénite sur les tombeaux des défunts est amenée de ce cardinal.

[1] Morel, page 39.

CHAPITRE XII

DE JEAN DE MARLE

Ce prélat était fils de Henri de Marle, seigneur de Versigny, premier président au parlement de Paris et par après chancelier de France. Les armes de cette famille étaient un écu d'argent à une bande de sable chargée de trois molettes aussi d'argent, et le véritable surnom, selon que le rapporte M. de la Roque, était le Corgne, lequel surnom ce chancelier changea de son autorité privée en celui de Marle. MM. de Sainte-Marthe appellent sa mère Mathilde le Barbier ; il y a encore une famille de ce nom, qui porte d'azur au cygne d'argent. On dit que la famille de Marle subsiste encore en les descendants d'Arnoul de Marle, frère puîné de notre Jean, et que l'intendant d'Alençon qui fit la recherche en 1666, était de cette maison. Cet Arnoul de Marle était un des quatre présidents à mortier du parlement de Paris et même des requêtes.

J'ai appris de M. le marquis de Refuge, qu'une branche de la postérité de cet Arnoul subsiste noblement auprès de Laon et sont seigneurs de Coucy-sur-

Eppe[1], et que l'autre branche, qui possédait la terre de Versigny en Brie, passa en celle de Thou par le mariage de Claude de Marle avec Augustin de Thou qu'elle rendit père de plusieurs enfants, et, convolant en secondes noces, épousa un seigneur du nom d'Hector, qui, changeant ce nom d'Hector, prit celui de Marle, et que cet intendant d'Alençon dont nous venons de parler était de cette famille.

La première dignité ecclésiastique de Jean de Marle fut d'être notaire apostolique, parce qu'ayant été destiné pour l'Église, c'était le premier degré et le plus sûr chemin qu'on prît alors pour parvenir à l'épiscopat. Le rang que tenait son père à la cour lui procura cet honneur; ainsi le dernier jour d'août de l'an 1414 est marqué en nos fêtes, s'il est permis de parler ainsi, pour être celui auquel il fut sacré notre évêque, et l'auteur de l'histoire de l'église cathédrale de Rouen, parlant d'un certain droit que les chanoines de cette église prétendaient sur les nouveaux évêques de la province qu'on appelle le *pât*, dit que, l'an 1415, il y eut un gros différend et même quelques procédures par des chanoines contre notre évêque, qui leur refusait ce droit prétendu, qui était d'une somme de cent écus, et qui provenait de ce que les évêques ayant presque tous été sacrés à Rouen par leur métropolitain jusqu'alors, et les chanoines étant en obligation d'assister leur archevêque en cette cérémonie, le nouveau sacré leur donnait à dîner, et comme repas était embarras-

---

[1] Coucy-les-Aippe, arr. de Laon.

sant pour mille raisons, on était convenu qu'au lieu de ce repas on donnerait à la commune du chapitre une somme de cent écus, et c'est ce que notre nouvel évêque regardait comme abusif et ne voulait pas s'y soumettre, ce que néanmoins il fallut faire.

Jean de Marle ne fut notre évêque que quatre ans, pendant lesquels il arriva trois ou quatre révolutions très-remarquables. La première fut l'extinction de ce long et cruel schisme dont nous avons parlé tant de fois, arrivée au concile de Constance par la déposition de trois prétendants, et l'élection de Martin que toute la chrétienneté reconnut. Je compterai pour la seconde la continuation des malheurs de la France, par la descente des Anglais au chef de Caux, le 14 août 1415, la prise de Honfleur et la malheureuse journée d'Azincour, le 25 octobre suivant, en laquelle la fleur de la noblesse française périt. Pour troisième, la descente des Anglais à Touque au mois d'août de l'an 1417, lesquels ne trouvant dans la province aucune résistance, s'en rendirent les maîtres et en très-peu de temps. Et enfin la dernière est celle où le père de notre évêque, [et notre évêque] avec lui, périrent malheureusement par la cruelle faction du duc de Bourgogne et des bouchers de Paris, ses partisans.

Le complot fait, disent nos historiens, avec le seigneur de l'Isle-Adam, gouverneur de Pontoise pour le Bourguignon, Perrinet Le Clerc, vendeur de fer, le fit entrer la nuit du 28 mai 1418, lui et environ 800 hommes de cheval armés, lesquels, marchant à enseignes déployées, se trouvèrent accompagnés d'une très-grande quantité de peuples et particulièrement des bouchers qui, dit M. Mezeray, se répandant par toute la ville, se jetèrent dans les maisons des Armagnacs, car c'est ainsi qu'on appelait les partisans du Dauphin et du duc d'Orléans, fouillant, pillant et emportant tout ce qu'ils pouvaient trouver, saisissant avec empressement des personnes dont les moins malheureuses furent enfermées en des prisons particulières pour en tirer rançon. Le chancelier fut pris ce jour-là et enfermé au palais. Le lendemain le connétable y fut traîné ; il s'était caché chez un maçon et la crainte obligea son hôte à le déclarer. Ceux qui avaient été bannis par les Armagnacs, revenus aussitôt de divers endroits, excitèrent la plus cruelle sédition dont on ait entendu parler. Ils commencèrent par le palais, le 12° juin suivant, dont ils tirèrent le connétable et le chancelier, les tuèrent et exposèrent leurs corps sur la table de marbre. De là, ils furent aux autres prisons, massacrèrent dans le petit Châtelet les évêques de Senlis et de Coutances, et firent sauter les autres du haut des tours, les recevant sur la pointe de leurs épées et des javelots. Il n'y eut endroit dans la ville qui ne fut ensanglanté par leur fureur ; il fut tué près de 2,000 hommes, d'autres disent plus de 3,000, dont les corps étaient traînés dans les champs, renversés sur le dos [avec la peau enlevée] en forme de bande ou de chape.

Ce fut ainsi que mourut misérablement notre prélat, lequel préférant les embarras et les intrigues de la cour aux devoirs qui l'attachaient à son diocèse, en fut la victime et y trouva la mort dans tout ce qu'elle a de plus affreux. On fait mémoire de lui dans son église cathédrale, le 12° juin, qui est le jour auquel il fut massacré, par un service solennel qu'il n'est pas permis de transférer à moins qu'il n'arrive un dimanche, auquel service se fait une distribution de cent sous. Voici les termes de l'obituaire, à l'article 16° du mois de juin : « Joannes de Marle, quondam episcopus « Constantiensis, præ manibus. Non moveatur nisi domi- « nica fuerit. » Et dans le compte que nous avons déjà parlé de 1661, à l'article de la dépense du mois de juin, nous lisons ces mots : « Pour l'obit de M. Jean de Marle, cent sous ».

Nous trouvons au livre qui a pour titre : *Preuves des libertés de l'Église gallicane*, volume II°, chapitre IV°, page 172, que le vendredi 25° février 1417, notre évêque Jean de Marle assista au conseil du roi tenu à la chambre du parlement, contre ceux qui appelaient à la cour de Rome des ordonnances de sa majesté, où il fut conclu que contre tels transgresseurs, appelants et contradicteurs à icelles ordonnances royales, on devait procéder et les punir comme criminels de lèse-majesté.

Nous avons remarqué ailleurs, que les armes de notre évêque sont peintes à la vitre de la chapelle de Saint-André, en la cathédrale.

PANDOLPHE MALATESTA

Rimini de la Romagne, province de l'Église, sur le bord du golfe de Venise, est fameuse pour le concile tenu l'an 359, dont le commencement fut si beau et la fin si malheureuse; mais il ne l'est guère moins par le nom et la famille de notre Pandolphe, cette illustre famille y ayant régné presque souverainement près de 300 ans.

La mémoire de Charles Malatesta, père de notre Pandolphe, et surtout sa générosité envers Grégoire XII, pape, pendant le schisme, dureront autant qu'il y aura des personnes qui liront les actes des conciles de Pise et de Constance, et l'histoire de ces malheureux temps.

Jean XXIII ayant publié une croisade contre Ladislas, roi de Naples, ce prince, qui en appréhendait la suite, fit la paix avec Jean. La première et principale condition de cette paix fut qu'il abandonnerait Grégoire, et ce pontife devenu la victime de toute l'ambition de ces deux princes, trouva un fidèle ami et un assuré refuge en Charles Malatesta. Lorsqu'au concile de Constance, il s'agit de donner la paix à l'Église par la déposition de Jean, Charles Malatesta fut choisi par Grégoire pour cette grande action. Il entra à Constance en qualité de plénipotentiaire et légat de ce pontife, le 15° juin 1415; il y fut reçu avec toute la magnificence possible. Il était porteur d'un pouvoir absolu de Grégoire de renoncer pour lui à la papauté, si l'empereur Sigismond et lui Charles le jugeaient à propos pour le bien et la paix de l'Église.

Cette action mémorable se fit en la 14° session de ce concile, tenu le 14° juillet de cette même année. On me permettra de dire le peu qui suit. Comme jusqu'alors Grégoire n'avait pas reconnu l'assemblée de Constance pour concile œcuménique et légitime, l'empereur Sigismond, revêtu de ses habits et ornements impériaux, occupa la première place sur une espèce de trône placé contre l'autel, ayant à ses côtés le cardinal de Raguse et notre Charles Malatesta, assis sur des bancs, le visage tourné vers les Pères.

On fit faire la lecture du pouvoir donné à Charles par Grégoire, d'approuver ou de convoquer de nouveau le concile de Constance. Charles céda ce pouvoir au cardinal de Raguse, lequel ayant aussitôt fait, au nom de Grégoire, cette approbation ou convocation nouvelle, l'empereur reprit sa place ordinaire. Jean d'Ostie, comme le plus ancien cardinal, prit celle que lui donnait son rang ordinaire, et enfin notre Charles Malatesta, après qu'on eut fait la lecture du pouvoir spécial qu'il en avait, fit cette célèbre session dont tous les actes sont insérés dans le recueil de ce grand concile. Mais si ces actes éternisent le nom et la mémoire de Charles Malateste, il y en a dans la suite qui nous font connaître quelque chose de mérite de notre Pandolphe. Il était alors chanoine et archidiacre de l'église de Boulogne, en Italie, et il assistait au concile en qualité de député de son chapitre, lors donc qu'en la session 40, tenue le samedi 30 octobre 1417, il fut résolu du consentement des cardinaux que, pour l'élection d'un nouveau pape, il entrerait avec eux dans le conclave un certain nombre d'ecclésiastiques ayant dignité de toutes les nations. Il n'y avait que 20 cardinaux ; 30 députés du concile entrèrent avec eux, dont il y avait 1 patriarche, 5 archevêques, 12 évêques et 12 abbés ou ayant dignité dans l'église, et c'est en ce nombre que nous trouvons, le 22°, Pandolphe Malatesta, archidiacre de Boulogne, député par la nation italienne.

Ce concile finit et le pape Martin V, qui y avait été élu, retiré à Rome, apprenant la mort tragique de Jean de Marle, notre évêque, jugea à propos de lui donner pour successeur, par droit de réservation ou grâce expectative, cet archidiacre de Boulogne qui avait tant contribué à son élévation.

Pandolphe, sacré en Italie évêque de Coutances, en vint prendre possession peu de temps après ; mais il n'en eut pas trop de satisfaction. Le roi d'Angleterre avait les rentes du Cotentin, comme parlent nos historiens, mais il n'avait pas le cœur des Cotentinois. Ils le regardaient comme un tyran et un usurpateur, auquel ils obéissaient seulement par crainte et parce qu'ils ne pouvaient faire autrement. C'est pourquoi Pandolphe, qui était étranger et qui n'avait pas la même affection qu'eux à la couronne de France, n'ayant fait aucune difficulté de prêter à ce roi anglais le serment de fidélité de son temporel, l'an 1421, en la ville de Pontoise, comme le marquent MM. de Sainte-Marthe, ses diocésains et particulièrement les nobles dont la plupart, comme nous avons dit ailleurs, avaient mieux aimé abandonner tout que de lui obéir, ne l'approuvèrent pas et le regardèrent de très-mauvais œil, d'autant plus qu'ils voyaient Louis d'Harcourt, archevêque de Rouen, avoir aimé mieux perdre le revenu de son archevêché, saisi en régale par ce roi étranger, que de s'y soumettre et lui faire un pareil serment.

Et comme le chapitre de Coutances, par acte passé par devant un nommé Richard Colomb environ en ce temps-là, le rendit à ce même roi par dénombrement des fiefs, fermes et revenus dont il était en possession, on se persuada qu'il y avait pour le moins consenti. On eut pour Pandolphe si peu de considération, qu'il fut obligé de se retirer sans plus revenir en notre pays, ainsi que nous l'apprenons de l'apologie de Thomas Bazin, évêque de Lisieux, cité par les mêmes MM. de Sainte-Marthe, de laquelle nous rapporterons bientôt les propres termes.

J'ai néanmoins un acte, exercé le 19° mai 1492, entre l'évêque de Coutances, qui siégeait alors, et l'abbé de Blanchelande, touchant le patronage de Saint-Denis-le-Vêtu[1], dans lequel il est référé qu'un nommé Henri Alez, en 1423, et un autre appelé Richard Varre, en 1425, furent pourvus de plein droit à cette cure par l'évêque, ce qui serait un témoignage de la présence de Pandolphe en son diocèse, à moins qu'on n'entende

[1] Arr. de Coutances.

avoir été fait par lui ce qui aurait été exécuté par les grands vicaires. Quoi qu'il en soit, nous n'avons aucun mémoire de qui nous puisions les autres particularités de son sort; nous savons seulement qu'il cessa d'être notre évêque vers la fin de 1426, soit par cession ou par mort, à quoi nous ajoutons que les armes de sa famille étaient une bande d'or et d'azur échiqueté d'or et de gueules, et peut-être ne sera-t-on pas fâché de voir ici ce qui suit.

Sigismond Malatesta, neveu de notre évêque, est célèbre dans l'histoire d'Italie pour avoir eu presque toutes les bonnes et mauvaises qualités qu'on peut souhaiter à un prince. On dit qu'il perdit les premières par la vertu et la force des foudres d'excommunication que lança contre lui le pape Pie II. Son fils, Robert Malatesta, n'est pas moins renommé par les grands et signalés services qu'il rendit à l'Eglise. Ils furent tels, qu'ils méritèrent qu'on lui dressa une statue équestre dans l'église Saint-Pierre. Cette famille enfin fut chassée de Rimini par le pape Clément, et il en bannit Pandolphe, qu'on dit être mort pauvre à Ferrare. J'ai appris néanmoins de M. le marquis de Refuge, qu'étant à Rimini, en 1664, il eut la curiosité de s'en informer. Il trouva qu'il y en a encore un de ce nom et de cette maison, mais si pauvre et si misérable qu'il est obligé de mendier son pain, et qu'il y en a encore un autre, qui est noble Vénitien, mais d'une branche bâtarde. En ce temps épiscopal de notre Pandolphe, Michel de la Hougue était abbé de Saint-Sauveur-le-Vicomte, et comme Denis Loquet son prédécesseur n'avait obtenu ses bulles qu'en payant pour Thomas le Bigard à qui il avait succédé, lequel Bigard avait été quatorze ans suspens *a divinis* faute de paiement, ce de la Hougue présenta requête à ce qu'information fût faite de l'état et pauvreté de l'abbaye et de la diminution et perte de ses revenus causées par les guerres, de quoi commission ayant été adressée à l'official de Valognes, il s'en acquitta dignement, ainsi qu'il paraît par l'acte qu'il en dressa, daté de l'année 1422, dans lequel on voit assez au long les infortunes arrivées à ces monastères, en conférant le peu de bien qui lui restait avec les grands revenus que ses premiers fondateurs lui avaient donnés [1].

[1] Voir dans l'*Histoire du château et des sires de Saint-Sauveur-le-Vicomte*, par M. Léopold Delisle, les notes de M. de Gerville sur l'enquête qui fut faite pour constater les pertes essuyées par l'abbaye de Saint-Sauveur, lors du siége du château (page 340).

CHAPITRE XIII

DE PHILIBERT DE MONTJEU

Il paraît par ce qui nous reste du monument de ce prélat que c'était un des plus grands hommes et des plus excellents évêques de son siècle. Il était du diocèse d'Autun, d'une famille très-noble, dont les armes sont d'or, semé de billettes de sable, au lion de même, laquelle subsiste encore et tire son nom d'un lieu fameux auprès d'Autun, où autrefois il y avait un temple célèbre du dieu Jupiter, et appelé pour ce sujet Mons Jovis, d'où ce lieu est demeuré le nom de Monjeu, ainsi que le rapportent nos géographes.

Il nous fut donné par la recommandation du duc de Bourgogne et la faveur du duc de Bedfort, qui se disait régent de France pour son neveu Henri VI, roi d'Angleterre et qui se disait roi de France, encore en bas âge.

Il fut sacré à Rouen, au commencement de l'an 1427, et vint aussitôt prendre possession. Il s'appliqua aux devoirs de sa charge et à pacifier autant qu'il fut possible les différends de ses diocésains. Il y en avait alors un considérable entre les bourgeois de la ville épisco-

pale et les religieux de l'Hôtel-Dieu; mais reconnaissant les uns et les autres la capacité et la prudence de leur évêque, par acte passé devant les tabellions de Coutances, le 26° novembre 1427, ils le choisirent pour arbitre et compromirent sur lui. Le temps de cette compromission s'étant expiré avant qu'il eût pu donner jugement, par autre acte du 2° juin 1328, devant les mêmes tabellions, elle fut prolongée, et enfin la sentence rendue le 24° décembre suivant. Sur dix-neuf demandes que faisaient lesdits habitants, à l'égard de la septième, par laquelle les demandeurs prétendaient que les défendeurs seraient obligés d'établir trois prêtres en l'église de Saint-Pierre pour y faire le service divin, et de la dix-septième, par laquelle les mêmes demandeurs soutenaient que lesdits défendeurs devaient faire célébrer trois messes le jour de Pâques et députer trois prêtres ledit jour en ladite église pour entendre les confessions, « nous ordonnons, [dit la sentence,]
« que les défendeurs seront en obligation de faire des-
« servir, comme on a accoutumé de faire dans les
« autres églises paroissiales du diocèse, que le curé fera
« le jour de Pâques au matin dire une messe chantée
« ou non, ensuite, la grande messe, laquelle sera chan-
« tée et y aura diacre et sous-diacre; seront en outre les
« défendeurs tenus de payer des prêtres pour confesser
« et administrer le saint-sacrement de l'Eucharistie audit
« temps de Pâques : Super 7° articulo, quo dicti actores
« prætenderant per ipsos defensores tres presbiteros
« aut vicarios in ipsa ecclesia Sancti Petri pro divino
« officio ordinandos, et super 17° quo actores asserebant

« defensores teneri facere celebrare tres missas in die
« paschali, et deputare tres presbiteros ipsa die in dicta
« ecclesia pro prædictis missis celebrandis et confessio-
« nibus audiendis, ordinamus, quod ipsi defensores
« tenebuntur facere desservire, sicut solitum est in aliis
« ecclesiis parochialibus, quod de mane rector ecclesiæ
« unam missam cum nota vel sine nota tenebitur facere
« celebrare, majoremque cum diacono, nota et subdia-
« cano, sacerdotes et deputare confessionibus audien-
« dis et sacramento Eucharistiæ celebrando. »

En ce temps-là, les Anglais étaient nos maîtres et leurs rois disposaient de nos pères comme il leur plaisait. Ils avaient disposé de Briquebec en faveur de Guillaume de la Pôle, comte de Suffolk[1], après l'avoir confisqué sur d'Estouteville, lequel était demeuré fidèle au roi de France et était pendant la persécution des Anglais au Mont-Saint-Michel, à qui cette terre et plusieurs autres grandes seigneuries étaient échues par son mariage avec Jeanne Painel, le 8 avril 1415. Un des seigneurs du roi du nom de Bertrand, à qui la terre de Briquebec avait appartenu de tous temps et duquel elle était passée en la maison de Painel par le mariage de Jeanne Bertrand avec Guillaume Painel, ce seigneur, dis-je, nommé Robert Bertrand, avait donné à l'abbaye de Cherbourg cinquante sous de rente, et cette année dont nous parlons, 1427, le comte de Suffolk ratifia cette donation de la manière qui suit :
« Guillaume de la Pôle, comte de Suffolk et de Dreux,

---

[1] Voir l'acte de donation dans la *Recherche sur les anciens châteaux du département de la Manche*, par M. de Gerville, 1er mémoire, page 77.

« seigneur de Hambie et de Briquebec et de Craon,
« savoir faisons à tous, présents et à venir, que pour
« l'honneur de Notre-Seigneur J.-C. et de sa très-sainte
« et béate mère, pour l'augmentation et continuation
« du service divin et afin que religieuses personnes et
« nos très et bien considérés les religieux abbé et cou-
« vent de Notre-Dame-du-Vœu près Cherbourg, soient
« plus tenus de prier Dieu pour nous, nos prédécesseurs
« et successeurs, nous avons loué, agréé et confirmé,
« et par ces présentes, louons, agréons, confirmons et
« approuvons le don à eux fait par le feu sire Robert
« Bertrand, en son vivant chevalier et seigneur dudit
« lieu de Briquebec, de la somme de 50 sous tournois
« de rente, comme par ces lettres peut apparoir des-
« quelles la teneur en suit : Sachent tous, présents et
« à venir, que nous, Robert Bertrand, chevalier, sire
« de Briquebec, maréchal de France, en l'honneur de
« Dieu et la sainte mère glorieuse vierge Marie, et pour
« le salut des ancêtres de nous et de notre chère
« compagne, Marie de Sully, dame du lieu, et de nos
« enfants et successeurs, avons donné en pure et per-
« pétuelle aumône aux abbé et religieux de Notre-
« Dame-du-Vœu près Cherbourg, 50 francs tournois
« de rente. Donné à Briquebec, le 26 juillet 1329. »
Et au repli de la ratification du comte de Suffolk est
écrit : « Donné en notre Châtelet de Briquebec, le
19 mars 1427. »

L'an 1428, le 6° décembre, fut terminé un autre différend entre Philibert de Montjeu, notre évêque, d'une
part, et les habitants, trésoriers et marguilliers de la

ville et église Notre-Dame de Saint-Lo, d'autre. Nous avons, en parlant de cette ville, rapporté les causes de ce différend ; il serait inutile de les redire ici.

Ce fut en ce temps-là que l'orgueil des Anglais étant monté en son dernier degré, il plut à Dieu de l'abattre par le moyen du monde le plus surprenant et par ce même moyen relever le cœur des Français qui était tout à fait abbattu : on entend assez que je veux parler du bâtard d'Orléans et de cette pauvre fille qu'on appelle communément la pucelle d'Orléans. L'histoire de cette généreuse fille, à qui nos pères eurent tant d'obligations, est connue ; je la rapporterais en vain. J'en fais donc mention ici, par ce qu'il a plu à Pasquier mettre l'évêque de Coutances du nombre de ces malheureux juges qui osèrent la condamner. Il se trompe. Il dit qu'elle fut jugée le 30ᵉ jour de mai 1431 et brûlée le 3ᵉ septembre suivant, et certainement Philibert, notre évêque, était alors à Bâle au concile général, auquel notre évêque eut tant de part, que ne pouvons nous dispenser d'en parler.

Les Pères du concile de Constance, en la session 29ᵉ, avaient ordonné qu'on en célébrerait un autre cinq ans après. Le pape Martin, en conséquence de ce statut, désigna Pavie pour le lieu où il devait se tenir. Comme on commençait de s'y assembler, la peste qui survint obligea les Pères de s'en tirer, et le pape le transféra à Vienne. On y commença quelque session ; mais le bruit se répandant qu'on y songeait à réformer la cour de Rome tant en son chef qu'en ses membres, le pontife prorogea le concile et choisit la ville de Bâle pour ce sujet. Le temps marqué par ce concile étant venu, Philibert, notre évêque, fut un des premiers à s'y rendre, et je peux dire par avance que ce qu'il y fit est peut-être ce qu'il y a de plus grand et de plus digne de considération en ce fameux concile. Je veux croire que l'obéissance que doivent toutes les personnes de son rang à l'Église en ces sortes d'occasions, fut le plus puissant motif qui l'y conduisit ; les mêmes raisons néanmoins qui avaient arraché Pandolphe, son prédécesseur, à son diocèse, furent un très-grand engagement à Philibert d'entreprendre le voyage avec moins de répugnance. Tout était en trouble [dans le diocèse] : on y souffrait les Anglais et les partisans, parce qu'on ne pouvait faire autrement, mais on ne trouvait point l'occasion de les chagriner qu'on ne l'embrassât, comme eux, en revanche, agissaient le plus souvent en tyrans, factions, ligues, guerres, pilleries continuelles, pour lesquelles éviter Philibert embrassa aisément le parti du concile, sans songer depuis à revoir diocèse. C'est ce que nous apprenons de l'apologie de Thomas Basin, 35ᵉ évêque de Lisieux, dont nous avons déjà parlé. Ce prélat, du temps des guerres civiles arrivées au commencement du règne de Louis XI, fut soupçonné d'avoir favorisé le parti des opprimés contre le roi et banni du royaume. Etant à Utrecht, il composa pour se justifier cette apologie dont nous parlons, en laquelle après avoir exposé les malheurs que causaient ces sortes de factions et ces troubles, il en donne ces exemples où notre évêque a tant de part : « Pour éviter, dit-il, ces

« fâcheuses inquiétudes et ces troubles, nous avons
« vu de nos jours les vénérables Pères Hugue, arche-
« vêque de Rouen, Martial, évêque d'Evreux, Philibert
« de Coutances, et son prédécesseur Malatesta, aban-
« donner leurs églises et rechercher toutes occasions
« de prétexte pour demeurer éloignés de leurs dio-
« cèses, ainsi que firent les trois premiers que j'ai
« nommés d'aller et rester à Bâle, lors de la célébra-
« tion du concile tenu en cette ville, où ils étaient allés
« et d'où ils ne sont point retournés en leurs églises,
« ayant fini leurs jours ou à Bâle ou en des lieux cir-
« convoisins : Unde, propter hujuscemodi effugiendas
« molestissimas curas et perturbationes, vidimus ætate
« nostra venerabiles patres Hugonem, archiepiscopum
« Rothomagensem, Martialem Ebroicensem, Philiber-
« tum Constantiensem, et item suum antecessorem de
« Malatestis, Italum, aliosque quamplures prælatos
« ejusdem provinciæ suas ecclesias reliquisse et, quæ-
« sitis quibusque occasionibus, alibi extra pro-
« vinciam suas residentias in remotis elegisse : que-
« madmodum tres prius nominati Basileam, dum ibi
« concilium generale celebrari inchoasset, se contule-
« runt, nec ad suas ecclesias postmodum reversi,
« inibi aut adjacentibus terris dies suos finierunt[1].

L'ouverture de ce concile ayant été faite le 7° décembre 1431, par le cardinal Julien et les autres légats d'Eugène IV°, le mérite de notre prélat fut aussitôt connu et la première session ayant été arrêtée

---

[1] J. Quicherat, *Société de l'Histoire de France*, III, 375.

pour le 14ᵉ jour du même mois, ce fut le révérend père en J.-C., le seigneur Philibert, par la grâce de Dieu et du siége apostolique, évêque de Coutances, qui célébra la messe du Saint-Esprit : « Per reveren- « dum in Christo patrem dominum Philibertum, Dei « et apostolicæ sedis gratia episcopum Constantiensem, « provinciæ Rothomagensis[1]. »

Ce fut aussi lui, lequel, après les litanies et les prières accoutumées, et après la petite exhortation que le président, le cardinal Julien fit aux pères, monté en chaire, *eminentem thalamum*, lut en public le décret du concile de Constance touchant la célébration des conciles généraux, l'acte du concile de Vienne sur le choix de la ville de Bâle, l'approbation de ce choix faite par les papes Martin V et Eugène IV, avec l'élection de la personne [de] Julien pour y présider. Il lut encore ce qui avait été résolu jusqu'alors dans les diverses congrégations tenues depuis le 19ᵉ juillet de cette même année 1431, avec les raisons principales du concile, savoir : l'extirpation de l'hérésie, la paix des princes et la réformation des mœurs. Il lut encore le décret du concile de Tolède touchant l'ordre et la manière qu'on devait observer aux sessions avec quelques autres décrets de la vie, mœurs et conversation des particuliers de ce concile, de leurs libertés, priviléges, biens, bénéfices, rang, personnes et officiers, etc., à la fin de quoi ledit seigneur évêque de Coutances, d'un même ton et voix

---

[1] *Acta conciliorum*, VIII, 1106.

haute c'est-à-dire et intelligible, interrogea et demanda si toutes et chacune des choses qu'il venait de lire plaisaient au saint concile, à quoi fut répondu par le président et ensuite par tous les autres, d'un commun accord, qu'elles leur plaisaient. « Lectis siquidem
« decretis, bulla et instrumento præinsertis, memo-
« ratus dominus episcopus Constantiensis consimili
« voce, alta videlicet et intelligibili, interrogans, scisci-
« tatus est an omnia et singula per eum sic lecta ipsi
« sacre synodo placerent[1]. »

Ce n'est pas mon dessein de faire ici un détail de ce qui se passa en ce concile. Comme néanmoins Philibert notre évêque y eut très-grande part, je ne peux me dispenser de remarquer quelque chose de ce qui le regarde.

Nous dirons que les Pères de Bâle, suivant les traces du concile de Constance, déterminèrent que le concile universel a sa puissance immédiatement de Dieu et est au-dessus du pape en ce qui regarde la foi, l'extirpation du schisme, et la réformation de l'Église, tant en son chef qu'en ses membres. Et ayant appris que ce décret, lequel ne devait être publié qu'en la deuxième session, avait donné l'alarme à la cour de Rome, que le pape, sous un autre prétexte, avait dessein de proroger le concile de Bâle et le transporter à Boulogne pour le dissiper, ils publièrent un décret dans une congrégation générale tenue le 21° janvier 1432, adressé à tous les fidèles, par lequel ils décla-

[1] C. 1120.

rèrent que leur intention était de demeurer à Bâle, y tenir le concile, et y travailler efficacement aux sujets de la convocation, qu'on ne pouvait transférer en aucune manière ailleurs sans leur consentement, et qu'on ne devait en aucune manière ajouter foi aux bruits qui couraient, ni aux écrits qu'on pourrait publier au contraire pour empêcher les prélats de se rendre à Bâle; et ce qui fait à notre sujet, c'est que ce décret fut publié sous le sceau de révérend père en Jésus-Christ, le seigneur Philibert, évêque de Coutances.

Ce fut aussi lui qui, en la session deuxième tenue le vendredi 15° février de la même année 1432, célébra la messe, fit les prières et autres solennités accoutumées, après lesquelles l'évêque de Périgueux lut les décrets qui ne contenaient autre chose qu'une plus ample déclaration de ce que nous venons de dire, de la puissance du concile général sur les papes. Cependant, le pape fit publier à Rome sa bulle de révocation du concile, mais inutilement, car les Pères fortifiés de l'autorité de l'empereur Sigismond et des autres princes chrétiens, le concile l'emporta, et Eugène fut enfin obligé à cette fois de céder.

Les négociations de cette grande affaire se passèrent entre la deuxième et la sixième session, qui se fit le samedi 6° jour de septembre 1432, en laquelle notre évêque Philibert chanta la messe, fit les prières accoutumées, et entretint les Pères sur ces paroles de saint Luc, chapitre X : *Dixit Jesus discipulis suis : qui vos audit me audit, qui vos spernit me spernit*, et eut encore l'honneur de présider, ainsi qu'il avait fait dans les trois sessions précédentes. Il avait présidé, parce que, quoique le cardinal Julien reprouvât tout à fait le conseil qui engageait Eugène à s'élever contre le concile, et lui en eût écrit fortement, il avait cru néanmoins ne devoir point occuper le premier rang dans une assemblée qui semblait désapprouver celui qu'il représentait, et personne ne fut jugé plus digne et plus capable d'occuper cette place que ce très-illustre prélat évêque de Coutances.

Remarquons, en cette session, que les promoteurs du concile ayant formé leurs plaintes contre le pape Eugène, de ce qu'il n'avait pas encore révoqué sa bulle de dissolution du concile, ni comparu en personne ni par procureur au jour à lui assigné, représentant les dits promoteurs qu'on eût à décréter sur sa contumace, le susdit seigneur évêque de Coutances, président, suivant la résolution des Pères, enjoignit aux révérends pères en J.-C., les seigneurs évêques de Périgueux et Ratisbonne, de demander à haute voix si le seigneur pape ou personne suffisante pour lui n'était point présent : « Prædictus dominus episcopus Constantiensis « præsidens, de mandato concilii injunxit patribus ac « dominus Petragorensi et Ratisponensi episcopis, etc.[1] »

Après quelques procédures, quelques prélats nonces de sa Sainteté s'étant transportés, engagèrent par leurs remontrances le président à lui accorder un temps suffisant pour révoquer sa translation du concile et pour y adhérer.

[1] C. 1136.

Il était, pour ainsi dire, l'âme et l'organe du concile, tout se faisait par lui et l'on scellait de son sceau les résolutions du concile les plus importantes, ainsi qu'il paraît par l'épitre synodale des Pères aux Bohémiens, et par le sauf-conduit qui leur fut accordé pour venir sûrement en ce concile, au bas desquelles nous lisons : « Acta fueruut hæc in congregatione nostra generali, « præsentibus dictæ nostræ sanctæ sinodi Basileensis « notariis et scribis infrascriptis, sub sigillo reverendi « in Christo patris domini episcopi Constantiensis, pro- « vinciæ Rothomagensis, quo ad præsens utimur, die « Veneris xxviii mensis Martii, anno Domini a Navitate « 1432[1]. »

Mais parce que cette affaire des Bohémiens a été non-seulement la plus considérable du concile de Bâle, mais en particulier celle où notre évêque Philibert a eu plus de part et a le plus paru, il est à propos de l'expliquer un peu plus au long et de prendre la chose de plus loin. Jean Wiclef, docteur en théologie de l'Université d'Oxford, et curé dans le diocèse de Lincoln, chagrin d'avoir été refusé de quelques dignités ecclésiastiques auxquelles il croyait que son mérite devait l'élever, s'avisa de répandre le venin d'une nouvelle doctrine spécialement contre l'état et la puissance ecclésiastique, pour se venger de l'injustice qu'il croyait lui avoir été faite en ce refus, favorisé en cela de la plupart des grands auxquels cette puissance du clergé déplaisait et qui aboyaient après les bénéfices.

[1] C. 1464.

Les erreurs de cet impie furent condamnées en 1396 par les prélats d'Angleterre assemblés en concile pour ce sujet ; mais elles ne furent pas étouffées : elles passèrent la mer. Un gentilhomme de Bohême, surnommé poisson pourri, y porta les livres et les dogmes de Wiclef qui y causèrent des désordres effroyables.

L'empereur Charles IV venait d'y établir une université, et lui avait accordé tant de priviléges qu'on y abordait de toutes parts. L'émulation y fit recevoir la doctrine de Wiclef, particulièrement par la nation de Bohême, laquelle ayant paru jusqu'alors inférieure aux autres nations dont cette université était composée, reçut avec avidité cette nouvelle doctrine, comme un moyen de s'y distinguer et de s'élever au-dessus des autres.

Il y avait alors pour professeur en théologie un insigne fripon, nommé Jean Hus. Cette doctrine lui fut un mets délicieux, parce qu'il crut qu'elle embarrasserait ses émules, et se rendrait par son moyen supérieur de ceux qui avaient jusqu'alors paru être les siens.

La chose alla si loin, qu'elle se tourna en d'horribles séditions. Les maîtres et les étudiants des nations étrangères se retirèrent presque tous, et par la négligence de Wenceslas, Jean Hus et ses disciples, qu'on appela Hussites du nom de leur chef en Bohême, devinrent en très-peu de temps maîtres absolus. A Prague, Hus prêchant publiquement contre les richesses des ecclésiastiques et contre le refus qu'ils faisaient de donner aux laïques sous les deux espèces, était écouté comme un oracle, et presque toute la ville s'éleva contre eux.

L'orgueil de ce scélérat alla jusqu'à se vanter de soutenir sa doctrine au concile de Constance par de si puissantes raisons, qu'il obligerait les Pères à l'approuver, assurant au réciproque que si on lui faisait voir la moindre fausseté en ses dogmes, il y renoncerait publiquement.

Il osa y aller sous le sauf-conduit de l'empereur Sigismond, sans se mettre en peine d'en demander au concile. La doctrine de Wiclef et la sienne, contenues en quarante-cinq articles, furent condamnées en la 8ᵉ session, tenue le 4ᵉ mai en 1415, et en la 15ᵉ tenue le 15ᵉ juillet suivant. L'opiniâtreté et l'insolence de Jean Hus obligèrent les Pères de se servir d'autres moyens que la raison pour arrêter l'audace de ce fripon, qui ne cessait de prêcher son hérésie nonobstant les défenses qui lui en étaient faites par les Pères, et de l'abandonner au bras séculier, qui enfin le fit brûler, comme le fut aussi quelque temps après un certain relaps de ses disciples, nommé Jérôme de Prague, moins habile, mais encore plus méchant que lui.

Ces feux ne servirent qu'à enflammer davantage le cœur des Hussites ; ils ne se contentèrent pas de canoniser ces deux scélérats comme deux martyrs, mais s'étant unis et armés contre les catholiques, on ne peut sans horreur lire l'écrit des persécutions et les maux qu'ils causèrent. Les monastères qu'ils renversèrent, les églises qu'ils brûlèrent, les ecclésiastiques qu'ils massacrèrent, seront à jamais des monuments de leurs fureurs; et, ce qui est étonnant, les entreprises abominables de ces furieux furent accompagnées de tels succès, qu'on n'arma presque jamais contre eux sans être battu.

Le concile de Bâle résolut de prendre d'autres mesures et de tâcher de les vaincre plutôt par la douceur et la raison que par la violence des armes, qui avaient si mal réussi. Suivant donc les avis de Philibert, notre évêque, on les invita d'assister au concile, on leur offrit toute sorte de sûreté et d'avantage et tel sauf-conduit qu'ils voudraient, avec promesse de les écouter avec patience en tout ce qu'ils voudraient dire et proposer; on envoya des députés en leur diète d'Egra, pour les assurer de la bienveillance des Pères; enfin, on les ménagea si bien qu'ils résolurent de venir sous la foi d'un sauf-conduit, scellé du sceau de Philibert, notre évêque : « Sub sigillo reverendi in Christo patris « domini episcopi Constantiensis, provinciæ Rhotoma- « gensis, quo ad præsens utimur. »

Leurs députés étaient prêtres apostats, recommandables seulement par une infinité de crimes et par les victoires qu'ils avaient remportées sur les catholiques. On les reçut néanmoins avec honneur, le 4e janvier 1433; on les admit à la congrégation générale tenue peu de temps après, en laquelle le cardinal Julien, qui présidait, leur ayant fait une excellente harangue sur la nécessité d'entendre l'Eglise et de lui obéir, ils remercièrent les Pères de l'honneur avec lequel on les avait reçus, et demandèrent un jour pour être ouïs sur le sujet de leur légation.

On y consentit, et, le jour étant venu, ils demandèrent ces quatre articles qui suivent : 1° que la communion sous les deux espèces fût librement administrée par tout le royaume de Bohême et lieux circonvoisins ; 2° que les prêtres fussent corrigés raisonnablement, selon la loi de Dieu, par ceux à qui il appartient de le faire ; 3° que la parole de Dieu fût librement et fidèlement prêchée par les diacres ou les prêtres de Notre-Seigneur, qui en seront capables ; 4° qu'il ne fût point permis aux clercs sous la loi de disposer des biens temporels à la manière des séculiers.

Ce fut à ces quatre propositions que se réduisit cette question terrible qui avait désolé tant de provinces et versé tant de sang. On employa plus de soixante jours à disputer sur ces quatre articles. Quatre de ces députés des Bohémiens consommèrent dix jours à haranguer sur ces propositions, chacun la sienne, à chacune desquelles répondirent quatre docteurs catholiques, l'un après l'autre, aussi par chacun son discours, qui durèrent dix-huit jours. Les Pères remarquèrent sans peine que ces longues harangues étaient plus propres à ennuyer qu'à terminer la question, et considérant d'ailleurs qu'il y avait plus de faiblesse que d'entêtement et de malice en ces malheureux, jugèrent que le meilleur moyen pour les réduire à l'union catholique, c'était de traiter avec eux par voie d'accommodement.

Il fut donc trouvé à propos d'envoyer en Bohême pour ce sujet la plus célèbre ambassade qui se pouvait composer de personnes les plus prudentes et les plus éclairées que faire se pourrait.

Philibert de Monjeu, notre évêque, fut choisi pour cette grande affaire, et chef de cette illustre ambassade, accompagné de ces excellents personnages : Pierre, évêque d'Augsbourg; Jean Polmar, archidiacre de Barcelonne et auditeur du sacré palais; Gilles Charlier, doyen de l'église de Cambrai, et de trois autres docteurs d'un mérite très-distingué [1].

Notre évêque partit de Bâle le 14e avril. Lui et ses compagnons furent reçus par toutes les villes où ils passèrent comme des anges de paix, avec tout l'honneur dû aux ambassadeurs d'un concile œcuménique. Ils arrivèrent enfin, accompagnés de plusieurs princes et autres seigneurs députés, à Prague, où ils furent reçus très-honorablement et avec toute la considération due à leur caractère.

Le 6e juin, jour et fête de la Sainte-Trinité, les clercs, les grands et le peuple hussite s'étant assemblés, Philibert leur exposa le sujet de son ambassade et leur fit proposer de commencer par revenir à l'union de l'Eglise et qu'ensuite on les satisferait sur les quatre articles de leur demande. Eux, au contraire, insistant qu'on commençât par les satisfaire sur ces articles et qu'ensuite ils embrasseraient cette union, la chose tira en longueur. On fit sur ce sujet divers écrits de part et d'autre, qui ne servirent à l'ordinaire qu'à amuser les docteurs, aigrir les esprits et embrouiller la matière.

---

[1] Les députés étaient dix.

La conclusion fut qu'on renverrait au concile les trois dernières propositions pour en avoir la déclaration et le sentiment des Pères. Cette résolution prise, le 11 d'août 1433, nos ambassadeurs, accompagnés de ceux de Bohême, retournèrent à Bâle où, aussitôt après un sévère examen, il fut dit sur la première de ces trois propositions, qu'il en fallait retrancher ces termes-ci : « par ceux qui y ont intérêt, *per eos quorum interest* », comme étant trop généraux, au lieu desquels il fallait mettre ceux-ci : « selon la loi de Dieu et les statuts des saints Pères ? » La deuxième fut expliquée ainsi : que la parole de Dieu soit prêchée librement, non pas néanmoins négligemment et sans ordre, *non tamen passim et inordinate*, et fidèlement par des prêtres et des diacres de Notre-Seigneur, capables, approuvés et envoyés par les supérieurs à qui il appartient, sauf l'autorité du pontife, lequel, selon que les Pères l'ont institué, est le premier ordinateur de toutes choses. Enfin, sur la dernière, il fut déterminé que les clercs étaient en obligation de gouverner fidèlement, selon les statuts salutaires des saints Pères, les biens de l'Eglise, desquels ils sont les administrateurs, et qu'on ne pouvait, sans sacrilège, en prendre le gouvernement et l'ôter à ceux à qui il appartient canoniquement.

Le retranchement de la coupe était ce qui faisait le plus de peine aux Bohémiens ; ils avaient tant d'attachement à ce point qu'ils avaient fait peindre les calices dans toutes leurs églises, leurs maisons et leurs enseignes, ce qui donna occasion à ce distique si commun :

Tot pingit calices Bohemorum terra per urbes,
Ut credas Bacchi numina sola coli.

Comme donc c'est un point purement de discipline, et comme il n'y avait point de moyen, sans se relâcher en quelque façon de cette sévérité, de réduire à l'union catholique ces entêtés, lesquels d'ailleurs étaient dans le sentiment de l'Eglise universelle touchant la présence réelle du corps et du sang de Jésus-Christ en l'Eucharistie, on toléra que les prêtres bohémiens donnassent la communion sous les deux espèces à ceux qui auraient atteint l'âge de discrétion et qui la demanderaient avec respect, parce que néanmoins les prêtres leurs représenteraient souvent que le corps et le sang de Jésus-Christ est tout entier sous chacune des espèces, et qu'il n'y a pas plus de grâce à les recevoir toutes deux qu'à n'en recevoir qu'une.

Philibert et ses compagnons, avec les députés des Bohémiens, partirent après ces explications pour retourner en Bohême. On ne saurait expliquer les peines et les travaux qu'il y eut à essuyer. Notre évêque, néanmoins, les surmonta tous, et enfin, le jour saint André de l'an 1433, l'accommodement fut conclu avec les Hussites de Prague. On en dressa un acte qu'on appela le concordat, *compactata*, lequel ne fut reçu alors que par le moindre nombre des Bohémiens.

Il est à remarquer que les hérétiques s'étant dès l'an 1420 assemblés en espèce de concile à Prague, se divisèrent en presque autant de parties qu'il y avait de têtes, ne convenant en rien qu'au point de renverser les églises, persécuter les catholiques, commettre toutes sortes de crimes et demander la coupe. Les parties, néanmoins, qui demeurèrent sous le nom de Praguenards[1], Taborites et Orebites, furent les plus distingués. Ils avaient entrepris cette année le siége de Pilsen, ville seule de la Bohême qui fût demeurée catholique, et le succès du concordat dépendait de ce siége. Philibert, notre évêque, le comprenait assez, et sa grande attention était de négocier de telle façon qu'elle fût conservée et le siége levé. Voici comment il s'y prit. Ceux qui avaient retenu simplement le nom de Hussites, lesquels avaient signé pour la plupart le concordat, avaient parmi eux un seigneur nommé Mainard[2], bien estimé de la multitude ; il leur persuada de se choisir un chef à qui ils obéissent plutôt qu'à quatre coquins tels qu'étaient deux frères moines reniés, nommés les Procope, et deux autres qui étaient à Prague, l'un appelé le Loup et l'autre Jean Rockizane, entre les partisans desquels la jalousie avait déjà fait naître de la division. Mainard fut cru et Alzo de Risemberg élu chef des Hussites, ainsi que Mainard l'avait voulu. Alzo appela Rockizane, s'unit avec lui, convoqua la noblesse et lui fit conclure une confédération entre eux pour abattre l'orgueil des autres.

C'était notre Philibert qui avait gagné ces trois chefs, Mainard, Alzo et Rockizane ; et n'ignorant pas que l'argent est le nerf de la guerre et l'âme des négociations, il pressa si bien par ses divers courriers les

[1] De Prague.
[2] De Maison-Neuve.

Pères du concile, que chacun se taxant, on lui envoya en bien peu de temps 8,000 ducats. Il les mit entre les mains de Mainard, qui, levant aussitôt du monde, se joignit à Alzo. Ils vinrent à Prague, en chassèrent messire le Loup et s'en vinrent avec tant d'impétuosité sur les Taborites et les autres séditieux, qu'on nommait les Orphanites [1], que le jour de l'Ascension 1434 ils en tuèrent 24,000. De là s'avança vers Pilsen, et les catholiques se joignant à eux, ils obligèrent les Procopites à songer plutôt à se sauver qu'à attaquer. On les poussa néanmoins avec tant de violence, qu'ils y périrent presque tous. La nouvelle des bons succès si bien et sagement ménagés par notre évêque, fut bientôt portée à Bâle et causa une joie extraordinaire aux Pères, comme un insigne triomphe de la religion et un illustre témoignage de la sage conduite de leurs ambassadeurs. Elle ne causa guère moins de joie à l'empereur Sigismond, qui était à Ulm. Il songea à en profiter pour se faire reconnaître en ce royaume, que l'hérésie et la sédition, compagnes inséparables, lui avaient enlevé; aussi avait-il ses agents avec Philibert et tous ensemble agirent si bien, que les Bohémiens consentirent à une diète générale pour ce sujet, laquelle fut indiquée à Ratisbonne. Et ce qui est remarquable, le crédit et l'autorité de notre évêque était si grand auprès de ce peuple, qu'il lui déférait presque absolument. Il était si persuadé de son intégrité et de sa bonne foi, qu'il ne fai-

---

[1] Ou Orphelins.

sait point de difficulté de mettre ses intérêts entre ses mains; aussi les agents de cet empereur lui rendant compte de la négociation de cette diète, lui mandèrent qu'il devait faire en sorte que l'évêque de Coutances y assistât. « Tous les gens de bon sens et de pro-
« bité, écrivaient-ils, et nous avec, sont persuadés
« que vous devez avoir avec vous, en cette diète, le sei-
« gneur évêque de Coutances comme principal conseiller
« et aussi les autres légats du concile qui sont à Prague :
« Vitetur multis probis hominibus et mihi similiter,
« quod habeatis in hujusmodi congregatione domi-
« num episcopum Constantiensem auditorem et alios
« doctores, qui aliàs fuere Pragæ a sacro concilio
« destinati, et illi ut plenum mandatum habeant à
« concilio. »

Sigismond ne connaissait pas moins le mérite et la capacité des légats du concile; voici ce qu'il en écrivit aux pères : « Les agents que nous avons eus en la deuxième diète de Prague nous mandent que tous les Bohémiens témoignent désirer avec beaucoup d'attachement en la diète de Ratisbonne la présence du vénérable évêque de Coutances, notre ambassadeur, celle de Mre Martin et des autres qui ont été à leurs traités. Nous nous trouvons en cela de même sentiment. Nous considérons cette présence, non-seulement comme utile, mais [comme] absolument nécessaire pour conclure heureusement et perfectionner tous nos traités; ainsi, nous exhortons très-particulièrement Vos Paternités que les Pères et Maîtres aient à assister à notre diète :
« Confirmat continue Deus noster magnam misericor-

« diam super nos in felici prosecutione rerum Bohe-
« miæ... Scribunt enim nobis illinc oratores nostri,
« quos in proxima diæta Pragensi habuimus, quo-
« modo omnes Bohemi in unam sententiam unamque
« voluntatem tracti sunt in materia articulorum fidei...
« Verum, reverendissimi Patres, quia ipsi Bohemi mul-
« tum affectare videntur in hujusmodi diæta Ratispo-
« nensi presentiam venerabilis Constantiensis episcopi,
« etiam auditoris et magistri Martini, et aliorum qui
« tractatibus ipsorum prius adfuere ; nos opinioni
« eorum et desideriis concurrentes, illud nedum utile,
« verum etiam pro bona conclusione et salubri consum-
« matione omnium tractatorum necessarium arbi-
« trantes, vos attentissimè adhortamur, quatenus
« Paternitates vestræ velint dare ordinem, ut præfati
« Patres et Magistri in hujusmodi diæta omninò inter-
« sint [1]. »

Cette diète de Ratisbonne fut très-célèbre. Notre évêque accompagné de celui d'Augsbourg et de dix autres docteurs tous d'un grand mérite, y assista. Sigismond y fut reconnu roi de Bohême et y reçut toute la satisfaction qu'il pouvait espérer.

La diète finie, nos ambassadeurs retournèrent à Bâle, mais pour peu de temps, au moins pour notre évêque. L'affaire de la religion en Bohême n'était pas comme celle de la royauté, il y avait plus de difficulté, et néanmoins elle était en trop beau chemin pour en demeurer là. Les Pères donc, suivant le conseil de l'empereur et

[1] C. 1605.

de notre évêque, résolurent de s'y appliquer tout de bon. Philibert de Monjeu fut encore établi pour conduire cette bonne œuvre en sa perfection; on le fit accompagner de Jean Polmar, de Gilles Bruyer et de trois autres docteurs. Sitôt qu'ils furent arrivés en Bohême, l'assemblée générale fut désignée à Brünn. Elle se tint au mois de juillet 1435, en présence de l'empereur, avec beaucoup de peine de la part des Hussites, lesquels, conduits par leur chef Rockizane, différaient de jour en jour à venir et faisaient tous leurs efforts pour éluder cette conférence. Enfin, après mille délais, ils furent à Brünn, mais il y eut encore de longues disputes entr'eux et les docteurs de la légation, lesquels enfin se terminèrent à recevoir leur concordat.

Il s'y trouva néanmoins encore une difficulté qui prolongea la conclusion, et pour l'explication de laquelle les Bohémiens voulurent absolument que l'on renvoyât à Bâle. Les légats voulaient qu'on conservât dans la quatrième proposition ces termes : « On ne peut usurper les biens des ecclésiastiques sans sacrilége; » et les Hussites, au contraire, prétendaient qu'on devait absolument les effacer, disant que par ces mots on les accusait facilement d'être des sacriléges.

Jean Polmar fut renvoyé au concile pour ce sujet, et cependant notre évêque se retira à Vienne, suivant la volonté de l'empereur, afin qu'on ne crût pas qu'on eût abandonné la chose. Les Pères du concile jugèrent très-sagement que la conservation de ces termes, qui s'entendaient assez d'eux-mêmes, était trop peu de conséquence pour empêcher une affaire de telle conséquence qu'était le retour de tant de peuples à l'union catholique. Ils renvoyèrent donc Polmar avec le concordat, sans cette clause de sacrilége assez sous-entendue.

Cependant on résolut une autre assemblée à Albe-Royale[1], en Hongrie. L'empereur, les légats du concile et les députés des Hussites s'y rendirent au mois de septembre; mais encore inutilement on y disputa. Qu'est-ce qu'auraient fait tant de docteurs? Ce fut tout. On n'y conclut rien. Il fallut mettre à un autre lieu et à une autre fois.

Ce fut enfin à Iglaw, ville de Moravie, sur les confins de Bohême, où ce terrible schisme fut terminé. Le concordat reçut les Hussites abandonnant leurs erreurs et leur opiniâtreté, du moins en apparence et pour quelque temps, [et ils] furent solennellement reçus et réunis à l'Église.

L'empereur avait désigné cette assemblée pour le mois de juin de l'année 1436; il s'y rendit accompagné entr'autres d'Albert, duc d'Autriche, son gendre, avec les légats du concile, je veux dire Philibert notre évêque, et les autres ses collègues, et ceux-ci après avoir terminé une infinité d'obstacles, qui se présentaient de jour en jour, levèrent les censures que ces peuples de Bohême et de Moravie avaient encourues, donnèrent et acceptèrent la paix, et firent commandement solennel à tous les chrétiens de l'observer fidèlement aux termes du concordat.

L'acte qui en fut dressé, est daté du 5 juillet 1436,

[1] Stuhlweissemburg.

scellé des sceaux de l'empereur, d'Albert, de Philibert de Monjeu, notre évêque, de chacun de ses collègues et de divers autres princes, seigneurs et particuliers. Le 12ᵉ du mois susdit, Alzo, gouverneur de Bohême, les autres seigneurs et les nobles du royaume, reçurent cette même paix, et, pour comble d'honneur de cette auguste assemblée, ce Rockizane, dont nous avons tant parlé, chef et principal docteur de ceux de Prague, et quatre prêtres hussites avec lui, protestèrent hautement en présence de l'empereur, assis en son trône royal, accompagné d'Albert, des légats et de plusieurs autres grands seigneurs, qu'ils voulaient vivre et mourir dans l'union et l'obéissance catholique. Le lendemain, Philibert revêtu de ses ornements pontificaux, élevé sur un trône, ayant à ses côtés ses confrères, élevant la main et la voix, donna solennellement une absolution générale à tous les peuples de Bohême et de Moravie des censures et excommunications qu'ils avaient pu encourir à cause du schisme et de l'hérésie, et leur permit entrée en l'église catholique, levant tous les interdits jetés sur la ville de Prague et sur tous les autres lieux du royaume.

C'est ainsi que se termina cette grande affaire qui avait répandu tant de sang et désolé tant de provinces, et fait périr tant de millions d'âmes, et que ce royaume entier retourna sous l'obéissance de l'Église et de son prince naturel, par l'effort du concile de Bâle, mais particulièrement par les sages négociations, les veilles, la prudence et la conduite de notre incomparable Philibert de Monjeu.

L'épitre qu'il en écrivit au concile est un témoignage trop authentique du zèle de ce prélat, pour n'être pas insérée en ce lieu : « Réjouissez-vous, écrivit-il, sacré
« concile, et rendez toutes sortes de louanges et d'ac-
« tions de grâces au Créateur de toutes choses. Annon-
« cez à tout l'univers ce jour comme un jour de joie et de
« fête. Exhortez tous les enfants de l'Église à se réjouir
« et à rendre grâce à Dieu avec vous, afin que tous les
« chrétiens en quelque lieu qu'ils soient, louent d'un
« même cœur et magnifient d'une même voix les œuvres
« de Dieu. Le jour tant désiré est enfin venu, auquel les
« fruits de vos travaux ont été moissonnés, et les pleines
« récoltes de ce que vous avez semé, reposés dans les
« greniers du Seigneur. Aujourd'hui, en présence de sa
« majesté impériale, revêtue des ornements de l'empire,
« et d'une multitude de peuple, dans la place publique
« de cette ville, le gouverneur, les barons, les nobles,
« les députés des villes avec les envoyés du royaume de
« Bohême, ont comparu devant nous, les légats de Votre
« Béatitude, et nous ont présenté le concordat, avec
« toutes les formalités les plus authentiques, avec des
« lettres magnifiques pour l'exécution de ce même
« concordat, et pour la sûreté et l'observation de la part
« et de l'union de l'Église, en la forme qui leur avait été
« donnée à Brünn. Après quoi, quatre d'entre eux qui
« avaient été choisis pour cela, nous ont, au nom de tous,
« tant ecclésiastiques que séculiers, rendu le respect et
« l'obéissance canonique, et nous, suivant les ordres que
« vous nous en avez donnés, nous avons reçu leur
« union à la paix et l'obéissance qu'ils nous ont faites,

« et nous leur avons donné, en réciproque, la paix et
« l'union catholique par toute la chrétienté. Quelle
« plume, ô sacré concile, pourrait suffisamment expri-
« mer l'immensité de la joie dont les cœurs ont été
« remplis! Cette joie peinte sur les visages, ces larmes
« qu'elle tirait des yeux de tout le monde, ces chants,
« ces applaudissements qu'on entendait de toutes parts,
« étaient des témoins irréprochables de ces plaisirs et de
« ces consolations intérieures qu'ils en ressentaient, ce
« n'étaient, pour mieux dire, que des faibles marques,
« parce que ces ressentiments de joie étaient tels, que
« nuls signes extérieurs n'étaient capables de les expri-
« mer dignement, et nous-mêmes lorsque nous faisions
« réflexion aux sentiments de cette bienheureuse assem-
« blée, nous étions comblés de joie. Mais comment
« finirons-nous cette épitre qui surpasse déjà par sa
« longueur les règles épistolaires, autrement que par
« les paroles de David, le plus excellent des prophètes :
« *Il est bon de confesser au Seigneur. Parce que vous*
« *m'avez réjoui, Seigneur, je me réjouirai en ce que vous*
« *m'avez fait, et en l'ouvrage de vos mains.* A la vérité
« *il a fait pour nous des grandes choses, et son nom est*
« *saint.* Nous supplions sa clémence qu'il daigne confir-
« mer son ouvrage et protéger, régler et gouverner le
« saint et sacré concile, afin qu'il puisse parachever les
« saintes œuvres pour lesquelles il est assemblé en son
« nom. Écrit à Iglaw le 5° juillet 1436, par les très-
« humbles légats dudit saint et sacré concile : Phili-
« bert, évêque de Coutances; Jean Polmar, audi-
« teur du sacré palais; Martin Bruyer, doyen de Tours,

« et Thomas Haselbach, professeur en théologie. Exsulta
« et jubila, synode sacrosancta, altisonas deprome
« gratiarum actiones et laudes rerum omnium condi-
« tori. Nuntia in omnibus finibus terræ diem festivitatis
« et gaudii : universos Ecclesiæ filios ad congratu-
« landum et gratias peragendum gratulabundis admo-
« nitionibus exhortare. Laudent tecum magna opera
« Dei, et exsultent ingenti lætitia Christiani orbis
« provinciæ universæ. Siquidem desideratus ecce dies
« advenit, quo jam tuorum laborum messi sunt fruc-
« tus et seminum tuorum in horrea Dominica plenos
« manipulos reportasti. Hodie namque, imperiali
« majestate imperialibus infulis decorata in publico
« foro hujus civitatis numerosa populi multitudine assis-
« tente, coram nobis tuæ beatitudinis nuntiis, guber-
« nator, barones, nobiles civitatum, ambassiatores
« regni Bohemiæ, primum nobis compactata obtulerunt,
« litteris authenticis communita. Deinde pro ipsorum
« exsecutione de tuenda, observanda et defendenda
« unitate ecclesiastica et pace, litteras alias secundum
« formam Brunnæ condictam. Post hæc quatuor ad
« hoc deputati, cum pleno et authentico mandato,
« nomine omnium tam ecclesiaticorum quam sæcula-
« rium, reverentiam et obedientiam canonicam præs-
« titerunt. Nos quoque juxta tuæ sanctissimæ concionis
« injunctam unitatem ecclesiasticam per eos fac-
« tam et acceptam, pacemque, necnon reverentiam
« et obedientiam exhibitas acceptavimus, et pacem
« pronuntiavimus eis servandam per universum po-
« pulum Christianum. Quod, o sacrosancta synode,

« stili officium posset sufficienter exprimere exuberan-
« tiam gaudii quod assistentium corda replevit. Vul-
« tuum amœna serenitas, lacrymæ pro ubertate læti-
« tiæ ab oculis erumpentes, cantus et applausus inter-
« næ lætitiæ, testes erant, aut certè melius indicia dici
« possent. Quoniam nulla extrinseca signa immensita-
« tem æterni gaudii proportionabili possent ostensione
« testari. Sed etiam nos ipsius beatissimæ congregatio-
« nis et universi populi Christiani gaudia meditantes
« nova iterum esxultatione replemur. Quo tandem fine
« hanc nostram claudemus epistolam; et ne, si pro modo
« affectus prodiret, oratio metas epistolares excederet,
« nisi ut cum David eximio prophetarum dicamus :
« *Bonum est confiteri Domino... Quia delectasti me,*
« *Domine, in factura tua et in operibus manuum tuarum*
« *exultabo.* Ipse quidem *fecit nobis magna qui potens est,*
« *et sanctum nomen ejus* » : cujus clementiam suppli-
« citer exoramus, ut quod operatus est confirmare
« dignetur, et ipsam sacrosanctam synodum tueri,
« regere et gubernare ad perficienda sancta opera, pro
« quibus est in ejus nomine congregata. Scriptum
« Iglaviæ, quinto mensis Julii, anno Domini 1436,
« ejusdem sacrosanctæ synodi per humiles oratores
« et nuntii, Philibertus episcopus Constantiensis, Joan-
« nes de Polmar sacri palatii Apostolici auditor, Marti-
« nus, decanus Turonensis, Berruerii, et Thomas de
« Haselbach, sacræ theologiæ professor [1]. »

Cette grande affaire terminée heureusement, Philibert

---

[1] C. 1620, 1621.

notre évêque revint à Bâle. Il y fut reçu par les Pères comme un ange de paix, avec toutes les louanges et les honneurs que méritaient ces grands travaux accompagnés d'un si heureux succès ; mais il y trouva une cruelle dissension entre le pape et le concile. Les Pères affectaient une si grande supériorité des conciles généraux sur les papes, qu'il n'y avait presque point de session ni de congrégation générale qu'ils ne la répétassent jusqu'à l'ennui, et ils montraient un tel empressement à vouloir réformer la cour de Rome, comme d'abolir les annates, les grâces expectatives, les réservations, les préventions et autres choses semblables, qu'ils devenaient de jour en jour insupportables et regardés à Rome comme des ennemis publics et puissants, qu'il était tout à fait nécessaire de détruire.

La bonne fortune en présenta un excellent moyen à Eugène : ce fut la venue des Grecs, qui ayant besoin de secours pour se soutenir contre les Turcs, leur empereur, Jean Paléologue, les avait engagés à songer d'unir leur Église à la nôtre, afin que ne faisant qu'un corps, il se fortifiât contre son ennemi.

Le concile de Bâle avait prévu le dessein de la cour de Rome, qui était de se servir de ce beau prétexte de l'affaire des Grecs pour rompre le concile ; mais il n'avait pu y remédier. Il avait envoyé des légats de sa part à Constantinople pour inviter l'empereur et ses prélats de venir à Bâle ; mais cette négociation n'avait pas été conduite par Philibert de Monjeu, et à son retour de Bohême, Paléologue, suivi de l'élite des plus grands prélats et seigneurs de son empire, était déjà arrivé à Venise, et le concile de Bâle transféré à Ferrare, et de là à Florence.

Cette transfération troubla le concile. La plupart y déféra et suivit le cardinal Julien, qui quitta Bâle pour aller au lieu de nouveau désigné ; les autres ayant à leur tête le cardinal Louis, archevêque d'Arles et soutenus par le roi d'Aragon, demeurèrent à Bâle et ne cessèrent de procéder contre le pape. La chose alla si loin, que le 23 juin de l'année 1439, en leur session, ils prononcèrent sentence publiquement contre lui de déposition, et tenant peu de temps après une espèce de conclave, ils lui donnèrent pour successeur Amédée, duc de Savoie, qui avait quitté la pourpre pour se retirer dans un ermitage.

Ceci regarde l'histoire générale ; notre prélat n'y eut point de part. J'en parle néanmoins, parce qu'une des premières dignités de notre chapitre, Nicolas Thibout, pénitencier de l'église de Coutances, fut un des acteurs de cette tragédie, ayant été choisi pour un du nombre de ces personnes qui entrèrent dans le conclave et élurent Amédée, sous le nom de Felix V. Nous trouvons son nom dans le dénombrement des électeurs du second ordre dans les actes de ce concile : « Nicolaus « Thibout, pœnitentiarius Constantiensis, provinciæ « Rhotomagensis. »

Je l'ai dit, Philibert, notre évêque, n'eut point de part à cette brouillerie. A son retour de Bohême, il s'appliqua à perfectionner son ouvrage en faisant donner quelques éclaircissements aux Bohémiens dont ils l'avaient requis, et peu de temps après, il plut à Dieu le retirer à soi et lui donner un repos qu'il semblait que ses longs services envers son Dieu, son église et le salut de tant d'âmes avaient mérité[1].

Ce fut le premier jour de juillet de l'an 1438. Nous connaissons le jour de l'obituaire de la cathédrale et l'an par quelques autres actes particuliers. Le jour de cette mort est conçu en ces termes, au 1er article des obits du mois de juillet: « Calendis julii, obiit Philiber« tus de Montejoco, quondam episcopus Constantiensis. « Continue præ manibus non moveatur, nisi prima dies « julii fuerit dominica, quo casu celebretur et antici« petur in vigilia sanctorum Petri et Pauli apostolorum. « In cujus obitu quatuor partes medietatis decimæ de « Ceriseio, videlicet de portione acquisita de domino de « Garros, distribuantur. » A quoi j'ajouterai que cette distribution est assensée 26 livres 10 sous, ainsi que nous l'apprenons du compte rendu au chapitre pour l'an 1661, dans lequel nous lisons : « Pour l'obit de M. Philibert de Montjeu, 26 livres 10 sous. »

A l'égard de l'année, nous la croyons telle que nous venons de la marquer, 1438, d'autant que nous trouvons dans les archives de l'abbaye de Cherbourg, un acte par lequel « vicarii-generales temporalibus et spiri« tualibus reverendi in Christo patris domini Philiberti,

---

[1] « La peste qui ravageait alors la Bohême... n'épargna pas plus que les autres *Philibert de Coutances*, dont on a si souvent parlé, chef de l'ambassade du Concile de Basle, en Bohême, et administrateur de l'archevêché de Prague, quoiqu'il se tînt clos et couvert chez lui. Peut-être même que cette précaution lui fut nuisible. Car dès qu'il voulut aller à l'église, où il y avoit des gens infectez, la peste le saisit, et il en mourut le 20 de juin. » (*Histoire de la guerre des Hussites et du Concile de Basle*, par Jacques Lenfant, Utrecht, 1731, II, 17.)

« miseratione divina Constantiensis episcopi, a suis civi-
« tate et diœcesi nunc absentis et in remotis notorie
« agentis », confèrent à un nommé Guillaume Malo, prêtre, l'église paroissiale de la Sainte-Trinité-de-Jersey,
dépendante de ladite abbaye de Cherbourg, laquelle
église vaquait à cause de permutation. La date de cette
acte est marquée du 10° de mars 1437, et comme l'année alors commençait le 25° mars, nous savons que le
1ᵉʳ juillet suivant était de l'an 1438. Enfin, le temps
de l'élection de son successeur nous fait connaître
qu'il n'a pas survécu à cette même époque de
l'an 1438.

J'ai vu une description de Philibert de Monjeu fort
avantageuse. On le dépeint comme étant une personne
parfaitement bien faite de corps et d'esprit, d'une
grande taille, bel homme, la voix forte, claire, aisée,
parlant bien et charmant par son éloquence. Il était
de même d'un esprit aisé, savant, bon théologien,
entendait les langues, et l'homme de son temps qui
savait mieux discerner les esprits, les tourner et les
mener au but qu'il voulait. La véritable piété, le zèle
pour la liberté de l'Église, la conversion des hérétiques, l'union des catholiques étaient l'âme et le prin-
cipe de toutes ses actions. Les besoins de l'Église et
les malheurs de la France et de notre malheureuse
province l'obligèrent, comme nous l'avons dit, de
s'éloigner de notre diocèse. Il y laissa deux grands
vicaires, l'un nommé Guillaume d'Auberive et l'autre
Hugue de Laye, ou de la Haye, pour gouverner son
diocèse. Nous avons plusieurs actes d'eux ; nous ferons

mention seulement de quelques-uns des statuts synodaux qu'ils publièrent en 1434, dans lesquels il y a quelque chose de si singulier et de si naïf, que je ne fais point de doute qu'ils méritent pour cela d'être insérés ici; en voici les termes :

« Cy ensuivent par déclaration les ordonnances faites
« au diocèse de Coutances de par messieurs les officiers
« de révérend père en Dieu monseigneur l'évêque de
« Coutances et extraites par copies en l'an 1434, pour
« bailler aux doyens sujets au prélat, pour les signifier
« aux curés et chapelains, pour avertir leurs paroissiens
« de faire et accomplir les commandements de Dieu et
« de notre mère la sainte Église.

« Toute personne qui veut vivre en ce monde et
« avoir l'amour et la grâce de Dieu, et veut garder
« et accomplir ses sacrements, il convient qu'il fasse
« comme fit Job, c'est-à-dire qu'il rende grâce à Dieu
« et qu'il fasse obligation à Dieu des biens qu'il lui a
« donnés et envoyés, et rende compte à Dieu des biens
« qui ont cru sur sa terre, c'est-à-dire la dîme de toutes
« choses qui croissent sur la terre, comme sont blés,
« fruits d'arbres, dîmes de miel et de cire, de bois, de
« laine d'agneaux et de toutes bêtes qui portent fruits,
« de toutes volatiles que l'on nourrit et tient à
« profit, de toutes les pêcheries soit à bateau ou à pied
« sec, ainsi qu'il est écrit au 3ᵉ livre des décrétales, et
« tous ceux ou celles qui ne font pas tout ainsi que
« dit est, sont maudits et excommuniés tous les jours en
« cour de Rome et par toute la chrétienté et église où
« est le divin service, et sont iceux maudits de Dieu

« omnipotent et de notre saint-père le pape, qui est
« lieutenant de Dieu sur terre, et jamais n'absoudront
« ni auront rémission de leurs péchés s'ils ne font plé-
« nière restitution.

Après cette espèce de préface, suivent divers règlements, spécialement pour le salaire des curés, dont on
voudra bien que j'en insère ici quelques-uns, tant pour
leur rareté que pour faire connaître les manières de
ces temps-là par les originaux même plutôt que
parce que j'en pourrais dire, après avoir remarqué que
quoique les ordonnances soient en français, chaque
article néanmoins à son titre en latin ; ainsi :

« De Matrimonio.

« Pour faire les termailles des unes noces, dix
« deniers. Quand on fait les bans des unes noces, pour
« chacun dimanche, quatre deniers. Item, pour la con-
« fession du nouvel marié, comme l'on a de coutume
« et à sa dévotion, quand le prêtre les épouse, ils doivent
« à la porte de l'église, cinq deniers, pour le couteur
« de l'église quatre deniers. Item, le nouvel marié et
« son épouse doivent avoir chacun un cierge ou une
« chandelle ardente à leur main, et tout cela demeure
« à l'église pour l'offrande avec chacun un denier pa-
« risis. Item, quand la messe est dite, ils doivent venir
« baiser l'autel, ils doivent dix deniers de droit et est
« le témoin du sacrement de mariage. Item, doivent
« au curé ou à son chapelain pour la bénédiction du lit,

« douze deniers parisis. Item, le lendemain pour dire
« la messe aux nouveaux mariés, ils la doivent payer, et
« pour offrandes et chandeliers dix-huit deniers. Item,
« pour la lettre d'épouser, si la bru ou le bruman
« yssent dehors la paroisse, il en est dû au curé cinq
« sous.

« DE PUERPERIO.

« Item, une femme grosse d'enfant, pour la confes-
« sion, doit selon ce qui est de coutume et à sa dé-
« votion, et si elle veut avoir messe et faire ses
« pâques, elle doit payer la messe à son curé ou à
« son chapelain. Item, quand une femme a un enfant,
« on le doit porter à l'église pour recevoir le sacre-
« ment de baptême et prendre trois parrains ou mar-
« raines sans plus, et le prêtre qui a baptisé l'enfant
« doit avoir quatre deniers, et quand le même par-
« rain ou marraine le vient offrir à l'autel benoît,
« il s'oblige pour l'enfant de lui apprendre la foi et la
« créance, et le garder de feu et eau, et en témoin de
« ce doivent pour lui deux deniers. Item, quand une
« femme est en couche d'enfant, elle doit avoir au
« troisième jour épitre et évangile pour la purifier, et si
« par paresse ou la négligence ou malvaisertié de son
« mari elle ne les eut en sa gésine, l'on lui doit dire à
« la porte du cimetière avant que d'entrer dans la
« maison de Dieu, et en appartient dix-huit deniers.
« Item, quand une femme veut être relevée de gésine,

« c'est-à-dire de couches, le curé lui doit faire cette
« grâce de lui donner de l'eau bénite à la porte, et la
« mettre dedans l'église ; si elle veut avoir une messe,
« elle la lui doit payer, ou sinon lui en dire l'évangile
« selon saint Jean à la cornière de l'autel, et lui faire
« du pain bénit, et elle doit pour l'offrande et la chan-
« delle quinze deniers.

« DE FURTIS.

« Item, quand une personne a adiré du sien et elle
« ne sait à qui le demander, et l'on le fait demander à
« l'église par son curé ou son chapelain, si en chet
« au curé par chaque dimanche deux deniers. Item,
« quand l'admonition est venue pour chacun diman-
« che, il en appartient au curé quatre deniers pour
« l'admonester. Item, quand il faut par après que
« l'excommunication vienne et soit jetée, il en appar-
« tient au curé quatre deniers. Item, quand l'aggrave
« est venue de son prélat pour la jeter et en faire
« exécution, huit deniers. Item, quand l'on présente la
« réagrave, qui est empetrée de son prélat, et le de-
« mandeur requiert qu'elle soit jetée et que le curé en
« fasse son devoir, il lui échet pour chaque dimanche
« dix deniers, et au couteur cinq deniers. Item, pour
« mettre à exécution la grande sentence en laquelle
« est défendue toute administration, il est dû au curé
« pour la jeter trente-six deniers tournois. Item, pour
« le clerc de l'église qui apporte les ornements, c'est

« à savoir le livre, la croix, l'eau bénite, le sel, la
« chandelle ardente et sonne les cloches, il lui appar-
« tient neuf deniers.

« De Viatoribus et Peregrinis.

« Item, si aucune personne soit homme, soit femme,
« va hors son diocèse, il doit prendre congé de son
« curé, et avoir lettres de lui à cette fin que s'il sour-
« dait aucune nécessité, on lui peust administrer les
« sacrements de cette église, et en doit à son curé
« pour sa lettre cinq sous.

« Item, si aucune personne soit homme, soit femme,
« va en pélerinage, il doit faire toutes les ordonnances
« à l'église, c'est à savoir se confesser et mettre en
« état de grâce et recevoir le corps de notre Seigneur,
« et en doit à son curé trois livres.

« Item, pour la bénédiction de le crêpe et du bour-
« don, et pour service dire et le mettre hors le
« cimetière avec la croix et l'eau bénite, pour le
« salaire du curé douze deniers.

« Item, pour le couteur de l'église qui doit être en
« la compagnie du curé pour porter la croix et l'eau
« bénite.

« De Testamentis.

« Item, toute personne, soit homme ou femme, qui
« a sens ou mémoire, pour éviter les inconvéniens qui

« en pourraient arriver, tant pour l'âme que pour les
« biens, doit faire son testament et passer devant son
« curé ou chapelain ; pour le passer et faire il est dû
« par raison sept livres six deniers, c'est à savoir :
« pour le passer, deux livres six deniers, et pour la
« grosse cinq livres. Item, quand un homme ou une
« femme fait son testament, il le doit faire et passer
« devant son curé ou chapelain s'il est au pays, ou
« sinon aller devant un tabellion impérial ou aposto-
« lique et non autrement, et ceux qui le font devant
« un tabellion royal, il est de nulle valeur et est
« contre le droit de la sainte église, et celui qui le fait
« meurt intestat, et sont ses biens acquis en la main
« du prélat.

« De Sepulturis.

« Item, toute personne qui est malade, soit homme,
« soit femme, doit envoyer quérir par ses amis le curé
« pour se confesser hâtivement, et en appartient au-
« dit curé ou chapelain la dévotion dudit malade, selon
« qu'il est de coutume. Item, si le malade requiert
« avoir son Sauveur, l'on le doit faire assavoir à son
« curé, et ledit curé ou son chapelain le lui doit appor-
« ter hâtivement, et quand il entre en la maison il doit
« dire : *Pax huic domui*, et puis doit donner de l'eau
« bénite au malade et lui demander s'il se veut plus
« confesser. S'il dit que non, le curé lui doit dire l'épître
« et l'évangile et puis lui bailler le corps de notre

« Seigneur, et pour ce faire il doit au curé dix-huit
« deniers. Item, si le malade requiert le sacrement
« d'onction, l'on lui doit dire les sept psaumes péni-
« tentiels avant que de recevoir le sacrement, et puis
« faire la prière pour le malade, et dire à ceux qui
« l'entourent qu'ils prient Dieu pour lui, et en appar-
« tient au curé deux livres. Item, si le malade va de vie
« à trépassement et le curé l'aille chercher en sa mai-
« son, pour le salaire du curé il aura quinze deniers.
« Item, pour la commendation depuis *Subvenite* jus-
« qu'à *Placebo*, le curé en aura quinze deniers tournois.
« Item, nul ne doit être de si très hâte d'apporter le
« corps du trépassé au cimetière ni à l'église sans le
« congé du curé, car chacun ne sait pas s'il est
« en aucune sentence d'escumenge, et s'il entre
« sans congé, chevaux, charrettes, harnois et lumi-
« naire, et ce qu'on apporte au cimetière ou à
« l'église, est forfait et acquis au curé, et en feront
« amende au prélat. Item, si les exécuteurs font dire
« la commémoration pour les trépassés, c'est-à-dire
« *Placebo* et *Dirige*, pour ce faire le curé ou chape-
« lain en aura douze deniers. Item pour marchier la
« fosse et entamer le cimetière, en appartient au curé
« huit deniers. Item, quand il y a trois messes solen-
« nelles, pour l'offrande et pour chandelles, par raison
« il en est dû pour chacune messe 2 sous 6 deniers.
« Item, pour la prière à l'offrande et pour chanter
« *Subvenite* et dire *Inclina* et *Fidelium*, il est dû au
« curé 4 deniers parisis. Item, pour l'enterrement, et
« faire l'absolution sur le défunt, il échèt au curé

« 10 deniers parisis. Item, quand le corps du trépassé
« soit homme, soit femme, est mis en terre bénite, il
« doit 8 livres 4 deniers parisis pour sépulture et
« pour sa part des biens qu'il a gagnés en ce monde,
« et est le témoin de sa foi comme il est transi
« de ce monde en l'autre en la foi chrétienne, qu'il
« n'était en aucune sentence d'escumenge, et pour
« être participant en toutes les messes et oraisons qui
« sont ou seront faites à tout jamais en l'église, là où
« il est enterré, et est le curé tenu et obligé de dire
« une messe pour les dits 8 livres 4 deniers parisis.
« Item, quand on fait l'obit nommé *semel*, le curé doit
« dire la messe et bailler offrandes et chandelles et
« est tenu dire *Placebo* et *Dirige*, qu'on appelle vigile
« des morts, et dire la . . . . . . sur le tombeau;
« il est dû au curé 8 sous 6 deniers. Item, depuis
« qu'une personne, soit homme ou femme, a fait ses
« pâques une fois l'an à son curé, et l'a confessé et
« lui a administré le sacrement de l'autel, allât-il mille
« lieues, il doit à son curé pleine sépulture s'il est
« mort à son voyage, puisque son curé lui a adminis-
« tré les sacrements de sainte église et pris lettre de lui,
« car il est ainsi trouvé en droit. Item, une jeune per-
« sonne, soit homme ou femme, depuis qu'elle a reçu
« le sacrement de confession et qu'on lui a administré
« les sacrements de l'autel, elle doit les droitures à
« l'église et doit la grande sépulture, c'est à savoir 8 sous
« 4 deniers parisis, depuis qu'elle a passé 12 ans. »

Nous avons remarqué ailleurs que ces deux grands
vicaires, lesquels furent successivement archidiacres

de Bauptois, moururent, savoir d'Auberive en 1453, l'autre en 1476, et furent inhumés dans la chapelle Saint-Jean, sous un même monument, où l'on voit encore leurs figures, leurs armes et leurs épitaphes, lesquelles nous avons aussi rapportées. Nous nous contenterons d'ajouter ici, que nous avons un acte de 1454 contenant une information authentique sur les droits et priviléges des curés de la paroisse d'Ouville[1], dans lequel un nommé Nicolas la Vieille, curé de la Vendelée, dit en sa déposition que, depuis 1432 jusqu'en 1439, [qu'] il avait été économe, *menagius*, de Coutances, sous feu de bonne mémoire révérend père en Jésus-Christ le seigneur Philibert de Montjeu, il avait ouï dire à feu Me Guillaume d'Auberive, vicaire et official dudit Coutances, que les prétentions de ce curé étaient légitimes et ses droits incontestables.

Enfin, on me permettra de remarquer encore ici, que pendant toutes les afflictions dont le royaume, cette province en particulier, notre évêché, étaient accablés, les pasteurs s'enfuyant et semblant abandonner leur troupeau à la rage des loups, Dieu lui servait de pasteur, inspirant à ce troupeau plus d'amour pour la religion, de respect et de soin pour l'Eglise.

Qu'on se donne la peine de prendre garde, que la plupart des anciens ornements de nos églises, tuniques, chapes, chasubles, calices, ciboires, frises, tabernacles et semblables ornements qu'on y avait il y a

---

[1] Ouville, la Vendelée, arr. de Coutances.

quarante ans, et que la politesse de notre siècle a changés, étaient ouvragés des temps dont nous parlons, ainsi qu'il paraît encore par diverses instructions.

Les livres de l'église, antiphonaires, processionnaires, rituels, bréviaires furent alors presque tous renouvelés et mis en meilleur ordre. J'en ai mille témoignages; je n'en citerai ici qu'un qui se voit dans un graduel de l'église du Mesnil-Opac, dont voici les termes :

> L'an de grâce mil quatre cent
> Et trente-deux en celuy temps
> Fut fait ce livre et accomply
> Pour Mesnil-au-Parc, Dieu mercy.
> Jean Laignel et Jehan Née
> Furent trésoriers cette année,
> Et Raoul Gambien si le fit:
> Son âme soit à Jésus-Christ.
> Si priez pour les trépassés,
> Qui de leurs biens y ont donnés,
> Qu'en paradis ils puissent être
> Avec le doux Roi céleste. Amen.

CHAPITRE XIV

DE GILLES DE DUREMONT ET DE JEAN DE CASTIGLIONE

Nous ne savons rien de la famille ni du lieu de la naissance de Gilles de Duremont; nous connaissons seulement qu'il était docteur et professeur de théologie en l'université de Paris. Nous estimons aussi que ses qualités, jointes à l'attachement qu'il avait pour les Anglais, furent les raisons qui l'élevèrent aux dignités ecclésiastiques. Il fut premièrement pourvu de l'abbaye de Beaupré, de l'ordre de Cîteaux, au diocèse de Beauvais, puis de celle de Beaubec, du même ordre, en celui de Rouen, et enfin de Fécamp.

Il succéda en cette dernière dignité à Estoul d'Estouteville, vers l'an 1422, fut le vingt-quatrième abbé de Fécamp, et y resta jusqu'à la fin de l'an 1438 ou 1439, qu'il fut choisi pour être évêque. Sur quoi je crois qu'il est assez remarquable que ces dignités d'abbayes n'empêchaient point d'enseigner la théologie, tant la régence était estimée. On conserve encore à Fécamp deux actes, l'un du 19 juin 1436, et l'autre du 24 octobre 1433, par lesquels il fit signifier ses sauvegardes et priviléges, obtenus du prévôt de

Paris, en cette qualité de professeur de théologie en l'université de Paris.

En 1437, le pape Eugène ayant écrit à Louis de Luxembourg, depuis archevêque de Rouen, au sujet de la translation du concile de Bâle à Ferrare, et ceux de Bâle lui en ayant aussi écrit, il enjoignit à tous les prélats de sa province, exempts, de se trouver en sa chapelle archiépiscopale de Rouen, le mercredi 2° jour de juin de l'an 1438, pour résoudre d'un commun accord ce qu'on avait à faire sur ce sujet. Gilles de Duremont, abbé de Fécamp, s'y trouva et protesta, qu'étant les abbé et religieux de ce lieu immédiatement et uniquement dépendants du saint siége, lui ni ses successeurs n'étaient, non plus qu'avaient été ses prédécesseurs, sujets à ces sortes de convocations ou assemblées synodales, demandant au seigneur archevêque qu'il lui plût accorder acte de sa protestation de la même manière que ses prédécesseurs archevêques l'avaient accordée aux abbés de Fécamp avant lui en cas semblables, ce qu'il obtint sans difficulté, ainsi qu'il paraît, par acte particulier que le père de Moustiers a fait imprimer en son *Neustria pia*, page 250.

Peu de temps après, la nouvelle de la mort de Philibert de Montjeu, notre évêque, étant venue, Gilles de Duremont fut, par la faveur et l'autorité des Anglais, choisi pour lui succéder. Il fut sacré presque aussitôt par l'archevêque de Rouen, ce Louis de Luxembourg dont nous venons de parler, après quoi il vint prendre possession, visita son église, une fois seulement, y établit des grands vicaires, et s'en retourna à Rouen pour faire sa résidence en son palais épiscopal, au prieuré de Saint-Lo de cette ville, où nous trouvons qu'il exerçait certainement ses fonctions épiscopales, en sa juridiction ordinaire, avec autant de liberté et aussi peu de contradiction qu'il aurait pu faire à Coutances.

Il y a quelque temps que j'écrivis à Fécamp pour avoir quelques mémoires de ce prélat, et voici, en original, la réponse qui me fut faite par le révérend père dom Julien Bellaise, religieux bénédictin, dans laquelle on pourra voir presque tout ce qui regarde cet évêque, au moins à l'égard de ce monastère :

« Gilles de Duremont, notre abbé, fut docteur en théologie en l'université de Paris, et y fut professeur lors même qu'il était abbé : bien d'autres que lui se faisaient en ce temps-là un honneur de ces régences, et, en cas d'absence, entretenaient des docteurs pour y suppléer. Son mérite et son érudition semblent avoir été la cause de sa promotion aux dignités d'abbé et ensuite d'évêque. Après la mort d'Estoul d'Estouteville, arrivée au mois d'octobre 1422, il fut élu abbé de Fécamp, sans qu'on en sache ni le jour ni les circonstances.

« Il ne fut pas vingt-deux ans abbé, comme porte notre catalogue, mais dix-sept ou dix-huit seulement; car il était déjà évêque de Coutances au 26° août 1440, ainsi qu'il appert par la décharge générale que lui donnèrent ce jour le prieur et le couvent, et par son propre acte du 29° en suivant, souscrit par son secrétaire, nommé Gueroul, et scellé d'un sceau à demi-

rompu et qui n'est plus reconnaissable, mais paraît être celui de son église. La bonne administration est attestée par l'acte de décharge dont voici les termes : « Comme révérend père en Dieu, monseigneur Gilles
« de Duremont, évêque de Coutances, ait par long-
« temps été notre abbé et notablement gouverné notre
« église et nous en icelle, fait faire plusieurs notables
« édifices de réparations et fait plusieurs acquisitions
« de fiefs nobles et autres héritages, acheté plusieurs
« riches vêtements d'église, déchargé notre dite église
« de plusieurs charges, tant de guerre comme autre-
« ment, et fait nouvellement de grosses et somptueuses
« mises, à cause des guerres présentes, nous ait aussi
« baillé naguère 400 saluts d'or comptant, et 30 marcs
« en vaisselle d'argent, laissé vins, blés et autres pro-
« visions de vivres et plusieurs ustensiles en notre hôtel
« de Rouen, nous ait semblablement laissé à recevoir
« plusieurs arrérages, tant de grosses fermes comme
« de rentes dues par nos hommes et femmes, à condi-
« tion d'en compter avec eux sur les acquis et com-
« mandements, ou ceux de ces gens de procéder, de ce
« jour l'avons tenu quitte et déchargé totalement, et
« pour les biens meubles appartenant à notre dite
« église que pourrait avoir de présent en mains, en
« avons quitté ledit révérend père en Dieu, moyennant
« les sommes que dessus, et en outre la somme de
« mille saluts d'or que, de notre consentement, il a
« présentement baillé, à notre élue dom Jean de la
« Haulle, pour être convertis aux affaires et au bien de
« notre dite église. »

« L'acte particulier dudit seigneur évêque ne contient rien de spécial, mais en général des marques d'estime et d'affection à l'égard desdits religieux, sa reconnaissance pour les décharges ci-dessus et des promesses de service et d'amitié pour l'avenir, avec une déclaration qu'il leur a donné les sommes ci-dessus déclarées, pour subvenir à la grande indigence à laquelle l'abbaye de Fécamp se trouvait réduite par le malheur des guerres présentes. Il promet enfin et s'oblige de leur faire rendre et restituer toutes lettres et obligations, livres, chartes, rôles et autres enseignements à leur abbaye appartenant. Il fut zélé pour la conservation des droits et priviléges de ladite abbaye, tandis qu'il en eut l'administration, et spécialement de la juridiction spirituelle et exemption, en faveur de laquelle il prit acte en ses protestations au concile provincial tenu à Rouen le mercredi 2ᵉ avril avant Pâques 1437. Il était, avec l'abbé de Jumiéges, au procès qui fut fait à Rouen à la Pucelle d'Orléans, par Pierre Cauchon, évêque de Beauvais, en 1431. Il fallut bien que lui et grand nombre d'autres cédassent en cette occasion et bien d'autres à la force majeure et commandement du roi et des ministres d'Angleterre, qui étaient maîtres de la Normandie. Nous ne savons rien de plus pour son élection à l'épiscopat, ni même s'il y demeura, mais seulement, par les mémoires des sépultures de nos abbés, que celui-ci gît en son église « cathédrale ». Il devait dire collégiale de Saint-Lo, de Rouen, comme nous allons voir.

Ce que dessus nous apprend le caractère de notre évêque, Gilles de Duremont, auquel il ne manqua rien, que d'être venu dans un temps très-malheureux, dans la conduite duquel nous ne trouvons rien à redire, que l'époque infortunée, d'avoir assisté à l'injuste condamnation de la Pucelle d'Orléans.

Nous apprenons des mémoires du prieuré de Saint-Lo de Rouen, qu'il eut une considération particulière pour les chanoines de ce lieu, laquelle fut avantageuse à son église cathédrale. Les affaires de ces religieux étaient en assez mauvais état à cause des guerres. Pour avoir quelque moyen de se rétablir, il permit à ces religieux de faire une quête générale par tout le diocèse, et, pour exciter davantage les fidèles à la charité et leur donner plus librement de leurs biens, il ajouta à cette permission celle de porter en cette quête le bras de saint Lo, ce grand évêque de Coutances, à la faveur duquel le Ciel avait opéré tant de miracles, et pour qui toute la province, mais particulièrement le Cotentin, avait une vénération et une dévotion toute particulière. On ne saurait nombrer combien, par ce pieux artifice, ces bons quêteurs emportèrent d'argent; mais nous savons qu'il fut pieusement employé. On en fit bâtir de neuf la chapelle Saint-Lo, le chœur, une bonne partie de la nef, l'aqueduc, les fontaines et des nouvelles châsses dorées pour les reliques des saints, et, l'avantage qu'en tira l'église de Coutances, ce fut d'en être enrichie de cette précieuse relique, le bras de son cinquième évêque, le bienheureux saint Lo. François Farin, le P. Arthur de Moustier[1] témoignent ceci en parlant de Guillaume

---

[1] *Neustria pia*, p. 811.

le Bourg, dix-huitième prieur de ce lieu, et nous trouvons dans un ancien registre de ce même prieuré, de Duremont au nombre des évêques de Coutances qui y ont résidé et qui y ont fait et exercé toutes les fonctions épiscopales, et entre autres conféré les ordres sacrés à des paroissiens de Saint-Lo et de Saint-Jean-sur-Renel.

Gilles de Duremont fut peu de temps notre évêque. Nous trouvons qu'il termina le cours de ses années à Rouen au mois de juillet 1844, et qu'il fut inhumé, non comme le portent les registres de Fécamp, à Coutances, mais à Rouen dans l'église des chanoines réguliers de son église de Saint-Lo, sous un tombeau où cette épitaphe était gravée, au rapport de l'auteur de l'histoire de Rouen : « Hic jacet bonæ memoriæ, eximiæ
« quondam virtutis et eloquentiæ, reverendus in Christo
« pater Ægidius Duræmortis, sacræ Theologiæ Profes-
« sor, cœnobiorum pridem Bellipratiac Bellibecci, pos-
« teà Fiscanensis Abbas, postremo Constantiensis Epis-
« copus, qui, 29 julii obiit anno 1444[1]. » L'auteur du livre qui a pour titre : *Chronologia inclitæ urbis Rhotomagensis*, dit la même chose : « Anno 1444°, 29ª die julii,
« obiit Ægidius de Duramorte, episcopus Constantien-
« sis, in ecclesia Sancti Laudi Rhotomagensis sepultus. »

Si ce que le père de la Pommeraye dit dans son histoire des archevêques de Rouen est véritable, Gilles de Duremont fut très-peu de temps malade, car cet écrivain parlant de la prise de possession de Rodolphe Roussel, successeur de Louis de Luxembourg, remar-

---

[1] Tome IV de l'édit. de 1738, p. 43.

que que cette cérémonie se fit le 26° juillet audit an 1444, et que l'évêque de Coutances y fut présent avec plusieurs autres qu'il nomme, d'où il s'ensuit qu'il n'aurait été en maladie que deux ou trois jours. L'obituaire de la cathédrale de Coutances fait tous les ans mémoire de lui ledit jour 29° juillet par un service solennel, qu'il n'est point permis de transférer, s'il n'arrive un dimanche. Voici les termes de l'obituaire, article 29° : « Ægidius de Duramorte, Constantiensis « episcopus, parentes, amici et benefactores ipsius, « continue præ manibus, et non moveatur nisi domi- « nica. » Et dans le compte de l'an 1666, il y a pour l'obit de M. Gilles de Duremont 131 livres, 10 sous, 8 deniers.

JEAN DE CASTIGLIONE

La famille de ce prélat était autrefois illustre à Milan. Geoffroi de Castiglione, neveu du pape Urbain III, fut élu pape et nommé Célestin IV le 22° septembre 1241, et succéda à Grégoire IX, qui lui avait prédit son élévation, voyant la considération et la charité extraordinaire qu'il avait pour les prêtres. Nous y trouvons en outre 3 cardinaux : le 1er nommé Geoffroi, créé par le pape Innocent IV; le 2° Branda de Castiglione, créature de Jean XXIII, et enfin notre évêque Jean de Castiglione, auquel MM. de Sainte-Marthe aussi bien que le *Mercure Armorial*, donnent pour armes un écu d'argent, au lion de gueules qui tient en sa patte droite un écusson écartelé, ou plutôt de gueules, au lion d'argent tenant en sa patte un château d'or au premier quartier.

L'auteur de la *Vie des cardinaux*, parlant de notre Jean de Castiglione, trouve mauvais que Onofrio Panvinio et autres écrivains aient dit qu'il ait été évêque de Coutances, et avance qu'il trouve leur opinion fort peu probable. Il est pourtant certain qu'il l'a été, et c'est lui-même absolument qui se trompe. Il le fut, dis-je, nonobstant les statuts du concile de Bâle, qui défendait toutes réservations en bénéfices et grâces expectatives, par le choix et la création du pape Nicolas V.

Il fut sacré sur la fin du mois d'août de l'an 1444, peu de temps après le décès de son prédécesseur, et jouit de cet évêché un peu plus de 9 ans, c'est-à-dire jusqu'au mois d'octobre 1453, auquel temps il fut transféré à l'église de Pavie.

M. Le Prévost, que je cite souvent, dit que ce fut ce Jean de Castiglione qui assista à la prise de possession et à l'entrée solennelle que fit à Rouen Rodolphe Roussel en son église métropolitaine dont nous avons parlé. Je crois qu'il se trompe. Si cela était, il faudrait ou que cette cérémonie n'eût pas été faite le 26 juillet 1444, auquel temps vivait encore Jean de Duremont, ou que ce prélat se fût démis de l'évêché de Coutances en sa faveur, ou enfin que Castiglione fût déjà à Rouen avec sa bulle papale, expectative pour le premier évêché qui vaquerait dans la province, ce qui se faisait quelquefois.

Je n'ai vu jusqu'à présent aucune marque ni aucun

monument qui nous ait pu faire connaître qu'il soit venu à Coutances et qu'il y ait fait aucune fonction épiscopale. Ce que nous trouvons considérable durant son épiscopat, c'est la grande époque de la sortie d'esclavage de notre Cotentin, et de son retour à l'obéissance du roi de France, son vrai et légitime seigneur. Cette grande révolution arriva en 1449. Nous en avons parlé ailleurs, nous ne les répéterons point ici. Nous dirons seulement que la ville de Coutances fut assiégée le 10 septembre, qu'elle composa le 12 et que les Anglais en sortirent le lendemain. Voici seulement l'article qui regarde les ecclésiastiques. « Item, il est
« accordé que tous les gens d'église étant de présent
« en ladite ville et diocèse dudit Coutances, demeure-
« ront paisiblement en la possession, saisine et jouis-
« sance de toutes les prébendes, dignités, chapelles, pa-
« tronages et autres bénéfices ou offices ecclésiastiques
« quelconques étant au royaume de France, qu'ils tien-
« nent, et dont ils sont ou étaient en possession ou
« jouissance au jour de la réduction par quelque titre
« que ce soit, nonobstant tous dons, collations, provi-
« sions et permutations faites ou octroyées à autres per-
« sonnes, tant par don de régale de quelque autre sei-
« gneur temporel ou ecclésiastique qu'autrement, sauf
« et réservé que s'il y avait quelqu'un qui tînt au précé-
« dent aucun des bénéfices et offices ecclésiastiques par
« la privation de ceux qui ont tenu le parti du roi et son
« obéissance, en icelui cas les dons à lui faits seraient
« nuls, et rentreront et retourneront lesdits privés en
« leurs bénéfices et offices, ainsi qu'ils étaient audevant

« de ladite privation. Et aussi est accordé pour sûreté
« desdits gens d'église, que de tous leurs dits bénéfices
« qu'ils pourraient avoir chacun en régale, et là où on
« pourrait dire que ladite régale aurait été ouverte à
« cause de serment de fidélité non fait au roi par l'évêque
« de Coutances ou ses prédécesseurs, ou autrement,
« iceux gens d'église auront nouveaux dons et colla-
« tions de régale, si prétendre la veulent, de leurs dits
« bénéfices[1]. »

Pendant tous ces troubles et divers mouvements de notre Cotentin, Jean de Castiglione, notre évêque, jouissait en paix du peu de revenu de son évêché, que lui envoyait de temps en temps à Milan, avec sa famille, Guillaume de Varroc, chanoine de Coutances, son grand vicaire tant au spirituel qu'au temporel, et attendait tranquillement que la fortune lui fournît d'autres biens et d'autres avantages plus considérables.

Elle ne lui fut pas ingrate. Le pape, en 1455, le créa évêque de Pavie, et cette même année ayant été très-funeste à la chrétienté par la perte de Constantinople prise par les Turcs, le pape connaissant la capacité de Jean de Castiglione, l'envoya légat à la diète de Ratisbonne, à celle de Francfort, qui se tint peu de temps après, et à la cour de l'empereur Frédéric, afin d'unir et engager les princes d'Allemagne à s'opposer aux autreprises de l'ennemi commun du nom chrétien. Sa légation fut inutile. Frédéric était d'un naturel trop lent, trop paresseux, pour entre-

[1] L'acte entier se trouve dans l'histoire du Cotentin de notre auteur.

prendre une guerre de cette conséquence, et d'ailleurs le pape venant à mourir, sa légation finit et il fallut revenir.

Ce retour lui fut avantageux. Calixte III qui avait succédé à Nicolas, le créa cardinal en 1456, et Pie II, successeur de Calixte, l'envoya légat en la marche d'Ancône. Il y mourut. Son corps fut rapporté à Milan et inhumé au sépulcre de ses ancêtres. Son épitaphe, que MM. de Sainte-Marthe et Morel rapportent, marque sa vie en abrégé. On pourra la voir chez ces écrivains en sa langue naturelle ; la voici en la nôtre :

« A Dieu, très-bon et très-grand.

« Ci-gît Jean de Castiglione, natif de Milan, transféré
« de l'évêché de Coutances en Normandie en celui de
« Pavie, cardinal prêtre de la sainte église de Rome,
« titre de Saint-Clément, de la famille de Célestin IV,
« souverain pontife, et des cardinaux Octavien, Geoffroi
« et Branda, lequel exerçant les fonctions de légat du
« Saint-Siége auprès de l'empereur Frédéric III pour le
« porter à la guerre contre les Turcs, fut en son absence
« élevé à la très-haute dignité de cardinal par Calixte III,
« après la mort duquel il fut choisi par Pie II, pour la
« légature de la marche d'Ancône, où s'appliquant avec
« trop d'ardeur à s'acquitter des devoirs d'un très-sage
« gouverneur et d'un généreux capitaine contre Picci-
« nino, il fut saisi d'une fièvre violente et mourut à Ma-
« cerata, le 14ᵉ avril 1460. »

On fait mémoire de lui tous les ans dans la cathédrale de Coutances, le jour 14ᵉ avril, par un service solennel qui a le privilége de ne pouvoir être transféré s'il n'arrive au dimanche : « 17 Calendas maii, obiit Johannes « de Castiglione, episcopus Constantiensis, continue « præ manibus, non moveatur nisi sit dominica. »

Nous avons encore deux ou trois remarques à faire ici de quelques particularités arrivées en notre diocèse pendant son épiscopat. Premièrement, nous avons trouvé dans les titres du Mont-Saint-Michel, que le roi Charles VII, après la rupture de la trêve faite par les Anglais qui avaient injustement assiégé et pris Fougères, ayant sommé les évêques de Coutances et d'Avranches, avec leur chapitre et les abbés de Savigny, Montmorel et la Luzerne, et plusieurs autres, de rentrer en leur devoir, et eux n'obéissant point, il confisqua leur temporel et le donna aux religieux de cette abbaye, ce qui néanmoins fut sans effet par l'expulsion des Anglais et la paix qui en suivit.

Secondement, que comme nous avons remarqué ailleurs, le chantre et le chapitre de Coutances ayant porté leurs plaintes au roi d'Angleterre de l'usurpation violente qu'on faisait sur eux et sur le clergé de Cotentin, de ses priviléges, ce roi, qui se qualifiait Henri par la grâce de Dieu roi de France et d'Angleterre, par ses lettres patentes adressées au bailli de Cotentin à Valognes, confirma lesdits priviléges et exempta, entr'autres choses, les ecclésiastiques du logement des gens de guerre. Ces lettres sont datées du 25ᵉ août 1429, qu'il appelle le 28ᵉ de son règne.

Nous avons encore vu d'autres lettres accordées par Charles VII, roi de France, en date du 4 octobre 1452, en faveur du chantre et chapitre de cette même église, au sujet de la prescription des rentes qui lui étaient dues durant la guerre des Anglais, par lesquelles sa Majesté mande aux juges « s'il appert des « droits et titres de rentes que le chapitre dit appar- « tenir à l'église, qu'ils fassent payer lesdites rentes et « revenus dudit chapitre, en tant que leur en dépen- « drait, et n'auraient été recueillis, levés ni payés, no- « nobstant le laps de temps dont les sujets et redevables « auxdites rentes et revenus voudraient s'aider être en- « suivi durant lesdits 40 ans, que nous ne voulons, dit « le roi, avoir lieu ni effet au cas présent et en icelui en « tant que métier est, et en avons reçu et retenons les « suppliants de grâce spéciale. Donné à Feurs en Forez, « le 4ᵉ jour d'octobre 1452, et de notre règne le 30ᵉ. »

Il y a encore d'autres lettres patentes du même monarque adressées au bailli de Cotentin, capitaine, vicomte de Coutances, ou à siens lieutenant, sur la poursuite des chantre et Chanoines de Coutances, en faveur des ecclésiastiques pour l'exemption des logements des gens de guerre à eux expédiés le 5ᵉ mars 1450, et du règne de ce roi le 29ᵉ avec l'ordonnance du bailli, en conséquence aux dits gens de guerre de sortir des maisons ecclésiastiques, et de payer ce qui leur aurait été baillé.

Ce chantre de Coutances avait nom Pierre d'Orgemont, ainsi qu'il paraît particulièrement par un contrat passé devant Etienne Jourdan tabellion à Coutances, le mercredi 28ᵉ mai 1448 par lequel un nommé Guillaume Hue, dudit lieu de Coutances, vendit à vénérables et discrètes personnes Mʳᵉˢ Pierre d'Orgemont, chantre et chanoine, Jean le Goupil, archidiacre, Robert de Fontaine, Etienne Sénéchal, trésorier, Jean Jolivet, Guillaume Villequin et Jean Timon, chanoines, fondant nombre de commun, 45 sous de rente. Et pour faire voir que, quoique ce temps fût très-malheureux sous la captivité des Anglais, l'église néanmoins ne cessait pas d'acquérir et le commerce de se faire entre les particuliers, on ne trouvera peut-être pas mauvais que j'ajoute ici quelques particularités que j'ai extraites des registres de ce Jourdan, que j'ai trouvés à Coutances chez un des écrivains qui les conserve soigneusement. Voici donc :

Le vendredi 2ᵉ jour de décembre 1446, vénérables et discrètes personnes, messires Richard Varroc, Jean le Jolivet et Hugue de Laye, chanoines de Coutances, achetèrent de Jean Soret une pièce de terre sise en la paroisse de la Rondehaye. Par acte du 7ᵉ février audit an, dame Hélène de Foligny, veuve de feu messire Fouque de la Bellière, en son vivant chevalier, seigneur dudit lieu, donna soixante sous de rente à l'Hôtel-Dieu de Coutances.

En 1447, dame Marguerite d'Harcourt, veuve de noble et puissant seigneur messire Jean d'Harcourt, en son vivant chevalier, seigneur et baron dudit lieu, ayant ci-devant créé quarante livres de rente, le chapitre de Coutances en amortit, le mercredi 26ᵉ jour d'octobre, vingt-six livres entre les mains de messires Robert de Fontaine, Jacques de Camprond, Jean le Jolivet, Guillaume Aubervice et Jean Simon, chanoines, faisant pour le commun.

En la même année, le mercredi 3° juillet, vénérable et discret homme messire Jean Le Jolivet, chanoine de de Coutances, donna, quitta et transporta à fin aux prieur et frères de l'Hôtel-Dieu de Coutances, quarante sous tournois de rente, du nombre de cent sous de rente qu'il avait droit de prendre sur Richard Langlois, écuyer, à cause d'un hôtel et jardin assis en la ville de Coutances, près l'auditoire du Roi notre sire, et fut ce fait pour participer, tant lui que feu messire Le Jolivet, son frère, en son vivant abbé du Mont-Saint-Michel, ses feus père et mère, et tous ses amis et bienfaiteurs, tant vifs que trépassés, aux bienfaits, prières et oraisons, qui seront dits et célébrés audit Hôtel-Dieu, et spécialement pour un service solennel qui se ferait à perpétuité en juillet pour les âmes de lui donateur et des autres susdits.

Le samedi 5° octobre, audit an, Robin Le Marquetel, bourgeois de Coutances, donna aux prieur et religieux Jacobins dudit Coutances six sous tournois de rente.

Le seize dudit mois et an, noble homme Jehan de Thère le jeune, seigneur et baron de Tournebu et sieur de Livet, au diocèse de Bayeux, et du Mesnil-Imbert, au diocèse de Lisieux, confessa, de sa bonne volonté et sans contraignement, avoir vendu, cédé, gagé et transporté aux vénérables et discrètes personnes les chantre et chapitre de Coutances six livres tournois de rente, à prendre et avoir sur tous ses biens et héritages, par le prix et somme de soixante saluts d'or de bon compte et de bon poids, chacune pièce du prix de trente sous, dont il se tient content et bien payé, à condition de gages. Présents : messires Pierre d'Orgemont, chantre et chanoine, Robert des Fontaines, Jacques de Camprond et Robert Pigache, tous chanoines faisant pour les autres.

Le 28° avril 1448, noble homme Jehan de Manneville, écuyer, sieur de la Languerie, pour lui et Philippine de Talvende, sa femme, vendit au chapitre de Coutances trente livres tournois de rente sur tous leurs biens, par trois cents livres et trente sous de vin, les dessusdits chanoines présents et acceptant pour les autres.

Le lundi 7 mai, audit an 1448, le chantre et le chapitre de Coutances s'étant calmés (sic) sur Jean de Cotentin, Jacquet et Perrin du Douit, pour certains héritages, assis en la paroisse de Tourville, sur lesquels lesdits sieurs disaient avoir droit de plaids, appointement fut fait entr'eux par le moyen de leurs amis.

QUATRIÈME PARTIE

Qui comprend ce qui s'est passé depuis la réduction de Normandie à la couronne de France par l'expulsion des Anglais, en 1450, jusqu'à la naissance des troubles pour la Religion en 1560, sous douze évêques.

CHAPITRE PREMIER

DE RICHARD OLIVIER DE LONGUEIL, CARDINAL DE COUTANCES.

La famille de Longueil est ancienne et noble, et subsiste encore noblement à Paris en M. Le marquis de Maisons, président à mortier au Parlement, nommé Jean de Longueil, neuvième du nom, et ailleurs. Cette famille est originaire de Normandie, tire son nom du bourg de Longueuil, proche de Dieppe, et porte : d'azur à trois roses d'argent au chef d'or à trois roses de gueules.

Richard Olivier de Longueil était fils de Guillaume

de Longueil, troisième du nom, et de Catherine de Bourguenole, sa seconde femme, lequel fut tué à la journée d'Azincourt, en 1415, avec son fils aîné. Il laissa plusieurs enfants, frères de notre Richard, et entr'autres Jean second, qui continua la branche des aînés de cette maison. L'un des fils de ce Jean, nommé Guillaume, fut trésorier de l'église de Beauvais et grand vicaire de Coutances.

Les premières dignités ecclésiastiques, où nous trouvons notre Richard Olivier, sont d'avoir été licencié aux lois, protonotaire apostolique, président en la chambre des Comptes, chantre de Lisieux, chanoine et official de Rouen, et archidiacre d'Évreux en cette même église, à quoi Mrs de Saint-Marthe ajoutent qu'il fut abbé de Saint-Corneille-de-Compiègne.

Nous trouvons encore que Rodolphe Roussel, cet archevêque de Rouen dont nous avons parlé, étan^t mort, le chapitre fut partagé sur l'élection d'un successeur, et les voix se trouvaient presque égales entre Philippe de la Rose, trésorier, et Richard de Longueil, archidiacre. Ce dernier se pourvut en cour de Rome et y alla pour ce sujet. Le pape les accorda et termina ce différend en créant d'Estouteville archevêque de Rouen ; néanmoins parce que Richard en avait usé de bonne grâce et que, d'ailleurs, il fut reconnu personne d'un grand mérite, le souverain pontife lui donna l'évêché de Coutances, devenu vacant par la translation de Jean de Castiglione à celui de Pavie.

L'époque de son sacre est marqué au vingt-huitième

jour de septembre 1453, et sa mort au dix-septième août 1470. Ainsi il fut notre évêque un peu plus de dix-sept ans, pendant lequel temps, si nous en croyons les auteurs qui ont écrit de lui, il s'acquitta très-bien de toutes les grandes charges à quoi il se trouva engagé par les divers emplois de sa vie.

Il vint bientôt à Coutances prendre possession de son église; mais auparavant, ou très peu de temps après, il rendit hommage au roi du temporel de son évêché, ainsi qu'il paraît par un acte de la chambre des Comptes, daté du douzième mars 1455 : « Les gens du roi notre sire tenant les Comptes « à Paris, et trésoriers, aux bailli de Cotentin et « vicomtes de Coutances, Valognes, Carentan, ou leurs « lieutenants, salut. Il nous a paru par lettres patentes « du Roi notre sire, données à Paris le quatrième jour « de décembre 1453, que le révérend père en Dieu « Mgr Richard Olivier, évêque de Coutances, avait fait « au Roi notre sire le serment de féalité, que tenu lui « était à cause de la temporalité dudit évêché, sous « lequel est compris et entendu tout le temporel que « l'évêque et le chapitre de Coutances tiennent du roi « notre sire à cause de ladite église, et nous en ont « lesdits du chapitre baillé ce jourd'hui par écrit en « ladite chambre des Comptes le dénombrement. »

Je trouve que notre évêque tint son premier synode général la semaine après l'octave de Pâques de l'an 1454, dans lequel, après avoir lu et approuvé les constitutions de ses prédécesseurs, il en publia lui-même de particulières, lesquelles me paraissent dignes de considération. Il ordonna aux curés de lire au prône de leurs messes de huit jours solennels[1] : premièrement, les constitutions de Boniface VIII, au fait des privilèges, immunités, exemptions et juridictions des Églises ; secondement, les décrets de Grégoire X, et troisièmement, ceux du concile général de Lyon, sur ce même sujet ; enfin, de les lire traduits en français, afin que chacun pût les entendre, et éviter ainsi les censures, dans lesquelles tombaient les violateurs de ces canons ; et les jours solennels, auxquels il voulut qu'ils fussent lus, étaient le premier, quatrième et dernier dimanche de Carême, et les fêtes de l'Ascension, Pentecôte, Saint-Jean, l'Assomption et la Nativité de la Vierge.

La France était assez tranquille depuis l'expulsion des Anglais ; mais tous les gens de bien gémissaient de voir la réputation de la Pucelle d'Orléans ternie par le jugement inique de Pierre Cauchon, évêque de Beauvais, et des autres esclaves des Anglais. La mère donc et les frères de cette illustre héroïne, qui étaient encore en vie, se portèrent pour appelants en cour de Rome de la sentence de ce Cauchon, et présentèrent leur requête au Souverain pontife, aux fins de la révision du procès de cette innocente fille.

---

[1] Statuimus quod in octo diebus solemnibus anni ad minus, scilicet prima, quarta et ultima Dominica Quadragesimæ ; in festis Ascensionis Dominicæ, Pentecostes, Nativitatis Beati Johannis Baptistæ, Assumptionis, Nativitatis Beatissimæ Matris Dei, in parochialiis Missarum parochialium totius civitatis et Diœcesis Constantiensis legant istas tres Constitutiones Bonifacii octavi lib. VI. Quorum una est de immunitate Ecclesiæ, *Quoniam ut intelleximus*. Alia est de sententia excommunicationis cap. *Quicumque*. Tertia est de his quæ vi metusve causa fiunt, cap. *Absolutionis beneficium...* (D. Bessin, 557).

Le pape Calixte, par sa bulle datée du quinzième juillet 1455, accordant les fins d'une requête si juste, commit à cet effet Jean, archevêque de Reims, Richard Olivier, notre évêque, Guillaume, évêque de Paris, et plusieurs autres personnes d'un mérite choisi, abbés, docteurs, inquisiteurs de la foi et maîtres aux lois, lesquels examinèrent le fait avec toute l'exactitude possible, entendirent cent douze témoins de toutes conditions, et, enfin, prononcèrent que le procès fait à ladite Jeanne, défunte, et sentence sur ce intervenue, et tout ce qui fait, avait été plein de dol, calomnie et injustice, contrariétés et erreurs en fait [et] en droit, déclarant ladite Jeanne, demandeurs et parents, n'avoir encouru par les moyens que dessus aucune note d'infamie, etc. Ce jugement fut prononcé dans le palais archiépiscopal de Rouen, le 7° juillet 1456.

Le roi apprit la nouvelle de cette sentence avec grand plaisir. La prudence et l'exactitude avec laquelle notre prélat y avait travaillé, lui donnèrent une haute estime de la capacité de notre Richard. Il résolut de s'en servir en ses conseils; il le fit même le chef de son conseil, si nous en croyons ceux qui ont écrit de sa vie, et s'en acquitta parfaitement bien.

Ainsi monsieur le dauphin s'étant retiré de la cour et sorti du royaume, s'était réfugié à la cour du duc de Bourgogne. Cette conduite déplut au roi; il envoya donc son premier ministre, l'évêque de Coutances, vers ce duc, pour l'engager à lui renvoyer son fils, et persuader, s'il était possible, au fils de prendre le parti de revenir auprès de son père et de se remettre en son devoir. Sa négociation fut presque inutile. Le Bourguignon dit qu'il ne pouvait violer le droit d'hospitalité en chassant de sa maison un prince qui s'y était réfugié, ni abandonner le fils de son souverain, lequel serait un jour son maître.

Environ ce même temps, et « tandis que ce sage « prélat, dit l'auteur de la vie des cardinaux de « France[1], qui avoit le premier lieu dans le Conseil « d'Etat et la meilleure part dans l'administration de « la justice, travailloit ainsi pour le repos de la France, « Sa Majesté travailloit pour sa promotion en cour de « Rome, et fit en sorte, que Calliste troisième le créa « au quatre-temps de Décembre mil quatre cens qua- « rante six, Cardinal-prêtre du titre de Saint-Eusèbe. « Ce ne fut néantmoins que Pie second successeur de « Calliste, qui l'honnora du Chappeau rouge, qu'il luy « envoya en France. »

Ce même écrivain ajoute que le roi « ayant fait ap- « peller à Vendosme les Pairs de France, et les plus « considérables officiers de la couronne, pour être pré- « sens à la condamnation de Jean second, duc d'Alen- « çon, convaincu de crime de lèze Majesté au premier « chef : Philippe le Bon, duc de Bourgogne, qui crai- « gnoit entremement que ce prince François, son pa- « rent, ne fût traité selon la rigueur des loix du « Royaume, eut soin d'envoyer à l'assemblée de Ven- « dosme Jean L'Orfèvre, président de Luxembourg, « lequel, suivant les ordres de son Maître, s'efforça

[1] Aubery.

« d'emouvoir Sa Majesté par quatre divers motifs, luy
« representant qu'il n'y avoit rien que les Rois de-
« voient avoir plus en recommandation que la clé-
« mence à compassion; que le duc d'Alençon étoit son
« parent et Prince de son sang; que les comtes et ducs
« d'Alençon avoient rendu d'insignes services à la
« Couronne; que le duc Jean étoit d'un naturel assez
« simple, et que par conséquent il avoit plutôt péché
« par fragilité, que par malice. Le cardinal de Cou-
« tance que l'on eût pu à bon droit nommer la bouche
« et la langue de son Prince, étant ordinairement l'in-
« terprète de ses volontez, prit en suite la parole pour
« Sa Majesté, et repartit judicieusement à chaque point
« de la harangue du président. Il avoua qu'à la verité
« la clémence étoit une qualité grandement recomman-
« dable en un Monarque, mais que la Justice leur
« étoit une partie absolument nécessaire, sans laquelle
« il n'y auroit point au monde de gouvernement légi-
« time. Il adjouta de plus, que si le duc d'Alençon avoit
« l'honneur d'être parent du Roy, il étoit d'autant plus
« obligé de se montrer fidelle en son endroit et de
« maintenir les droits de sa Couronne; qu'il avoit
« grand tort de n'avoir pas suivi le bon exemple que
« ses ancêtres avoient laissé, et que les enfants ne por-
« tant pas ordinairement l'iniquité de leurs pères, l'on
« ne devoit pas trouver mauvais qu'ils ne receussent
« pas toujours la récompense deue aux services de
« leurs Majeurs; qu'enfin, son procédé témoignoit bien
« qu'il n'étoit pas si simple qu'on voulait le faire pas-
« ser, étant impossible qu'un homme sans beaucoup

« d'industrie, et encore plus de malice, eût su conduire
« longtemps des prattiques et des menées secrettes avec
« des Estrangers et les anciens ennemis de sa patrie... »

La harangue du cardinal, notre évêque, eut bon effet. Le chancelier prononça arrêt de mort contre le duc ; mais le roi en sursit l'exécution, et se contenta de le tenir en prison, d'où il est sorti à l'avènement à la couronne du roi Louis XI.

Quoique l'autorité de notre prélat fût très grande auprès du roi, comme chef de son conseil, MM. de Sainte-Marthe, après le cardinal de Pavie, remarquent une particularité que nous témoignent deux ou trois petites circonstances, dignes de considération, en ce qui se passa au Parlement, l'an 1458, touchant l'homologation de la pragmatique sanction, laquelle le roi souhaitait. Notre prélat s'y trouva, entra en cette auguste assemblée, et, comme il avait une grande liberté de dire ses sentiments, il s'opposa hardiment à la pragmatique sanction et à sa réception, et il le fit avec tant de feu et de fierté, qu'il en fut condamné sur-le-champ à une amende de 10,000 livres : « Sed
« cum esset in ferenda sententia liber ac propositi
« constans, pragmaticæ sanctionis institutioni, quæ
« gratiosa erat regi, in Parlamento repugnavit. Eam
« ob rem multatus fuit summa 10,000 librarum,
« anno 1458 [1] ». On voit en ceci la grande autorité du Parlement, l'intrépidité du cardinal de Coutances, avec son attachement aux intérêts de la cour de Rome, dont

[1] *Gallia*, xi, 893.

il était devenu membre par le cardinalat, et enfin la bonté du roi, qui ne diminua rien de son estime et de son affection pour son ministre, quoiqu'il se fût publiquement opposé à sa volonté.

L'année précédente, ainsi que le marque Alain Chartier, le roi de Hongrie, voulant s'honorer de la plus belle alliance du monde, fit demander en mariage la princesse Madeleine, fille de noble roi de France. Comme sa majesté agréa cette recherche, Ladislas envoya quérir cette princesse par une des plus belles ambassades qu'on ait vues en France. Outre les prélats, on y compta huit cents cavaliers en pompeux équipage, et quatre dames et filles d'honneur, le plus superbement ornées de pierreries, orfèvreries ; elles avaient leur train, leurs chevaux et leurs carrosses, les plus magnifiques qu'on puisse s'imaginer.

Le roi était alors à Tours. Pour les recevoir avec magnificence, il envoya au-devant d'eux les principaux de sa cour, à la tête desquels fut le cardinal de Coutances, accompagné de l'archevêque de Tours, l'évêque du Mans, le chancelier et plusieurs autres, lequel, prenant la parole, les félicita au nom du roi sur leur voyage et leur bienvenue. L'un et l'autre furent inutiles et sans effet. Comme ils étaient sur leur départ, très satisfaits du roi et de la France, nouvelles vinrent que Ladislas était mort subitement à Prague, empoisonné, dit-on, par les hérétiques Hussites. Au reste, pour occupé que fût Richard, notre évêque, aux affaires du roi et de l'État, il ne négligeait pas celles de

son église et de son diocèse. Dès le mois de février de l'an 1456, le prieur de Saint-Lo de Rouen étant mort, les sous-prieur et religieux lui présentèrent requête tendante à ce qu'il lui plût leur donner permission de lui élire un successeur. Voici l'acte par lequel il leur accorda les frais de leur requête : « Richard, par la miséri-
« corde divine, évêque de Coutances, à tous ceux qui
« ces présentes verront, salut. Comme ainsi soit qu'à
« nous appartient, à raison de notre dignité épisco-
« pale, lorsque l'église ou le prieuré de Saint-Lo de
« Rouen est sans pasteur ou prieur, de donner licence
« et autorité aux sous-prieur et autres religieux de ce
« prieuré de s'en choisir un, et que maintenant la-
« dite église est sans pasteur ni recteur par la mort
« du feu sieur Le Bourg, dernier prieur dudit lieu,
« savoir faisons qu'ayant égard aux dangers éminents
« où le prieuré serait exposé s'il arrivait qu'il fût
« longtemps privé de gouverneur, et voulant obvier
« aux inconvénients qui en suivraient, nous avons
« donné et accordé, donnons et accordons, vertu des
« présentes, licences aux susdits sous-prieur et reli-
« gieux de faire élection d'une personne propre et
« suffisante, qui soit en état de leur présider, profiter
« et servir avec honneur et avantage, de quoi nous
« chargeons leur conscience, le tout suivant les formes
« et solennités requises. Fait à Saint-Porcian sous
« notre scel, le sept février 1455. »

En conséquence de cette permission, les religieux s'étant assemblés capitulairement, élurent, suivant toutes les formalités et les cérémonies ordinaires, pour leur prieur, un religieux de leur maison, nommé Guillaume Le Moine, par acte daté du 2° de mars 1455. *More Gallicano*, comme ils le disent, ils présentèrent une longue supplique au seigneur Richard, évêque de Coutances, tendante à ce qu'il lui plût, à l'exemple de ses prédécesseurs, confirmer ladite élection, comme étant canonique, faite suivant les règles de la pragmatique sanction, par l'inspiration du saint Esprit, bénir ledit élu et donner les autres pouvoirs nécessaires, le suppliant en outre de suppléer charitablement à leurs manquements, s'il s'en trouvait quelqu'un, ce que le bon prélat ayant examiné exactement, il confirma leur choix, ainsi qu'il paraît par l'acte dont nous donnerons l'original en son lieu, lequel est daté de Gamache, le 18° du même mois et de la même année, que l'on comptait encore 1455.

Cette tranquillité du prieuré de Saint-Lo de Rouen ne dura guère après ce que nous venons de dire. Les évêques et l'église de Coutances avaient été jusqu'à ce moment paisibles et incontestablement maîtres et supérieurs immédiats de cette paroisse et de ce prieuré de Saint-Lo de Rouen, comme ils le sont des autres paroisses de Cotentin, depuis la donation qui leur en avait été faite par le premier duc des Normands; ils en avaient toujours joui sans trouble, y avaient exercé toutes sortes de juridictions épiscopale et ordinaire comme faisant partie de leur diocèse, ainsi que nous avons pu remarquer en ce que nous avons dit jusqu'à présent. Ces raisons néanmoins, ces donations, et cette paisible possession de plus de quatre cents ans semblait trop faible à l'ambition pour appuyer le droit de nos évêques.

Un nommé Hector Coquerel, grand-vicaire et official de Mgr le cardinal d'Estouteville, archevêque de Rouen, voulant faire l'officieux, comme il arrive quelquefois à ces gens, engagea malheureusement son maître, qui était alors à Rome, à vouloir usurper le bien d'autrui et faire un mauvais procès à l'église et aux évêques de Coutances. Il osa, par une nouveauté inouïe jusqu'alors, entreprendre de faire la visite de ce prieuré et des deux paroisses qui en dépendent, Saint-Lo et Saint-Jean-sur-Renelle, et exercer d'autres actes de juridiction immédiate et ordinaire sur les religieux et sur les autres diocésains de Coutances.

Ces bons religieux, surpris de la hardiesse de ce Coquerel, formèrent sur-le-champ opposition à son entreprise, en donnèrent avis au cardinal de Coutances, leur évêque, lequel conjointement avec eux en porta sa plainte aux requêtes du Palais à Paris, d'où sentence en suivit qui ordonnait aux parties de procéder sur ladite complainte, écrire et produire pour en venir à jour, et cependant défense de rien attenter et rien ordonner aux commissaires préposés à gouverner la chose contentieuse.

Mais Coquerel n'ayant point d'autres titres à produire que la violence de son maître et son autorité, du nom duquel il se couvrait, se moqua de ces ordonnances et, ajoutant attentat sur attentat, fut à main forte audit prieuré, « soi efforça d'icelui visiter de s'apointer
« les officiers et commissaires ordinaires et fit d'autres

« exploits et entreprises contre et au préjudice, dit le Roi[1], de notredit conseiller, le cardinal de Coutances « appelant, etc., » de quoi ledit conseiller cardinal portant sa plainte au roi et à son conseil, il en obtint arrêt par lequel il fut ordonné que ledit Coquerel serait ajourné à certain et bref jour pour répondre en personne sur lesdits attentats et violences, et mandement accordé pour un être dûment informé, pour le tout fait être porté à la cour du Parlement, nommé juge spécial pour connaître de cette cause. Cet arrêt est daté du 21e mai 1459.

La cour, en attendant le résultat du procès, jugeant devoir mettre la supériorité en séquestre, nomma pour commissaire et régisseur d'icelui prieuré le sieur abbé de Beaubec, et défendit aux prieur et religieux de Saint-Lo, sous peine de mille marcs d'or, de souffrir aucune visite de la part des officiers dudit archevêque.

Tout ce qui se passa en cette procédure est trop long et trop ennuyeux pour être rapporté. Nous avons extrait des regîstres de ce prieuré la plupart des actes; nous espérons les donner en notre recueil, les curieux les y pourront voir. Je dirai seulement ici que ce procès est encore aujourd'hui à terminer; les changements qui arrivèrent aux affaires de notre cardinal, à la mort du roi son bon maître, l'empêchèrent de le poursuivre, et ses successeurs depuis ont eu trop de complaisance pour les archevêques de Rouen pour en demander la décision; outre que les religieux

---

[1] V. l'arrêt cité deux lignes plus loin.

de ce monastère ont trouvé et trouvent encore tant d'avantage à cette indépendance où ils sont, qu'ils inventent tous les jours des nouveaux moyens d'y demeurer, bien loin de travailler à s'en retirer, parce que lorsque quelqu'un de ces deux prétendants, l'archevêque de Rouen ou l'évêque de Coutances, veut entreprendre quelque acte de supériorité sur eux, ils ont aussitôt recours à l'autre, comme s'agissant de ses droits, et ainsi conservent-ils toujours leur liberté et leur indépendance.

Il est pourtant vrai de dire, qu'à regarder la chose d'un œil désintéressé, l'archevêque de Rouen n'a pas plus de droit de contester ce prieuré et ses dépendances à l'église de Coutances, qu'il n'en aurait de contester les paroisses de Saint-Cande[1] et les autres, de l'exemption de Lisieux, à l'église de Lisieux. Ce que nous avons dit jusqu'ici et ce que nous dirons dans la suite en seront la preuve. Retournons à notre prélat.

Les registres des ordinations, conservés dans les archives de l'évêché de Coutances, nous font foi que le cardinal, notre évêque, n'était pas si attaché à la cour, qu'il oubliât son devoir envers l'église, son épouse; mais comme ces registres nous seront à l'avenir d'un grand secours pour notre chronologie, il est bon de remarquer ici deux faits particuliers.

Le premier est qu'il n'y avait presque point de diocèse en ce temps-là qui n'eût deux évêques, l'un

---

[1] Saint-Cande-le-Vieux, à Rouen, dont l'évêque de Lisieux était doyen. Il avait aussi la nomination de la chapelle Saint-Victor dans l'église de Saint-Cande-le-Jeune.

titulaire et percevant le revenu et l'autre desservant. Ce dernier était évêque de quelque ville étrangère, qui était sous la domination des Turcs et des Schismatiques, ce qu'on appelle évêque *in partibus infidelium*. Ces évêques étaient nommés suffragants, étaient à gage, soumis non-seulement aux prélats, mais aussi absolument à leurs grands-vicaires. Ainsi, au temps dont nous parlons, Jean, évêque de Janopolis, était suffragant de l'évêché de Coutances et, par le mandement de Richard, lorsqu'il était présent, ou de son grand-vicaire en son absence, il ordonnait et faisait les autres fonctions uniquement appartenantes aux évêques.

L'autre point à remarquer est qu'il y avait deux sortes d'ordinations : l'une générale, qui se faisait ordinairement en l'église cathédrale à Coutances, ou à Bonfossé, ou à Saint-Lo, au temps ordonné de l'Église; l'autre, particulière, qui n'était que pour donner la tonsure et les quatre ordres qu'on appelle mineurs. On appelait cette ordination *per turnum*. L'évêque, ou son suffragant, visitant tout son diocèse une fois par an, désignait les lieux de sa marche les plus considérables auxquels il devait donner la tonsure et les ordres mineurs; on le publiait, et ceux qui désiraient les recevoir s'y trouvaient. Il s'y en trouvait toujours bon nombre, parce que les privilèges de la cléricature étant encore alors en leur entier, bien des gens voulaient s'en réjouir.

Ainsi le révérend père en Dieu, pour me servir des termes du registre, Mgr Jean Richard, cardinal et évêque de Coutances, l'an 1460, fit le tour de diocèse.

Il commença, le 10ᵉ du mois d'avril, au bourg de Villedieu et donna la tonsure à 23 personnes. Le lendemain, à Gavray, il en tonsura 47, et le lendemain, 12ᵉ dudit mois d'avril, faisant les ordres généraux en l'église des Jacobins, il fit 63 acolytes, 11 sous-diacres, 12 diacres, 23 prêtres et 131 tonsurés. Le 28ᵉ du mois d'avril, étant à Bonfossé, il tonsura 24 personnes. Il fut sans ordonner jusqu'au 20 mai, auquel jour, étant en son château de Bonfossé, il tonsura 43 personnes, et les 23 et 24 du même mois de mai, il en tonsura 110 à Carentan; à Saint-Lo, le 1ᵉʳ de juin, 106; le 6ᵉ juin, il en tonsura 43 en la chapelle du seigneur de Laune; le 14ᵉ juin, 15 en l'église de la Haye-du-Puits; le 17ᵉ juin, « per eumdem cardinalem, apud Vallonias, 170 tonsurati. »

Voici les mêmes termes du registre qui suivent ce que nous venons de dire : « Ordinati in majoribus in minoribusque, in capellâ episcopali Valloniensi, per reverendissimum patrem et dominum Richardum cardinalem episcopum Constantiensem : » les 7ᵉ et 8ᵉ juin, il y eut 101 acolytes, 10 sous-diacres et vingt-sept tonsurés.

La première ordination de notre suffragant l'évêque de Janopolis est marquée comme il suit : « Tonsurati in villâ Constantiensi per reverendissimum patrem in Christo Joannem, Janopolitanum episcopum, de licentiâ reverendissimi in Christo patris domini Richardi, miseratione divinâ sancti Eusebii sacrosanctæ Ecclesiæ presbyteri Cardinalis, episcopi Constantiensis, anno Domini 1462, die 18ᵃ et 19ᵉ septembris. » Le 20ᵉ, du même mois, il tonsura à Hautteville; le 21ᵉ, au prieuré de la Perrine; le 22ᵉ, à Saint-Lo; le 9ᵉ octobre, à Periers et à Sainteny; le 11ᵉ, à Carentan; le 12ᵉ, à Emondeville; le 13ᵉ, à Orglandes; le 14ᵉ, à Valognes; le 15ᵉ, à Quettehou; le 16ᵉ, à Barfleur; le 17ᵉ, à Gatteville; le 18ᵉ, à Cherbourg; le 19ᵉ, à Gilleville ou Helleville; le 20ᵉ, aux Pieux; le 21ᵉ, à Barneville; le 22ᵉ, à Saint-Sauveur-le-Vicomte; le 23ᵉ, à l'abbaye de Blanchelande; le 24ᵉ, à l'abbaye de Lessay; le 25ᵉ, à Montsurvent; le 26ᵉ, à Montmartin; le 27ᵉ, à Granville; le 28ᵉ, à la Haye-Painel; le 29ᵉ, à Villedieu; le 30ᵉ, à Hambie; le dernier octobre à Tessy; le 2ᵉ novembre, à Soule; et le 18ᵉ décembre, à Saint-Lo.

Les années suivantes furent presque semblables, à la réserve qu'on tonsura en plusieurs lieux qui ne sont pas les mêmes, tels que sont, par exemple, Cérences, les abbayes de Hambie et de Saint-Sever, la chapelle Sainte-Anne-de-Vire, qui était sur Talvende ou du diocèse de Coutances, et à Sainte-Marie-Laumont[1], où le même évêque tonsura en 1464.

Ce serait un ennui de rapporter le surplus. J'ajouterai seulement que ces administrations n'étaient pas infructueuses à ces suffragants; chaque tonsuré, chaque acolyte payait une somme réglée. Elle était petite, mais le grand nombre faisait que le tout se montait à quelque chose de considérable; ainsi nous verrons en l'année 1513, qui se commença à Gavray, le 16ᵉ avril, et finit à Saint-Lo le 26ᵉ mai, que le nombre des tonsurés fut de 626, qui valent, dit l'écrivain, cent

---

[1] Département du Calvados, arrondissement de Vire.

cinquante cinq livres, et celui des acolytes 144, qui valent, dit-il, trente-six livres.

En ces années 1436, 1464 et suivantes, notre prélat le cardinal de Coutances n'était plus dans le royaume. Le roi Charles VII, son bon maître, mourut le 22e juillet 1461. Louis, son fils, était d'un naturel bien différent. Il n'eut aucun égard aux serviteurs de son père, et encore moins pour notre évêque que pour un autre. Il avait été au-devant de lui à Reims, où il avait assisté à son sacre; presque aussitôt qu'il fut arrivé, il se désappointa de la charge de président en la chambre des Comptes et de ses autres emplois de cour et fut congédié hors de la France, et ce qu'il y eut un peu de plus, c'est que le congé se fit avec quelque espèce d'honneur.

Pie II était alors souverain pontife. Au temps du concile de Bâle, n'étant que Æneas Sylvius, il avait travaillé de tout son mieux à soutenir la pragmatique sanction; étant pape, il fit si bien par ses ministres et par les cardinaux qu'il avait en France, que, le 27e octobre 1461, le roi la révoqua, sous espérance que le pape favoriserait les armes des Français et de René, duc d'Anjou, roi de Naples et de Sicile, contre Ferdinand, roi d'Aragon. Au commencement donc de l'an 1462, il envoya à Rome une célèbre ambassade pour porter à Pie II la nouvelle de cette révocation et l'engager à l'accomplissement de ses promesses.

Notre évêque fut au nombre de ces illustres ambassadeurs, dont le sujet unique fut son éloignement, néanmoins qui ne lui fut point désavantageux; le mérite du Cardinal de Coutances fut connu. Le pape, qu'on sait avoir été très-capable de discernement, le connut et eut pour lui toute sorte de considération. Mais auparavant que de parler des bienfaits et des honneurs qu'il reçut à Rome, il me semble que je ne dois pas omettre une espèce d'arrêt du Conseil privé et du Parlement, qui fut donné contre la cour de Rome et spécialement contre lui, en 1463 ; le voici comme il est extrait du tome I des *Preuves des Libertez de l'Eglise Gallicane* et comme cet écrivain la tire du 1ᵉʳ volume des Ordonnances de Louis XI, enregistrées au Parlement, folio 28ᵉ :

DE PAR LE ROY.

Nos amez et feaux, nous avons reçeu les Lettres que escrites nous avez par Maistre Jean Boulenger President, Jean Henry Conseiller en nostre Cour de Parlement, Guillaume de Gavray [1] nostre advocat, et Jean de Saint-Romain nostre Procureur general, lesquels avons ouy et fait ouyr à plain sur le contenu ès instructions que leur avez sur ce baillées : Surquoy vous faisons sçavoir que nostre plaisir est que nos droits tant de Regale, de la cognoissance des causes beneficiales et Ecclesiastiques en matiere de nouvelleté, que autres dont nous et nos predecesseurs de tout temps et ancienneté avons jouy et usé ; aussi l'authorité souveraine de nous et de nostredite cour de Parlement soyent par vous entièrement entretenus, observez et gardez, et que les infracteurs, et ceux qui ont fait et feroient doresnavant au contraire, sous ombre et couleur de Bulles apostoliques ou autrement, soient par nous contraints par toutes voyes et manières que verrez estre à faire, à revoquer et faire revoquer, adnuller et mettre au neant tout ce qui seroit ou auroit esté fait au contraire, et à cesser doresnavant : et en outre soyent punis selon l'exigence du cas indifferemment et sans aucun espargner, et que le procez commencé en nostredite Cour à la

[1] Pithou dit Gannay.

requeste de nostre Procureur général, à l'encontre du cardinal de Constance pour raison des choses dessusdites, soit par vous jugé et déterminé à telle fin que verrez estre à faire par raison. Et pour obvier aux censures émanées de Cour de Rome par Bulles ja obtenues et impetrées ou à impetrer, avons ordonné et commandé à nostredit Procureur général, et voulons que pour nous et pour tous nos autres officiers, sujets et adherans il interjette appellations ou protestations au prochain Concile à venir, ou autrement procedé en cette matiere, selon la forme et maniere qui sera par nous advisée, appellez à ce aucuns de l'Université de Paris, et autres de nos Conseillers tels que verrez à faire... Donné à Muret en Comminge le vingt-quatriesme jour de may 1463[1]. Signé : LOUIS, et plus bas : LEPRÉVOST, et au-dessus : A nos amez et feaux conseillers les gens de nostre Parlement à Paris.

Notre évêque avait intérêt de soutenir l'autorité des Papes; il en recevait presque toujours des gratifications nouvelles. Il fut pourvu en commande des abbayes de Bernay et de Saint-Pierre-sur-Dive, aux diocèse de Lisieux et de Séez, ainsi que nous l'apprenons du *Neustria pia* qui, parlant de Richard du Bocage sur l'an 1464, dit que contre lui se présenta par procureur le cardinal évêque de Coutances, protestant et assurant qu'il en était commendataire : « Contra quem Cardinalis Episcopus Constantiensis, per procuratorem est protestatus, asserens se esse Administratorem illius abbatiæ etc... [2] Itemque [3] Richardus Olivarius *Longolius* Cardinalis S. R. E. Episcopus Constantiensis 69. Abbas commendatarius Divæ : anno 1464, in scacario. » Et l'auteur de l'abbé commanda-

---

[1] L'année est ajoutée par notre auteur. (V. *Preuves des libertés de l'église Gallicane*, édit. de Rouen, M.DC.LI, p. 705).
[2] Neustria pia, p. 404.
[3] A Saint-Pierre-sur-Dive, p. 504.

taire ajoute que Paul II donna l'abbaye d'Ambournay à Richard, cardinal de Coutances.

Le pape Pie II lui donna l'archiprêtré de Saint-Pierre-de-Rome et estima toujours en lui cette honnête liberté qu'il remarquait de ne point déguiser ses sentiments; aussi cet excellent pontife avait-il coutume de dire du cardinal de Coutances ces paroles qui me semblent un bel éloge : « Plût à Dieu que nous « eussions plusieurs cardinaux de Coutances, ce serait « un grand avantage pour l'église. C'est une personne « de poids, un homme de bien, doux, savant et véri- « table en ce qu'il avance. Utinàm Constantienses « haberemus plures, benè consultum esset Ecclesiæ. « Vir gravis est, vir bonus, vir mitis, vir doctus, « semper in suis sententiis verus[1]. » A quoi Pierre Frizon, auteur du *Gallia purpurata*, qui a écrit son éloge plutôt que sa vie : « Pio II carus, a quo etiam- « nùm magni æstimatus, enim laudabat ejus concilia. »

Le pape l'établit juge des causes d'Église, emploi dont il s'acquitta si dignement, que le cardinal fameux de Pavie dit de lui, que c'était un prêtre sincère en ses avis, constant en ses résolutions, zélé pour l'équité, droit en ses jugements, sans avoir aucun égard à la qualité des personnes; que le Pape se trouvait bien de ses conseils et lui remettait la décision des plus grandes affaires. On peut voir tout ceci dans Aubery, dans Frizon, dans Ciaconius[2], dans tous ceux qui ont

---

[1] Epistol. 97 cardinalis Papiensis.
[2] *Vitæ et res gestæ pontificum romanorum et romanæ Ecclesiæ cardinalium.*

écrit de lui, et même dans le dictionnaire de Moreri.

Je n'ajouterai plus sur cet article, que cette estime de Pie II pour notre évêque passa en Paul II, son successeur. Il le créa évêque de Porto et de Sainte-Rufine, et lui donna la légation de l'Ombrie ; et la capacité de ce cardinal était telle, qu'il s'acquittait de ses emplois à la satisfaction de tout le monde.

En retournant en notre diocèse, nous trouvons qu'il était gouverné par deux excellents grands vicaires, dont l'un était Guillaume de Longueil, neveu de Richard, et l'autre avait nom Jean Le Rat, official de Coutances. Le suffragant était toujours cet évêque de Janopolis dont nous avons parlé. Les choses allaient leur train ordinaire. Et ces vicaires de temps en temps rendaient compte par lettres à leur maître de ce qui se passait.

Ainsi frère Gautier Le Blond, curé de Barfleur, ayant été élu abbé de Cherbourg et ayant résigné Barfleur à frère Thomas Hinard, aussi religieux de la même abbaye, nous trouvons qu'il en obtint la collation, aux mêmes clauses et conditions de serment de fidélité, en la forme ordinaire dont nous avons donné quelques exemples : qu'il serait entièrement obéissant aux évêques, paraîtrait aux synodes et aux calendes de son doyenné, résiderait, conserverait les biens, revenus, franchises, libertés et autres avantages de son église, sans en aliéner aucune chose, et travaillerait au contraire de tout son mieux à recouvrer ce qui en était aliéné[1].

---

[1] Archives de la Manche, H, 2192.

De même notre suffragant, Jean évêque de Janopolis, tous les ans à son ordinaire, « de licentiâ et permissu reverendissini in Christo patris, Domini Richardi « presbyteri cardinalis et episcopi Constantiensis », faisait le tour du diocèse pour y faire des clercs et des acolytes, et, aux temps réglés par l'Église, faisait l'ordination générale à Coutances.

Nous trouvons encore que ce même suffragant, toujours par la permission du Cardinal de Coutances, à la requête de Gautier le Blond, abbé de Cherbourg, le jour Saint-Michel au Mont-Tombelaine, 1464, réconcilia ou dédia de nouveau l'église de Notre-Dame-du-Vœu près Cherbourg, consacra le grand autel en l'honneur de la Sainte-Vierge et de tous les saints, le second autel en l'honneur des saints apôtres saint Pierre et saint Paul : « Anno 1464, die S. Michaelis in « Tumba, Ecclesia B. Mariæ de voto, juxta Cæsaris- « burgum, Constantiensis Diœces. reconciliata fuit, per « Dominum Joannem Episcopum Justinopolitanum, de « licentia Reverendissimi in Christo patris, D. Richardi, « Episcopi Constantiensis, Tituli S. Eusebii S. R. E. « Præsbyteri Cardinalis; et consecravit majus Altare « in honorem B. Mariæ Virginis, et omnium sancto- « rum : secundum Altare vero in honorem Petri et « Pauli, Apostolorum, etc. [1] »

Je ne rapporterai point ici ce que nous avons dit dans les mémoires de Saint-Lo, du très-illustre évêque d'Avranches, messire Jean Boucart. Je prierai seulement de remarquer en la réponse que fit notre cardinal

---

[1] Neustria pia, 815.

à Jean le Rat, son grand vicaire, le soin qu'il avait d'être instruit et le soin que l'on avait de l'instruire de tout ce qui se passait en son diocèse.

Ce prélat bientôt après cette réponse, mourut à Pérouse, le dix-huitième jour d'août 1470. Son corps fut apporté à Rome et inhumé dans l'Église de Saint-Pierre, de laquelle, comme nous avons dit, il était archiprêtre, sous cette épigraphe : « Richardus episcopus Por-« tuensis, Cardinalis Constantiensis, Normandiâ oriun-« dus, hoc altare vetustissimum novâ facie et dote « novâ testamento jussit ornari, ubi in pace requiescit. « Anno Domini MCCCCLXX. »

Il y a à Rome d'illustres monuments qui rendront sa mémoire éternelle. Le premier est le palais archipresbytéral de Saint-Pierre, qu'il fit bâtir tout de neuf, depuis les fondements, et revêtir de marbre, avec cette beauté et cette régularité qui fait l'admiration des meilleurs architectes, sans néanmoins, au rapport de Frizon, avoir eu la satisfaction d'y demeurer, étant mort auparavant qu'il fût parachevé. Et ce même écrivain rapporte les vers qui avaient été faits pour être gravés au frontispice de ce logis, dont il en avait donné la charge à un évêque nommé Garimbert :

> Quam bene stare vides, quondam dejecta jacebam
> Et decus hæc facies fert modo culta novum.
> Richardus Normanna tuus Constantia præsul
> Cardinææ struxit gloria magna togæ.
> Presbyter et Veneto Paulo regnante secundo
> Primus in hâc Petri, quæ fuit Ecclesia.

La statue de bronze du prince des apôtres qui se

voit encore dans cette même église du Vatican, est un ouvrage dont on est redevable à notre évêque. C'était la statue de Jupiter Capitolin des Romains payens, qui s'était conservée jusqu'alors. Le pape le souhaita et le cardinal de Coutances la fit fondre et convertir en l'image de saint Pierre, qu'il fit placer de manière que, les pèlerins abaissant par respect leur tête sous ses pieds, les baisaient par humilité et révérence, ce que Frizon lui-même dit avoir fait : « Statua ... adhuc
« stat cum insignibus Longolianis prope sacellum Gre-
« gorianum, populus constituit ad illius pedem dextrum
« piè et religiosè deosculandum, quem multoties ego
« ipse sum deosculatus Romæ, divi Petri Basilicam
« ingressus. »

Ces armes du cardinal de Coutances au pied de cette statue, sont : un écu écartelé au 1er et 4e de Longueil, comme nous avons vu ci-dessus, au 2e et 3e de Bourguenole, qui étaient d'azur au lion d'argent armé d'or, lampassé de gueules, à trois étoiles aussi d'argent, l'une sous les pieds de devant, élevée du lion, l'autre à la queue, et la dernière à la pointe.

Et enfin le troisième monument de son souvenir à Rome est la fondation qu'il a faite en cette même église de Saint-Pierre de six vingt messes par an pour être dites et célébrées à certains jours nommés, par deux prêtres, tant pour lui que pour ses parents et amis, à raison de quoi il a donné de gros revenus, ce qui paraît, dit Frizon, par le tableau même qui est pendu dans la sacristie de cette église : « Ante obitum,
« eodem anno, largitus est summam pecuniarum

« Basilicæ Vaticanæ, cum hocce onere, ut a duobus
« Capellanis celebrentur singulis annis centum viginti
« missæ; quod constat ex tabellâ appensâ in sacrario
« D. Petri, et sacello sanctorum Processi et Martiniani
« Martyrum [1]. »

On fait mémoire aussi de lui tous les ans dans son église cathédrale de Coutances par un obit solennel qu'on célèbre le 19° jour d'août, ainsi qu'il est marqué ce même jour dans le nécrologe : « Richardus Olivier « Cardinalis, episcopus Constantiensis, continuè præ « manibus » ; et dans ce compte du chapitre que nous avons cité plusieurs fois, il est marqué ce *præ manibus*, être de six livres : « Pour l'obit de messire Richard Olivier, six livres. »

Cette opiniâtreté en bien des écrivains à ne surnommer notre Richard qu'Olivier, ont fait douter s'il était véritablement de la famille de Longueil. Le fameux M. Le Prévost, hésite sur ce point, semble croire que Richard Olivier et Richard de Longueil, ont été deux personnes, et renvoie à Ciacconius pour en décider : « A Ciacconio inquirendum an idem fuerit cum Cardinale Longolio. » Il est certain qu'en ces temps-là il y avait des gentilshommes du même nom d'Olivier. J'ai vu dans les registres de Jourdan, tabellion, que j'ai déjà cités, un acte passé le mercredi vingt-six octobre 1447, par lequel Jean Olivier, écuyer, baille à Jacques Heroult, bourgeois de Coutances, une pièce de terre nommée la Fraguaire, sise à Cérences, par neuf sous

---

[1] Frizon, in-fol. Paris, 1638, p. 509-511.

de rente, et trois autres portions de terre, sises à Orval, par 6 sous de rente ; et la noble baronnie de La Rivière en la paroisse de Saint-Fromond, était en ces temps-là possédée par des seigneurs du nom d'Olivier, qui avaient succédé aux de Cerisy.

Mais c'est à tort ; nous avons trop des marques du nom de Longueil pour en douter. Frizon, Aubery, la harangue de Christophe de Longueil et les armes de cette famille, qui sont au pied de la statue de Saint-Pierre que notre cardinal fit faire, en sont des témoins irréprochables ; et ce que nous avons remarqué et dit de ce prélat fait voir très clairement que Richard Olivier et Richard de Longueil ne sont point deux cardinaux ni deux évêques, mais un seul cardinal, évêque de Coutances.

Il est aussi appelé quelquefois d'Augis, parce qu'il était de la ville d'Eu. Son patrimoine était en ces cantons-là, et il en avait été archidiacre, quoique quelques autres écrivains aient dit que ce nom lui fut donné d'une terre qui lui appartenait dans le pays d'Auge. Quoi qu'il en soit, il est temps de remarquer quelques autres circonstances de son épiscopat.

La première sera une bulle ou rescrit d'un cardinal nommé Alain, légat d'Avignon, « pro decimâ papali, » datée du 17e novembre 1457, dans laquelle est référé le jugement du roi par l'avis des gens de son grand Conseil. Par cette bulle, les bénéficiers de Normandie furent taxés à 19,000 livres et 1,000 livres pour le recouvrement. Elle fut adressée à « discretis viris « Guillelmo Auber et Richardo Querente, canonicis

« Const. » Ce qui regarde notre diòcèse en particulier est contenu dans un des registres du chapitre en ces termes : « Decima omnium et singulorum fructuum
« et proventuum ecclesiasticorum in subventum fidei
« Catholicæ contrà Turcas, per sanctissimum domi-
« num nostrum Calixtam tertium papam modernum :
« pro civitate et diœcesi Constantiensi summa mille
« ducentarum nonaginta librarum quindecim solido-
« rum . . . Johannes Hemery, collector, Thomas
« Papillon, in artibus magister, receptor particu-
« laris. 1458. »

Il y a une ordonnance de Pierre Le Cordier, écuyer seigneur de Beauserie, lieutenant général du maître des eaux-et-forêts, laquelle, vu les titres et pièces produites par les chantre et chapitre de l'église cathédrale de Coutances, et entre autres un acte du 3ᵉ décembre 1376, les sieurs du chapitre sont maintenus en leurs droitures, franchises, coutumes et usages, pour en jouir et user par bonne modération et obtempérance, sans aucun excès et abus, dans la forêt de Brie, qui est d'avoir franc passage, pâturage et broutage, pour toutes leurs bêtes, comme les autres coutumiers, hors les ventes. « Item, d'avoir et prendre ès dits bois et fo-
« rêts, tant pour eux que pour leurs dits hommes res-
« séans, et chacun d'eux, le bois vert et gisant et le sec
« en étant pour leur chauffe et ménage, et par la forme
« et manière que les francs coutumiers demeurant
« et resséant sous le roi notre sire, le peuvent et doi-
« vent faire. » Cet acte est de 1461.

J'ai vu une enquête, qui fut faite en 1454, par-devant

les grands-vicaires et official dudit seigneur évêque, des privilèges et exemptions des curés de la paroisse d'Ouville, à lieue et demie de Coutances, contre lesquels le promoteur voulait s'inscrire et dont il déchut. Ces privilèges sont et furent trouvés être que ces curés ne sont point obligés de paraître aux synodes et aux calendes ; 2° qu'ils ont la même juridiction sur leurs paroissiens que les doyens du diocèse avaient autrefois dans toute l'étendue de leurs doyennés ; 3° qu'ils ont droit de punition juridique sur ceux de leur paroisse qui travaillent aux dimanches et aux fêtes ; 4° droit d'approuver les testaments de leurs dits paroissiens qui n'excèdent point soixante sous tournois ; 5° droit de punition juridique « in fornicationem commitentes, dummodo simplex existat », et de recevoir à la purification les femmes qui ont manqué ; 6° d'être maîtres absolus des écoles de leur paroisse sans aucune dépendance du chantre ni du scolastique de Coutances ; 7° d'être exempts de toute subvention envers ledit seigneur évêque, à la réserve que chaque curé lui doit une fois deux verres, deux chapons et une rasière d'avoine à son arrivée, « honoris gratiâ. » On entendit sur cela plus de vingt témoins, desquels je nommerai ici seulement frère Louis Louvel, prieur de Savigny, Jean du Bois, curé de Saint-Martin-de-Bonfossé, Jean Lohier et Jean Le Goupil, archidiacres, tous lesquels déposèrent en faveur du curé d'Ouville, sans néanmoins le qualifier d'archiprêtre, comme on fait aujourd'hui, et sans que lui-même en demandât le titre. Cet acte qui est en latin et qui m'a été communiqué par feu M. du Vaudôme, est un rouleau en parchemin à la manière des anciens, fort long, daté du vendredi, jour de la dédicace de la grande église de Coutances.

CHAPITRE II

DE BENOIT DE MONTFERRAND ET DE JULIEN DE LA ROVÈRE,
CARDINAL ET ENSUITE PAPE, SOUS LE NOM DE JULES II

Je trouve trois familles du nom de Montferrand : l'une en Guyenne, dans le canton qu'on appelle le Pays, entre deux mers, à deux lieues de Bordeaux, qui portait « pallé d'or et de gueules de huit pièces, à la bordure de sable bésantée d'or, » de laquelle était Bertrand de Montferrand, fameux dans les dernières guerres contre les Anglais, spécialement dans la composition de Bordeaux ; l'autre en Auvergne, qui tirait son nom d'une petite ville proche de Clermont, qui portait « d'or au griffon de gueules parti de sinople » ; et la dernière enfin du pays de Bresse, fort noble et ancienne, qui portait « pallé d'argent et de sable de six pièces, au chef de gueules ».

Ceux qui voudront en savoir les particularités pourront se donner la peine de lire Guichenon, lequel en a traité amplement dans son *Histoire de Bresse*[1].

---

[1] *Histoire de Bresse et de Bugey, etc.* Lyon, 1650.

C'est de cette dernière famille qu'était notre évêque Benoît de Montferrand. Il fut élevé religieux en la célèbre abbaye de Saint-Antoine-de-Vienne. Voici ce que j'ai pu apprendre de lui, extrait des registres manuscrits qui me furent communiqués, il y a douze ans, par M. le prieur de la maison de cet ordre, qui est à Rouen.

Après la mort de Humbert de Brionne, abbé de Saint-Antoine, les religieux élurent pour lui succéder Antoine de Brionne, son neveu, lequel avait alors la maîtrise de Flandres, de quoi jaloux et indigné, Benoît de Montferrand, qui avait eu quelques voix en chapitre pour être élu, se crut lésé et se pourvut en cour de Rome contre l'élection de l'élu. Le pape jugea en sa faveur, déposa de la plénitude de sa puissance Antoine de Brionne et investit notre Benoît de l'abbaye.

Comme il était entré en loup ravissant, il gouverna les religieux de même. On dit qu'il était naturellement de mauvaise humeur, et comme il était très persuadé de son grand mérite, il crut toujours qu'on lui avait fait une grande injustice de lui avoir préféré Antoine de Brionne. Il ne lui pardonna point, regarda toujours ses électeurs de mauvais œil, et ne s'étudia qu'à leur faire ressentir les effets de sa vengeance.

Ce manuscrit, dont je ne suis ici que le traducteur, remarque que, sans aucune raison, il fut nommé prieur claustral et qu'il abusa tellement de son autorité, qu'après avoir lui-même maltraité plusieurs de ses religieux, sa passion, en 1466, alla jusqu'à livrer au bras séculier un religieux, frère Antoine Compagnon. Il le fit cruellement tourmenter, « duro supplicio affici curavit. »

Ses violences et son inconduite troublant tout l'ordre, les plus éminents en science et en mérite crurent être en obligation d'en porter leurs plaintes au pape, en 1467. Le Souverain pontife examina la chose avec tout le désintéressement possible, trouva les plaintes de ces religieux légitimes, déposa Benoît, et leur permit de se choisir un autre supérieur.

Mais comme il voulait contenter les deux parties et qu'il avait de la considération pour Benoît, afin de ne lui pas faire sentir la honte d'une déposition, il lui donna l'évêché de Coutances, qui vaqua en cour de Rome presque en même temps par la mort de Richard Olivier de Longueil, comme nous avons dit.

C'est de cette manière que nous eûmes Benoît de Montferrand pour notre prélat; mais il le fut si peu de temps, et il y fit si peu de choses, qu'il ne nous en reste aucun mémoire. J'apprends seulement de l'histoire de l'abbaye de Saint-Denis-en-France que, la veille de Pâques, il conféra les ordres dans ce monastère, à la prière de l'abbé et des religieux, ainsi qu'il m'a été écrit par le R. P. Jullien Bellaise, religieux de cet ordre, en ces termes : « Benedictus de Montferrand,
« anno 1471 in vigilio Paschali, ad instantiam abbatis
« et conventus sancti Dionisii in Franciâ, ordines in
« ipsorum ecclesiâ celebravit, ex historiâ ejusdem
« cœnobii. »

J'estime que ce fut en venant prendre possession et voir notre évêché. Mais Benoît était du nombre de ces hommes chagrins à qui tous les lieux et les états du monde déplaisent. Coutances fut bientôt un lieu d'exil pour lui. Autre importunité pour le pape. Afin d'en sortir, il fut par la faveur du pontife approché de sa patrie et transporté à l'archevêché de Moutiers, capitale de la Tarantaise. Nouvel ennui. Il prit donc enfin résolution de retourner en son monastère et d'y passer le reste de ses jours en simple religieux. Il y retourna en effet. On remarqua en lui beaucoup de diminution de cet air de fierté et de hauteur, avec lequel il les gouvernait, étant leur abbé. La vie religieuse lui déplut encore une fois. Il retourna donc à son archevêché de Moutiers, dont il ne s'était pas encore démis, et y mourut peu de temps après.

JULIEN DE LA ROVÈRE

Benoît de Montferrand eut pour successeur en l'évêché de Coutances Julien de la Rovère, cardinal du titre de Saint-Pierre-aux-Liens, qui fut après pape sous le nom de Jules II.

On dit qu'il y avait dans le pays de Gênes et de Piémont deux familles du nom de la Rovère, l'une noble et ancienne, l'autre basse et roturière, laquelle ayant été élevée par sa fortune fut aisément adoptée par la première et en tira de grands avantages. Elle subsiste encore et porte « d'azur au chêne, feuilles et glands d'or ».

Léonard de la Rovère, qu'on dit avoir été pêcheur de profession et avoir été d'un village nommé Celles, proche Savoie[1], eut de son épouse, appelée Lucine, deux enfants, François et Raphaël. Le premier étudia et se fit cordelier, devint savant, bon prédicateur, passa par tous les degrés de son ordre jusqu'au généralat, fut cardinal, et enfin fut créé pape sous le nom de Sixte IV. Il s'appliqua particulièrement à élever sa famille. Raphaël épousa Théodore de Masserolle, de laquelle il eut plusieurs enfants et entre autres Julien, né à Alberoli[2] en 1443. Il fut destiné à l'église; son oncle, aussitôt après son élévation, le créa cardinal et l'accabla de bénéfices. Il fut évêque de Carpentras, de Coutances, d'Albe Sabine[3], d'Ostie, de Velitre[4], légat d'Avignon, grand pénitencier et eut plusieurs charges, emplois et dignités. Une infinité d'écrivains ont parlé de lui, dépeint sa vie, ses mœurs et ses emplois. Je ne veux point être ici le copiste; je remarquerai seulement qu'à peine s'en trouva-t-il un qui ait su qu'il ait été notre évêque, excepté ceux qui ont parlé de nos prélats, en particulier comme Robert Cenalis, les Sainte-Marthe, M. Le Prévost et Morel, et le *Livre noir* de notre chapitre.

Il fut pourvu de l'évêché de Coutances en l'an 1474, après la démission de Benoît de Montferrand. Il en jouit quatre ans ou environ, jusqu'à la fin de 1478.

[1] Il faut lire sans doute Celle, proche Savone.
[2] A Albizale, près de Savone, en 1441.
[3] Ou Albano.
[4] Velletri.

Notre *Livre noir* néanmoins ne lui donne que deux ans d'épiscopat en ces termes : « Julianus, sancti Petri « ad vincula cardinalis, duobus annis post Benedictum « rexit. » Il y a de l'erreur ; il commença d'en percevoir le revenu dès la démission de Benoît en 1474, et cessa de le percevoir en 1478. Il envoya pour gouverner notre église un docteur ès lois, nommé Georges Mesnilpéni, doyen de l'église collégiale de Villeneuve, laissant toujours Jean de Janopolis pour son suffragant.

Nous avons de ceci une preuve évidente et tout à fait incontestable en l'établissement des Cordeliers à Valognes, dont nous avons amplement parlé en son lieu ; c'est la permission que demandèrent et obtinrent ces religieux de ce grand-vicaire pour cet établissement. La voici en notre langue, sauf à la donner en original dans notre recueil :

« Georges Mesnilpéni[1], docteur ès lois, doyen de
« l'église collégiale de Sainte-Marie de Villeneuve,
« vicaire général, tant au spirituel qu'au temporel, de
« très révérend père en Dieu monseigneur Julien, par
« la miséricorde de Dieu cardinal-prêtre de la sainte
« Église de Rome, du titre de Saint-Pierre-aux-Liens,
« évêque de Coutances, à tous ceux qui ces présentes
« lettres verront et oiront, salut en notre Seigneur.
« Nous consentons de bon cœur, comme nous le
« devons, à l'effet des requêtes justes et pieuses qui
« nous sont présentées, spécialement lorsqu'elles ten-
« dent manifestement à l'honneur de la maison de

---

[1] *Gregorius Menypeny* dans l'extrait, fait par M. de Gerville, des manuscrits de Mangon du Houguet.

« Dieu et à l'augmentation du culte divin, et nous
« désirons volontiers que ce qui a été entrepris avec
« sagesse demeure constant et persévère pour l'ave-
« nir. Ainsi nous ayant été exposé par les vénérables
« religieux, frères Jean Picot, Richard Le Lièvre, Jean
« Duprey, Jean Le Neveu, Guillaume Tarin, Martin
« Gallois, Geraud Foasse, Michel Mangin, et quelques
« autres, au nom de tous les autres de l'ordre des
« frères mineurs, qu'il leur aurait été donné par
« quelques fidèles certaine quantité de terre proche
« Valognes, pour y construire une église conventuelle,
« aux fins d'y servir Dieu et y célébrer l'office divin
« jour et nuit, laquelle église, par la grâce de Dieu et
« au moyen des aumônes des fidèles, est déjà bâtie et
« dédiée à Dieu, et qu'il y a aussi en cette église et
« couvent bon nombre de religieux dudit ordre des
« frères mineurs, vivant suivant l'étroite observance
« de la règle, nous suppliant très humblement, au
« nom de tout l'ordre, d'agréer et confirmer, aux lieu
« et place dudit révérendissime seigneur, ledit établis-
« sement, et leur en accorder notre exprès consente-
« ment, nous donc ayant égard au grand profit et
« utilité qui arrivera à l'église et à tout le diocèse
« de leur demeure, tant à cause de leur bonne et
« salutaire doctrine, que leur vie sainte et exemplaire,
« et aussi en considération de la requête qui nous en
« a été faite par le très-illustre prince Louis de Bour-
« bon, comte de Roussillon et de Valognes, amiral de
« France, lequel, par affection envers eux et leur
« couvent, nous les a très-particulièrement recom-

« mandés, ayant pour agréable ledit établissement,
« nous, de l'autorité du très révérendissime père en
« Dieu, le confirmons par ces présentes, et consentons
« expressément qu'il y ait en ce lieu-là un couvent à
« perpétuité, sans préjudice néanmoins des droits de
« l'église paroissiale de Valognes, en laquelle il est
« situé. Donné à Coutances, sous le grand sceau de la
« Cour épiscopale, le 23 juillet 1477. »

J'ai cru être en obligation de rapporter cet acte en son entier, pour servir de témoignage à toute la terre que le pape Jules II a été notre évêque, et le temps auquel il l'était, particularités de sa vie que presque tous les historiens ont ignorées, et même quelques-uns ont déniées.

A l'égard du temps qu'il fut évêque de Coutances, nous croyons MM. de Sainte-Marthe : « Julianus de
« la Rovere, cardinalis sancti Petri ad vincula, epis-
« copus creatus anno 1474, posteà pontifex nominatus
« Julius secundus. » Nous croyons aussi M. Le Prévost, qui dit : « Julianus, cardinalis sancti Petri ad
« vincula, ex cujus resignatione vaccaverat episcopa-
« tus Constantiensis, aliàsque de eo provisum extinx-
« erat, circà annum Christi 1478, ut constat ex
« registris capituli Rhotomagensis, ad sextum decimum
« januarii eodem anno 1478. »

CHAPITRE III

DE GEOFFROI HERBERT

Ce prélat est un des plus illustres que nous ayons, et certainement tant que l'église et le chapitre de Coutances subsisteront, sa mémoire y sera en bénédiction et son nom éternel par sa magnificence, la grandeur de ses bienfaits et ses autres vertus.

Il était Parisien, fils de Jean Herbert, seigneur d'Ossonvilliers, trésorier général ou surintendant des finances, et de Jeanne Guérin, son épouse.

Cette famille, qui portait « d'azur au sautoir d'or cantonné de quatre étoiles de même », est éteinte, et ses grands biens sont passés en la maison des seigneurs de Montmorency du Hallot, par le mariage de Claude Herbert, dame d'Ossonvilliers, avec François de Montmorency, 2ᵉ du nom, seigneur du Hallot, bailli et gouverneur de Rouen et de Gisors, et lieutenant général du roi en Normandie. Il en sortit deux filles, dont l'aînée épousa le marquis de Molac, du nom de Rasmadec en Bretagne, et la cadette, le seigneur de Veranne, du nom de Pellet de Languedoc, gouverneur de Caen et lieutenant du roi en Normandie, de laquelle sortit une fille unique nommée Claude Pellet, laquelle fut mariée à messire René Carbonnel, marquis de Canisy, auquel elle porta de gros biens, et, entre autres, les terres et seigneuries de Courcy et Sainteny, qui avaient appartenu à notre évêque Geoffroi Herbert.

Notre Geoffroi avait quatre frères. Le premier avait nom Philippe; il fut archevêque d'Aix en Provence; le deuxième, nommé Louis, fut archidiacre du Val-de-Vire en notre église de Coutances, abbé commandataire de Saint-Lo, et ensuite évêque d'Avranches, où son nom est encore en singulière vénération; le troisième, appelé Jean, portait la qualité de chevalier seigneur d'Ossonvilliers, baron de Courcy, et le dernier, du nom de François, avait celle de Sainteny en ce diocèse.

Geoffroi Herbert, destiné à l'état ecclésiastique dès sa plus tendre jeunesse et élevé dans la piété et en la connaissance de la théologie, du droit canon et des belles-lettres, profita si bien, qu'à peine avait-il atteint l'âge suffisant, il fut nommé à l'évêché de Mende. Il y resta peu; car, en 1478, l'évêché de Coutances ayant vaqué par la résignation, comme dit Le Prévost, ou par la démission simple de Julien de la Rovère, il en fut pourvu, et le gouverna en bon pasteur environ trente-deux ans.

M. Le Prévost remarque qu'il fit ses soumissions ordinaires à l'église de Rouen le 22 janvier 1480, et MM. de Sainte-Marthe disent qu'il prêta serment de fidélité au roi sept ans après, savoir le 8 janvier 1487.

Sitôt qu'il eut pris possession, il s'appliqua sérieusement à bien régler son diocèse, en renouvelant les statuts de ses prédécesseurs et en publiant de nouveaux, suivant les besoins de son peuple. Nous les avons particulièrement en trois synodes généraux, savoir : 1479, 1481 et 1506. Nous croyons qu'il est à propos de remarquer ici tout de suite ce qu'il y a de plus singulier, afin de n'être pas obligé d'y revenir.

Après avoir donc ordonné en chacun de ces synodes à tous et à chacun des ecclésiastiques d'avoir une ample copie de ses prédécesseurs et des conciles provinciaux, de les lire, et de s'y appliquer sérieusement, afin de se mettre en état de s'acquitter exactement de leur ministère : « Statuta seu præcepta nostra, necnon
« et alia Statuta Provincialia et Synodalia prædecesso-
« rum nostrorum in sanctis suis edita Synodis, quibus
« non intendimus per præsentes derogare, sed potiùs
« declarare, et quantùm possumus approbare, dili-
« genter audiant et intendant, eaque scribant, seu
« scribi faciant, et in eis studeant, ut juxtà ea subdi-
« tos suos verbo pariter et exemplo sic instruant, ut
« in districto examine villicationis suæ possint reddere
« rationem. Volentes hujusmodi Statuta à quibus-
« cumque nostris subditis fideliter et inviolabiliter
« observari [1].

Il fait ensuite défense aux curés de recevoir à la confession et à la communion pascale tout chef de famille qui ne se ferait pas confesser pendant le carême avant le jour des Rameaux, et le dernier des règlements

---

[1] D. Bessin, p. 567.

de ce synode porte que : « Auctoritate præfati reverendi
« in Christo Patris, data fuit licentia Curatis, et Capel-
« lanis curam animarum habentibus, confitendi alteru-
« trum peccata eorum, etiam de Casibus reservatis[1]. »

Au synode de 1481, ce prélat, après avoir renouvelé les statuts précédents, les avoir confirmés, et enjoint aux curés et chapelains de les avoir, de les porter avec soi aux calendes, les présenter auxdites calendes aux doyens et promoteurs, publia les règlements qui suivent :

Premièrement, contre la coutume abominable qui était, tant parmi les hommes que les femmes, de jurer et blasphémer le nom de Dieu, il commanda aux pasteurs de veiller à la correction de cet abus, et de faire exactement observer l'ordonnance de Rouen et le canon *Statuimus*, en faisant attacher au carcan, à la porte de l'église ou dans la place publique, le blasphémateur pendant sept dimanches consécutifs, le dernier jour, nu, en chemise, après avoir jeûné sept jours au pain et à l'eau. Il publia celui-ci contre ceux qui retenaient les titres de son église, en ces termes :
« Cum nonnulli nequitiæ filii cæca cupiditate seducti,
« redditus, bona, privilegia, cartas, scripta, necnon et
« legata, et jura alia, ad nos et Ecclesiam nostram
« Constantiensem spectantia et pertinentia tenere,
« occultare ac occultata etiam retinere præsumant in
« suarum periculum animarum : generaliter omnes et
« singulos nostræ jurisdictioni subjectos, cujusque

[1] P. 569.

« conditionis aut status existant, publicè sub pœna
« excommunicationis monemus, ut ipsi infrà quinde-
« cim dies post hùjusmodi monitionem nostram, reddi-
« tus, bona, privilegia, cartas, rotulos, scripta, legata,
« et jura alia occultata ab eis taliter et detenta, nobis
« restituant et revelent. Alioquin in præsentes huic
« nostræ monitioni, qui præmissa sciverint et ea res-
« tituere aut revelare neglexerint, extunc prout exnunc
« excommunicationis sententiam proferimus genera-
« lem aliàs contra ipsos, quantùm de jure poterit fieri,
« gravius processuri, etc.[1] »

Il y avait, comme nous avons déjà remarqué, deux sortes de clercs, les uns mariés et les autres non mariés. Il était d'un ancien usage, dans les églises de la campagne, que les curés leur donnnaient à dîner certaines fêtes de l'année. Cet usage depuis quelque temps avait commencé de se tourner en obligation telle, que les clercs y contraignaient leurs curés, et j'ai vu dans l'antiphonaire de l'église de Cerisy proche Montpinchon, fait l'an 1470, une particularité qui fait la preuve de ce que nous disons. Les clercs de cette paroisse exemptent Messire Jean Riquier, leur curé, de ces sortes de repas pendant dix ans, parce qu'il avait donné vingt livres pour aider à faire ce livre.

> L'an mil quatre cent et soixante,
> Avecque dix pour faire compte,
> Fut ce livre bien accomply
> Par tous les clercs de Cerisy.

[1] D. Bessin, p. 571.

Pour le temps était leur curé
Messire Pierre Riquier,
Qui a iceux s'est accordé
De vingt livres leaument payer
Pour delivrer cettuy livre :
Dieu si lui rende en paradis.
Iceux clercs ont dévotion
De recompenser leur curé ;
Pour ce tous d'une opinion,
Sachiez qu'ils lui ont donné
Leur diner de Pâque et de Noël
Jusqu'au terme de dix ans.
Leur désir si était-il tel.

Geoffroi Herbert, notre évêque, regarda cette coutume comme un abus, et voici la manière comme il en est parlé dans la quatrième de ses ordonnances : « Ayant appris qu'il y a eu et qu'il y a encore plu-
« sieurs dissentions et procès entre les curés de notre
« diocèse, d'une part, et les clercs, tant mariés
« qu'autres, leurs paroissiens et y demeurant, à l'oc-
« casion de certains dîners que lesdits clercs préten-
« dent avoir chez lesdits curés, à leurs dépens, tous
« les ans à certains jours de fêtes, soutenant lesdits
« dîners leur être dus suivant la coutume, laquelle
« coutume, s'il y en a quelqu'une, ne doit pas être
« appelée coutume, mais corruption et abus, et d'au-
« tant que lesdits curés sont refusants de donner à ces
« clercs ces sortes de dîners, il en est venu et vient
« encore de très-grands scandales en plusieurs lieux
« de cet évêché, comme aussi plusieurs disputes et
« procès à la diminution de l'honneur de Dieu et au
« préjudice et dommage desdits curés, nous, ainsi que

« nous y oblige notre devoir pastoral, désirant autant
« qu'il est en nous d'y remédier conformément aux
« statuts de nos prédécesseurs faits sur ce point, les-
« quels nous confirmons, disons que les curés ne sont
« d'aucune manière, ni par le droit, ni par la cou-
« tume, qui est plutôt une corruption, obligés de don-
« ner ces sortes de dîners auxdits clercs et paroissiens:
« Cum ad nostrum devenerit auditum, quod quamplu-
« rimæ dissentiones et discordiæ fuerint et sint inter
« Rectores ecclesiarum Episcopatus nostri ex una parte,
« et Clericos tam uxoratos, quam alios parochianos
« suos, et in suis parochiis commorantes, occasione
« certorum prandiorum quæ dicti clerici prætendunt
« habere penes dictos Rectores, et ad expensas dictorum
« Rectorum, certis diebus Festivis quolibet anno, asse-
« rentes hujusmodi prandia sibi deberi de consuetu-
« dine : quæ quidem consuetudo, si quæ sit, non debet
« dici consuetudo, imò potiùs corruptela, præcipuè
« quoad ignorantes et cessantes servire Deo, legere et
« cantare in Ecclesiis, maximè diebus solemnibus et
« Festivis, pro eo quod dicti Rectores recusant eisdem
« Clericis hujusmodi prandia ministrare, undè maxi-
« mun scandalum fuit et est ortum in multis locis hujus
« nostri Episcopatus, litesque et contentiones subortæ,
« in diminutionem divini cultûs, servitiique divini, et
« ipsorum Rectorum non modicum præjudicium. Nos
« verò ex nostro pastorali officio cupientes, ut tene-
« mur, præmissis remedium inquantum poterimus
« adhibere : conformiter ad Statuta prædecessorum nos-
« trorum super hæc edita, quæ quidem Statuta robo-

« ramus et confirmamus, et in quantum opus est de
« novo statuimus, et ordinamus, ac etiam declaramus
« dictos Rectores non teneri sive de jure, sive de consue-
« tudine, quæ potiùs dici debet corruptela, ut præfertur,
« dictis Clericis parochianis suis hujusmodi prandia
« ministrare, nisi solùm eis dumtaxat Clericis Deo
« propriè servientibus in Ecclesiis suis [1]... »

Il publia en ce même synode l'ordonnance qu'il avait faite, du consentement de son chapitre, pour l'office de la Sainte Vierge et de la manière qu'il voulait être célébré par tout son Diocèse une fois la semaine. En voici l'acte en son intégrité, premièrement en notre langue et après en la langue naturelle sans aller recourir au recueil.

« Geoffroi, par la miséricorde de Dieu évêque de
« Coutances, à tous nos sujets, salut. Comme ainsi soit
« qu'à mesure que le monde vieillit, l'iniquité augmente,
« la charité, l'amour de Dieu et du prochain se refroi-
« dit et la ferveur de la dévotion affroidit, si cet Esprit
« vif qui enflamma les cœurs des disciples, qu'il trouva
« des vaisseaux purs et nets, ne réchauffe de son feu
« divin fortement les âmes pieuses en les inclinant à
« la dévotion et au culte divin, cet Esprit Saint, dis-je,
« lequel descendant dans le ventre d'une vierge lui
« donna une telle fécondité que ses chastes, pures,
« entières et sacrées entrailles, fleur immurissable et
« que rien ne saurait ternir, comme un jardin d'une
« éternelle verdure, et sans aucune diminution de leur

[1] Page 572.

« beauté, nous ont donné un Dieu et homme tout
« ensemble, auquel elle commande en qualité de mère,
« auquel elle présente les prières des hommes, auquel
« elle offre continuellement ses entrailles sacrées dans
« lesquelles elle l'a porté, et ses mamelles bienheu-
« reuses qui l'ont allaité, pour en obtenir la rémission
« des péchés des hommes et pour être la ferme espé-
« rance de l'Eglise militante ; comme donc nos prédé-
« cesseurs ont fait tout leur possible pour honorer et
« augmenter le culte de cette patronne et avocate,
« médiatrice la plus efficace et la plus propitiatrice que
« les hommes puissent souhaiter auprès de son fils,
« quoique nous soyons beaucoup au-dessous d'eux, nous
« désirons néanmoins avec bien de l'ardeur l'exalter,
« avec l'aide de Dieu, autant que nous le pourrons, et
« la louer le plus excellemment qu'il nous sera pos-
« sible. Que s'il nous est commandé par la bouche du
« prophète de louer Dieu en ses saints, nous sommes
« d'autant plus obligés de l'honorer de nos chants, de
« nos hymnes et autres présents mystiques, en
« honorant la bienheureuse Vierge Marie, sa mère.
« Nous statuons donc et ordonnons, du consentement
« de notre chapitre assemblé en notre présence capi-
« tulairement pour ce sujet, que les jours auxquels on
« fait et fera commémoration de la Sainte Vierge,
« soient, quant aux premières et secondes vêpres,
« égaux en tout aux fêtes de neuf leçons, et ainsi qu'il
« y ait de secondes vêpres comme aux fêtes de neuf
« leçons, à la réserve des jours de samedi, auxquels
« l'office se termine à None, ce qui ne doit pas non

« plus être entendu lorsque la dite commémoration
« sera faite au lundi, d'autant que les premières vêpres
« sont du dimanche.

« Gaufridus miseratione divina Constantiensis Epis-
« copus, omnibus subditis nostris salutem. Cum senes-
« cente mundo magis ac magis dominetur iniquitas,
« quia refrigescit charitas et dilectio Dei, tepescensque
« in dies devotionis fervor, nisi vibrans ille Spiritus,
« qui discipulorun corda receptacula sibi munda inflam-
« mavit, religiosarum mentium instinctus ad cultus divi-
« ni ampliationem igneo suo calore accenderet. Spiritus,
« inquam, ille sanctus, qui descendens in uterum Virgi-
« nis sic gravidavit illam ut inviolata, integra, et casta
« viscera tamquam pascuæ æterni viroris, florem pro-
« tulere immarcessibilem, et claustris illæsis pudoris
« Deum nobis ediderunt et hominem. Cui jure matris
« imperat, cui preces humilium dirigit, cui, inquam, dei-
« ficum ventrem, et materna ubera sacratissima, humano
« pro scelere remittendo, et spe firma militantis Ecclesiæ
« non frustranda, assiduè, piè, et dulciter repræsentat.
« Hanc patronam, advocatam, et interventricem singu-
« larem, et super omnes propitiatricem suo singulari
« pro merito honorare, venerari, decorare, quantum
« humana sinit fragilitas, si nostri concupierunt præ-
« decessores; quantumvis meritis impares, nostra
« tamen flagrant desideria, quantum cum Deo poteri-
« mus, illam perampliùs et excellentiùs dignis laudi-
« bus prædicare et laudare præconiis. Quod si Deum
« ore prophetico et in sanctis suis laudare jubemur;
« multo magis in veneratione ejusdem beatæ Mariæ

« Virginis matris ejus oportet eam hymnis et canticis
« diligentiùs excolere, ac mysticis honorare muneribus.
« Statuimus igitur et cum consensu capituli nostri, et
« in eodem generali Capitulo cum nostris fratribus capi-
« tulantibus ordinavimus, et sanctione perpetua decla-
« ravimus ut dies Commemorationum Sacræ Virginis
« quoad primas et secundas Vesperas æquales sint per
« omnia festis novem lectionum, sic quod secundas
« habeant Vesperas sicut festum novem lectionum :
« exceptis diebus Sabbati, in quibus terminatur dicta
« Commemoratio ad Nonam. Non tamen intelligendum
« est quod cum fiet de hujusmodi Commemoratione
« secunda feria habeat primas Vesperas; sed fiet Ves-
« pere de Dominica, et fiet memoria de dicta Com-
« memoratione [1]... »

En ce même synode, notre prélat régla encore les fêtes; mais il en distingua de deux sortes, les unes chômables à tout le monde, et les autres de l'observation desquelles il exemptait les laboureurs seulement. Les fêtes du premier ordre sont celles que nous chantons encore; les autres étaient celles de Saint-Vincent, de la conversion de Saint-Paul, la chaire Saint-Pierre, l'invention Sainte-Croix, la Madeleine, Saint-Pierre-aux-Liens, Saint-Louis, la décollation de Saint-Jean, Saint-Gilles, l'exaltation Sainte-Croix, Saint-Denis, Sainte-Catherine et Saint-Nicolas [2].

Au synode de 1506, il régla le rang qu'on devait observer en l'appel des abbés et des doyens dans

[1] D. Bessin, p. 573.
[2] P. 574.

l'ordre qui suit : Montebourg, Lessay, Saint-Lo, Saint-Sauveur-le-Vicomte, Cherbourg, Blanchelande, Saint-Sever et Hambie, et ensuite les prieurs de Saint-Fromond et de la Bloutière, et tous, sans égard au temps de leur fondation, ni dignité, et sans que je puisse donner aucune raison de cet arrangement. Voici celui des doyens : la Chrétienté, Carentan, Saint-Pair, Gavray, Cenilly, Periers, le Bauptois, la Haye-du-Puits, Saint-Sauveur-le-Vicomte, Barneville, Saint-Lo, le Hommet, le Val-de-Vire, Percy, Montbray, le Val-de-Saire, la Hague et enfin Jersey et Guernesey.

Il y avait encore dans le diocèse un abus que l'usage y avait autorisé. On ne faisait aucune difficulté d'accepter des fondations d'obits pour être faits aux dimanches ou aux fêtes solennelles, et tout récemment, en 1477, messire Jean Boucard, évêque d'Avranches, avait fondé en l'église Notre-Dame-de-Saint-Lo, une messe de *requiem* à diacre et sous-diacre et à trente-deux cierges ardents pendant cette messe, pour y être célébrée à perpétuité, le dimanche de Pâques fleuries, ainsi qu'il est porté en termes exprès dans l'acte qui est conservé dans les archives de cette église et que j'ai vu.

Geoffroi Herbert notre évêque, en ce même synode, retrancha cet abus et ordonna que tels obits seraient transférés au plus prochain jour non empêché d'une fête double.

Cependant on fit des affaires contre notre évêque au parlement de Paris, de telle conséquence que, y ayant été assigné et y ayant comparu, et ayant prêté l'interrogatoire sur les faits dont il était accusé, et les ayant confessés, il fut envoyé prisonnier en la conciergerie du palais. Il y resta fort longtemps. Voici la procédure sur ce sujet rapportée par l'auteur du *Traité des libertés de l'église Gallicane* et que j'ai fait depuis peu collationner sur les registres de cette cour souveraine, lesquelles se trouvent encore et se gardent soigneusement :

« Ouye la confession de Messire Geofroy Hebert
« Evesque de Coustances, faite en plaine Cour sur les
« charges à luy imposées, et considéré ce qu'il fait à
« considérer.

« La Cour a ordonné et ordonne, que ledit Mes-
« sire Geofroy Hebert sera mis prisonnier en la Tour
« Carrée sur les galleries, laquelle sera à cette cause
« préparée, et y sera gardé par Estienne Bonnet, et
« Loüis Bourgeois Huissiers. Mais que pour ce que
« ladite Tour n'est encore preste, que ledit Hebert
« seroit mis en l'hostel de Nicolas le Mercier aussi
« Huissier, pour prendre sa refection pour disner, et
« l'aprèsdisnée seroit tenu soy rendre en ladite Tour,
« laquelle cependant on prepareroit ; et que ledit
« Hebert pourroit avoir avec luy l'un de ses serviteurs
« pour le servir, lequel ne partiroit de ladite Tour
« non plus que sondit maistre depuis qu'il l'auroit
« retenu : il a esté enjoinct ausdits Huissiers qu'ils
« ne laissent parler personne audit Hebert, ne son
« serviteur, jusques à ce que par la Cour en fust
« ordonné, et apres a esté dit à Maistre Jean de Feu-
« geram et J. de Caulers Conseillers ceans, qu'ils

« menassent ledit Hebert jusques en l'hostel dudit
« Nicolas le Mercier [1] »

L'auteur de ce livre qu'on appelle la *Chronique
scandaleuse* parlant de ce fait : « Fut aussi, dit-il,
« ajourné à comparoistre en ladite Cour, messire Jehan
(c'est Geoffroi Herbert, notre évêque de Coutances)
« pour repondre à plusieurs crimes et cas à lui
« imposés, où il vint et comparut; il fut sur ce inter-
« rogé, et puis par arrest de la Cour fut fait constituer
« prisonnier ès prisons de la Conciergerie, tous ses
« biens temporels mis en la main du Roy. »

Je ne sais rien des procédures qui furent faites
contre lui jusqu'au mois de septembre suivant, auquel
ses biens furent effectivement mis aux mains du roi
par l'arrêt qui suit : « Veues par la Cour les charges
« et informations faites à l'encontre de Messire Geof-
« froy Hebert Evesque de Constances, à present pri-
« sonnier en la Conciergerie du Palais, ensemble sa
« confession, et tout consideré. Il sera dit, que les
« biens meubles dudit Evesque de Constances, seront
« mis en la main du Roy; et aussi sera fait desfenses
« à Maistre Jean Hebert son procureur ne plus rien
« lever de l'Evesché de Constances, et sera contrainct
« à rendre compte de ce qu'il a receu, et le mettre en
« la main du Roy [2]. »

Ces arrêts contre une personne de la qualité et du
rang de notre évêque, paraissent violents et extraor-

[1] Les libertez et preuves de l'église gallicane, édit. de Rouen M.DC.LI
tome II, p. 126.
[2] Ibid.

dinaires. Ils ne se terminèrent néanmoins à rien, comme on peut voir par un troisième dont voici la teneur :

« Ce jour après que la Cour a ouy Maistre Thibaut
« Baillet Conseiller du Roy, et Maistre des Requestes
« ordinaire de son Hostel, sur les lettres que ledit
« Seigneur luy a escrites touchant l'élargissement de
« Messire Geoffroy Hebert Evesque de Constances,
« detenu prisonnier en la Conciergerie du Palais :
« icelle Cour a permis et permet audit Maistre Thi-
« baut Baillet proceder à l'elargissement dudit Messire
« Geofroy Hebert, selon la teneur des Lettres dudit
« Seigneur escrites audit Maistre Thibaut Baillet, et
« sous les conditions contenuës en icelle [1]. »

Il serait de mon devoir d'expliquer ici les motifs de ces arrêts, et les causes qui obligèrent la cour d'appeler en jugement un évêque, le constituer prisonnier, annoter ses biens et procéder en tout contre lui, comme contre une personne atteinte et convaincue de grands crimes, comme aussi de rapporter cette autre procédure par laquelle cet accusé est élargi par la présentation simple d'une lettre du roi, non à la Cour ni à son procureur général, mais au maître des requêtes. Il serait encore à souhaiter de savoir quelles étaient ces conditions contenues en icelles lettres sous lesquelles ce prélat fut élargi ; mais je ne les sais point, quoiqu'il y ait peu de diligences que je n'aie faites pour les savoir.

[1] Ibid.

Je ne dois pas taire néanmoins que feu M. du Houguet, ancien vicomte de Valognes, personne très savante et très curieuse, estimait que la foudre de l'excommunication lancée par notre évêque contre les officiers royaux de cette même ville, qu'il croyait violer les droits et les libertés de l'église gallicane, lui attiraient cette affaire au Parlement. C'est un fait dont je n'ai pas de preuves suffisantes, et conséquemment je n'ose l'assurer. Les ecclésiastiques en ce temps-là étaient forts jaloux de leur juridiction ; nous avons vu qu'il était enjoint aux curés de lire souvent en leurs prônes les canons des conciles contre ceux qui en usurpaient les droits ; et peut-être la chose alla un peu trop loin de la part de notre évêque et de ses officiaux en préjudice du second article de la déclaration que baillèrent les seigneurs Normands, en 1205, à Philippe-Auguste, sur la coutume du pays, par laquelle il est porté en termes exprès qu'aucune personne ecclésiastique ne peut excommunier les barons, les baillis, les clercs et autres personnes qui sont au service du roi, sans la permission de Sa Majesté. C'est deviner ; mais quoi qu'il en soit, ce crime dont on accusait notre évêque, certainement n'était pas honteux, puisqu'il l'avouait en pleine audience toute fois qu'on lui demandait, et la manière dont il fut élargi témoigne assez qu'il n'avait péché ni contre son roi ni contre l'état[1].

Cependant Jean, évêque de Janopolis, suffragant

---

[1] V. la déposition de « Jehan Adam, orfevre, demourant à Sainct Por-

de celui de Coutances, mourut et eut pour successeur en cette suffragante, Guillaume, évêque de Porphyre. Nous trouvons que celui-ci avait, dès l'an 1478, fait le tour du diocèse et donné la tonsure à ceux qui s'étaient présentés de lieux en lieux, selon la coutume. L'année suivante, il y eut trois ordinations générales faites par ce même évêque de Porphyre, « autoritate reverendissimi in Christo patris Domini « Gauffridi Herbert, in ecclesia cathedrali Constan- « tiensi. »

Ce qui n'empêcha pas que de deux ordinations générales qui furent faites l'année suivante 1480, la deuxième ne le fut par Geoffroi lui-même, le 17° mars, « computando more diœcesis hujus Constantiensis », c'est-à-dire avant le jour de l'annonciation auquel devait commencer l'année.

Nous avons souvent remarqué que nos pères commençaient de compter leur année le 25° mars « anno ab incarnatione. » Il sera bon encore de se ressouvenir qu'ils ajoutaient à cette époque ou *antè pascha* ou *post pascha*, selon que cette solemnité de Pâques se trouvait proche ou éloignée de ce jour 25° de mars. Ainsi dans l'ordination générale faite en l'église cathédrale, par notre évêque Geoffroi, le 7° avril 1481, il est ajouté au « die 7ª mensis aprilis antè pascha : « anno 1481, computando secundum consuetudinem « diœcesis Constantiensis. »

çain », contre « Geuffroy Hebert, evesque de Coustances... Du vendredi IIIIe jour d'aoust, l'an mil CCCC IIII××, en la Tournelle criminelle. »
(Bibliothèque nationale, mss 2908 du fonds français, fol. 26.)

Il visita ensuite son diocèse. Il conféra la tonsure et les ordres mineurs en la chapelle de son manoir épiscopal de Valognes, le 20 mai. Il fut de là à Cherbourg, et tonsura dans l'église de l'abbaye le 22°. Le 26°, il était à Montebourg; le 27°, à Carentan. Il était à Coutances le 16° juin; il fit l'ordination générale en son église cathédrale. Il était à Valognes le 17° septembre suivant, d'où, étant de retour en son église de Coutances, il y fit encore une ordination générale, ainsi que l'évêque de Porphyre, « de licentia domini « Gauffridi episcopi Constantiensis », toutes lesquelles ordinations furent faites en 1482, selon notre manière de compter, et 1481, selon celle de ce temps-là.

En 1481, il arrêta un différend qui commençait à s'élever entre le curé de Saint-Pierre-de-Coutances et les Jacobins de cette même ville, au sujet dont nous avons parlé sous l'épiscopat de Guillaume de Thiéville. Il fut rapporté devant le grand vicaire de notre évêque Geoffroi et prononcé derechef, que les bourgeois qui auraient désiré être inhumés chez ces religieux, seraient portés auparavant dans l'église Saint-Pierre, sans qu'il soit en aucune manière fait mention de Saint-Nicolas.

Nous avons trois actes de l'an suivant, qui concernent le prieuré de Saint-Lo-de-Rouen, contesté, comme nous avons dit, à nos évêques par les officiers des archevêques de cette province depuis l'an 1458. Le premier est du 30° mai 1483, et est une sentence de requête du Palais, dans laquelle, après une longue explication de ce que nous avons aussi rapporté, des raisons du procès et du séquestre de la supériorité de ce prieuré entre les mains de l'abbé de Beaubec, il y a une ordonnance qui porte, qu'attendu la mort de cet abbé, il serait, par le vicomte ou par le bailli de Rouen, pourvu d'un autre commissaire régisseur dudit prieuré jusqu'au jour de Pâques suivant. Le second est une sentence de Guillaume Angot, lieutenant général de noble homme Jean Hemery, conseiller du roi et vicomte de Rouen, par laquelle, vertu de ce que dessus, est commis révérend père en Dieu Évrard, abbé commandataire du Saint-Médard-près-Soissons et administrateur perpétuel de l'église et abbaye de Beaubec, pour régir et gouverner en la main du roi la chose contentieuse et discordable entre lesdits demandants complaignants, en cas de laisine et nouvelletés, et lesdits défendeurs visiter ledit prieuré, approuver les élections et autres choses de droit jusqu'au temps susdit de Pâques prochain. Le troisième, enfin, contient la requête que les religieux de ce prieuré avaient présentée au roi, tendante aux fins susdites.

Et, pour achever tout d'un trait ce qui regarde cette affaire, je dirai que ces religieux commencèrent à trouver goût à cette espèce d'anarchie. Ils jugèrent que le véritable moyen de s'y maintenir était d'éterniser le procès et de chercher un régisseur si puissant, qu'aucun n'entreprît de lui résister, et si éloigné, que son gouvernement n'altérât point du tout l'indépendance où ils voulaient être. Ils s'adressèrent donc à la cour de Rome, exposèrent au pape ce qui faisait à leur dessein, l'état de leur couvent et du procès entre nos deux prélats, suppliant Sa Sainteté d'y pourvoir. Innocent VIII, qui était alors souverain pontife, les écouta, et, par son rescrit daté du 7° avril 1484, l'an 2° de son pontificat, après les avoir relevés de toutes et telles censures dont ils auraient pu être notés, les mit sous la protection du Saint-Siège, eux, leurs biens, possessions, droits, dignités et privilèges, et leur permit jusqu'à ce que le procès entre les deux parties fût terminé, de s'adresser pour l'ordination de chacun d'eux à tout et tel évêque catholique qu'ils voudraient choisir, lequel même aurait pouvoir de leur permettre d'absoudre des cas réservés.

En 1484, Geoffroi notre évêque fut à Paris, et l'arrêt qu'on avait fait de sa personne, trois ans auparavant, ne l'empêcha point de paraître en Cour et d'exposer en plein Parlement, avec toute liberté, la venue du légat *a latere* du Saint-Père, le cardinal de Balue. Voici ce qu'en rapporte du Tillet, du 5° août 1484, à Paris : « Aux Tournelles, au matin, audit conseil, a
« été remontré par M. de Coutances comment M. le
« cardinal Balue, légat *a latere* en France de notre
« Saint-Père, était près de cette ville de cinq ou six
« lieues, menant avec lui M. le cardinal de Foix, tous
« deux ensemble du retour du voyage qu'ils avaient fait
» en Bretagne, et que ledit légat était délibéré d'entrer
« dans Paris aujourd'hui, à tout petit nombre de gens.
« Qui ne le voudrait recevoir comme légat et comme
« appartient à légat de notre Saint-Père? Et outre a été
« par lui dit que ledit légat avait envoyé au roi et à
« MM. les princes et seigneurs de son rang les bulles

« de notre Saint-Père, lesquelles mondit sieur évêque
« de Coutances avait par devers lui mises en ses mains.
« Et fut délibéré qu'il entrerait dans Paris non-seule-
« ment comme cardinal, mais comme légat. » J'écris
pour tout le monde ; on voudra bien me permettre de
dire ce que c'était que ce cardinal Balue, dans les
intérêts de qui était ou paraissait être notre évêque
Geoffroi. C'était, à ne rien déguiser, un franc scélérat,
que les crimes et les trahisons avaient élevé à cette
haute dignité. Il était fils d'un meunier de Verdun. Il
trouva moyen de s'insinuer au service de Juvénal des
Ursins, évêque de Poitiers, et fit si bien, qu'il devint
maître absolu de sa maison. Il passa, après sa mort,
au service de M. Jean de Beauveau, évêque d'Angers,
d'où Jean de Melun, favori de Louis XI, le tira pour
le faire entrer au service de ce monarque. Ses artifices
lui réussirent si bien, qu'il gagna en peu de temps la
créance du roi, et en reçut plusieurs bénéfices, entre
autres l'abbaye du Bec et l'évêché d'Évreux. Et, suivant son inclination de perfide et d'ingrat, il fit par
ses fausses accusations couper la tête à Jean de Melun,
son bienfaiteur, et condamner l'évêque d'Angers à une
prison perpétuelle, en récompense de quoi il obtint le
chapeau de cardinal; mais, poussant ses fourbes et
ses méchancetés jusqu'à vendre et livrer le roi son
maître au duc de Bourgogne en l'imprudente entrevue
de Péronne, il fut enfin découvert et arrêté dans une
prison, où, ayant langui onze ans, le cardinal Julien
de la Rovère, qui avait été notre évêque, venant légat
en France, en 1480, obtint sa liberté. Il se retira à

Rome, d'où en 1484 il fut envoyé en France légat *a latere*, comme nous venons de dire. Geoffroi Herbert, notre évêque, lui rendit service en cette qualité par l'affection très particulière qu'il avait pour la grandeur et la gloire de l'église de Rome, laquelle affection était telle, qu'elle a donné à quelques-uns lieu de croire que la raison de sa détention, en 1480, était provenue de quelques mouvements qu'il s'était donnés pour la liberté du cardinal Balue.

Nous ne trouvons point Geoffroi, notre évêque, en son diocèse l'an suivant 1485. Les ordinations furent faites par l'évêque de Porphyre, suivant les lettres de permission qui lui en furent expédiées par les vicaires généraux, et spécialement signées de l'un d'eux, appelé Thibaud de Fromentiers. Le registre de secrétariat de l'évêché, duquel nous avons extrait ceci, porte ces termes : « Consecrati in episcopatu Constan-
« tiensi per Guillelmum Porphinensem episcopum, de
« licentia domini Gaufridi, episcopi Constantiensis, lit-
« teræ signatæ per Theobaldum de Fromentiers anno
« Domini 1485, diebus et locis infra scriptis. » Le dernier mars, les 1ᵉʳ, 2 et 3 avril, il ordonna en l'église cathédrale; le 6 avril, à Saint-Lo; le 8, à Cenilly; le 9, à Gavray; le 11, en la cathédrale de Coutances; le 12, à la chapelle du manoir épiscopal; le 13, à Gratot; le 16, à Granville; le 17, à Saint-Sauveur-de-la-Pommeraye; le 18, à Saint-Aubin-des-Préaux; le 19, à Villedieu; le 20, à Tessy; le 21, au Mesnil-Raoult; le 22, en la chapelle de l'Hôtel-Dieu de Vire; le 23, en l'abbaye de Saint-Sever; le 24, à

Ver; le 26, en l'abbaye de Lessay; le 27, à la Haye-du-Puits; le 28, à Launey, le dernier avril à Periers; le 1ᵉʳ mai, à Sainteny; le 2, à Carentan; le 4, à Sainte-Marie-du-Mont; le 5, à Valognes; le 7, en l'abbaye de Montebourg; le 9, en l'église des Augustins de Barfleur; le 10, en l'abbaye de Cherbourg; le 11, à Vauville; le 12, aux Pieux; le 14, à Saint-Germain-de-Varreville; le 15, en l'abbaye de Saint-Sauveur-le-Vicomte et à Picauville; le 16, à Gorges; le 18, à Saint-Pierre-d'Arthenay; le 19, à Saint-Lo; le 21, au manoir épiscopal de Coutances. On me permettra d'ajouter un petit article, qui est au même registre, en suite du précédent, que j'estime devoir être auparavant, afin de faire connaître le génie de ce temps-là. « Accessit Constantiis circà meridiem iisdem Dominus
« Porphiriensis episcopus cum tribus equis et descen-
« dit in insignio Trium Regum. Pro equorum im-
« pensa... et ab aliquibus personis servitoribus ibidem
« sumptis... 65 s. Pro quatuor ferris equorum...
9 l. 8 d. »

Ce registre des ordinations nous assure que notre évêque Geoffroi fut presque toujours en la ville de Saint-Lo, l'an 1486 et la suivante, y ayant ordonné six fois pour le moins.

Cette même année 1487, les religieux de Cherbourg ayant, le 26 octobre, élu pour leur abbé un chanoine de leur couvent, nommé Thomas Léonard, ils présentèrent requête à notre évêque, aux fins d'en obtenir la confirmation. Il ordonna aussitôt, suivant les cérémonies ordinaires de ce temps-là, que par trois dimanches consécutifs, ou fêtes solennelles, on publierait aux prônes des paroisses circonvoisines cette élection, aux fins d'être pleinement informé de l'état de l'élu et de l'élection, et désigna, le samedi après la Saint-Martin prochain, en son palais épiscopal, pour y être entendus, les opposants à l'élection susdite, si aucun y avait à y être pourvu le jour venu. Il ne se présenta personne ; on en dressa procès-verbal, et ensuite ladite élection fut confirmée par un très long acte qui en fut dressé, lequel est daté du pénultième de novembre de ladite année 1487 [1].

L'an 1488, notre évêque et son chapitre eurent soin de faire revoir, renouveler et relater la grande charte du duc Guillaume le Conquérant, de laquelle nous avons parlé en son lieu. L'acte en est passé devant Guillaume Jourdan et Guillaume Lair, tabellions royaux au siège de Coutances, Jean Le Gascoing, écuyer, étant garde des sceaux de la vicomté de Coutances, et daté du 14° avril audit an 1488.

Il reçut au même an Jean de Vauville, présenté par l'abbé et religieux de Cherbourg à la cure de Saint-Laurent-de-Naqueville, après la mort de Jean Dijon [2]. Il reçut aussi la permutation faite entre maître Robert Fabri et maître Richard de Thiéville, de la cure de Saint-Martin-de-Tollevast, contre la chapelle de Sainte-Croix, du monastère de la Sainte-Trinité de Caen. L'acte en est daté de Saint-Lo, le 26° septembre 1488.

Il était presque toujours à Saint-Lo, parce que ayant

---

[1] Archives de la Manche, H, 2133.
[2] Ibid. H, 2968.

en ces années entrepris le château de la Motte, il était plus commodément en cette ville qu'en celle de Coutances, pour veiller à ce qui s'y passait et faire exécuter plus ponctuellement ses desseins. Ce château, qui est un des monuments excellents de la grandeur et du génie de notre évêque, est le logement de cette seigneurie, si souvent citée dans les actes dont nous avons fait mention sous les noms de Bonfossé et de la Motte-l'Évêque, laquelle seigneurie appartient à nos évêques de toute antiquité. Il en est parlé dans la charte de Guillaume le Conquérant, et elle n'est pas comptée au nombre des choses que ce prince donna à l'église de Coutances, mais de celles qu'il lui confirma sous les termes de Bonfossé et de la Plaine et Bois : « Bonum « fossatum, cum ecclesia et omnibus adjacentibus, « terra etiam de Plena et Sylvatica cum molendino « uno, etc. »

Ce lieu est une parfaite solitude au bord d'un bois, dans un vallon étroit et marécageux, où tombent trois petits ruisseaux, dont on a fait deux ou trois étangs, mais inutiles et sans poisson, le tout à mon avis sans aucun agrément. Pour le terroir, il y est fort stérile. La vue est très bornée, le voisinage étant à quatre grandes lieues de Coutances et à deux de Saint-Lo, avec des chemins presque impraticables, et le revenu est de si peu de conséquence, qu'à peine pourrait-il suffire à l'entretien des maisons.

Quoi qu'il en soit, Geoffroi Herbert semble l'avoir affectionné plus qu'aucun de ses prédécesseurs, et comme les anciens bâtiments, ainsi comme on en peut juger par le peu qui en reste, n'étaient pas fort considérables et que le temps les avait ruinés, il voulut faire un nouvel édifice qui fût tel, que ceux qui avaient vu le premier ne le regrettassent.

C'est un gros corps de logis à trois étages, sans les caves et les combles, de seize à dix-sept toises de long de dedans en dedans, six de large et douze de haut, quatre tourelles pour lui servir d'ornement. Le bâtiment est dans l'eau, pour ainsi dire ; on n'y peut entrer que par un pont-levis, à la sortie duquel on entre dans le gros pavillon, qui sert de vestibule. A côté droit du vestibule, il y a un petit appartement dérobé, propre pour loger un portier ; en face et de plain-pied, on entre dans un corridor qui conduit en divers appartements, tels que sont la cuisine, les offices et autres logements pour les domestiques, et, à côté gauche est un grand escalier en vif tiré dans l'épaisseur des murs du corps de logis et du pavillon et conduit dans le second et troisième étage.

Ce second étage est de deux grandes et vastes salles, percées dans deux côtés avec leurs décharges, cabinets et antichambres, lesquelles ont été faites avec toute la justesse et la proportion possible. La salle, qui est à la gauche en entrant, était destinée particulièrement aux assemblées ecclésiastiques et synodales. Il reste encore autour des murailles quelque chose des siéges ou bancs immobiles, qui avaient été dressés exprès. Celle qui est à la droite, était la salle d'audience, bien ornée et lambrissée à l'antique, à côté droit de laquelle est l'appartement où logeait l'évêque, qui était une belle chambre avec ses cabinets et les autres accompagnements nécessaires. Ce qui reste de plus entier, c'est la chapelle. Elle est dans le gros pavillon, placée justement sur le vestibule ; elle a, comme lui, cinq toises de long, deux et demie de large et cinq de haut. Il y a autour, à toise et demie de hauteur, un gros cordon bien ciselé, orné de divers écussons en attente, soutenus chacun par deux anges, et dessus, à égale distance, douze niches remplies de figures ou statues des douze apôtres, chacune d'une attitude différente quoiqu'elles regardent toutes au même point, d'un travail si naturel et si délicat, que je doute si nos meilleurs sculpteurs, pourraient faire mieux. La voûte, qui est de vingt-six cordons, tous ciselés et d'un ouvrage exquis, a quatre amortissements ; trois anges, qui tiennent chacun un écriteau, en attente, finissent les trois premiers, le quatrième est terminé par un grand ouvrage en espèce de lanterne pendant au cul-de-lampe, dont les quatre quarts relevées en bosses d'une très-belle sculpture, dans laquelle on voit au naturel la figure de notre Seigneur montant au ciel le jour de son Ascension, où semble se terminer la vue des douze apôtres.

De la grande salle d'audience, on entre de plainpied en cette chapelle par une grande porte à deux battants ciselés, aussi d'un ouvrage très-beau, elle et le bourdon qui est au milieu d'un . . . . qui est dessus et qui conduit dans les appartements du troisième étage, en outre, dans une petite tribune gaignée d'une manière délicate dans l'épaisseur de la muraille ; les balustres qui la ferment n'ont pas moins d'agrément ni de petitesse, ayant été travaillés de la main du même ouvrier qui a fait le surplus.

Cette chapelle ayant, d'un côté, une sacristie assez ample et, de l'autre, un autre appartement semblable qui semble avoir été destiné pour y faire ses préparations, ses actions de grâces et autres choses semblables, n'a plus d'autel que la masse ; mais le surplus ne paraît en rien altéré. Ses statues et ses sculptures sont entières, blanches et comme si elles partaient de la main de l'ouvrier. Mais dans les autres apppartements du château, le temps n'a rien épargné, et le peu qui en reste ne sert qu'à faire regretter ce qui en est perdu, la beauté des plafonds, des lambris, des cheminées et des autres riches ornements que Geoffroi Herbert y avait fait faire avec tant d'art, de politesse et de dépense, que le panégyriste de cet évêque, nommé Guillaume de la Mare, l'appelle royal. Je n'ai vu de cet écrivain, qui était chanoine et trésorier de la cathédrale, que ce qu'en rapportent MM. de Sainte-Marthe ; mais je n'ai pas cru devoir l'omettre ici. Il a fait, dit-il, bâtir le château de la Motte avec tant de somptuosité, de génie et de régularité et politesse, qu'il n'y a personne qui ne le regarde comme l'ouvrage d'un roi : « Castrum « struxit apud Motum, tanto sumptu, tanto ingenio, « tamque affabrè factum atque politum, ut regium « opus profecto existimari queat[1]. » Mais si cet ouvrage mérite d'être considéré par soi-même, les raisons qui engagèrent notre évêque à l'entreprendre, le sont

---

[1] *Gallia christiana*, XI, 897.

encore plus. Cet écrivain en rapporte deux; on en jugera. Il le fit, dit-il, afin que lui et ses successeurs eussent en temps de guerre un lieu de sûreté pour se retirer : « Ut ipse suique posteri, si quid hostile immi-
« neret, quo se tuto reciperent habere possent. » Et comme il avait une compassion véritable pour les pauvres et en même temps de l'aversion pour la fainéantise qui les accompagne ordinairement, il remédiait charitablement et prudemment à l'un et à l'autre en leur donnant de l'emploi : « Utque otiosi artifices
« et operarii sua simul et ingenia et corpora exerce-
« rent, dicereque solitum malle se operari volentibus
« pecunias largiri, quam mendicantibus validis, quos
« juris sanctio persequitur atque improbat[1]. »

Et ce qui est remarquable, ces dépenses se faisaient avec tant d'ordre et d'économie qu'elles n'empêchèrent que notre Geoffroi ne fût un des plus riches et aisés prélats de son temps, quoiqu'il n'eût point d'autres bénéfices que son évêché, dont on sait le revenu fort modique. Nous savons qu'il rebâtit dès les fondements le palais épiscopal de sa ville de Saint-Lo; qu'il acquit la baronnie de Courcy, dans le diocèse de Seez, celle de la Hougue, Anneville-en-Aire, Sainteny, le fief du bois des Préaux et plusieurs autres; nous avons copie de son testament, et l'on ne peut lire sans étonnement la prodigieuse distribution des deniers qu'il y fait, et sans conclure qu'il était nécessaire qu'il eût des richesses immenses pour satisfaire à toutes ses grandes libéralités.

[1] Ibid.

Le diocèse de Coutances était dans une heureuse paix sous la conduite d'un si sage pasteur. Tous les ans, sous prétexte de conférer la tonsure, il visitait son diocèse, ou par lui-même ou par son suffragant, l'évêque de Porphyre.

Notre évêque fit l'ordination générale à Saint-Lo, le 23º de septembre 1486, le 23º de décembre et le 10º de mars suivant. Il ordonna le dernier de mars, le 14º avril, le 9º juin et le 22º septembre 1487. L'an suivant 1488, il fit les mêmes fonctions en sa cathédrale à Coutances ; mais aux années suivantes 1489, 90, 91, 92, 93, 94, 95, 96 et 1497, à Saint-Lo. Il est encore remarqué dans les registres d'où j'ai extrait ceci, qu'en ces dernières années que je viens de nommer 1496 et 1497, ce prélat fit l'ordination en son château de la Motte : « Ordinati in majoribus et minori-
« bus per reverendissimum dominum Gauffridum,
« miseratione divina Constantiensem episcopum, in cas-
« tro de Mota, 16ª martii 1496.

En 1496, Guillaume, évêque de Porphyre, » de licen-
« tia domini Gauffridi episcopi Constantiensis, » fit le tour de son diocèse ; les lettres furent signées « per
« magistrum Rollandum de la Mare et a magistro
« Theobaldo de Fromentiers in utroque jure licentiato,
« pœnitentiario et canonico Constantiensi, principali
« ipsius domini consecretario. » Il commença son cours au Pont-Farcy [1] le 8º octobre, il finit à Savigny le 17º novembre.

---

[1] Le Pont-Farcy, arr. de Vire.

Le registre de 1497 commence en ces termes : « Se-
« quitur registrum tonsuratorum et acolytorum per
« reverendissimum in Christo patrem et dominum
« Guillelmum, miseratione divina Porphiriensem epis-
« copum, de licencia et permissu reverendi in Christo
« patris domini Gauffridi, eadem miseratione Constan-
« tiensis episcopi, diebus ac locis infrà dictis, anno
« domini 1497. » Il commence le 17° avril à Tessy[1] et
finit le 8° octobre à Hautteville-le-Guichard[2], à quoi je
n'ajouterai plus que le tour que fit ce même évêque
aux îles, dont juridiction était encore toute pleine
à nos évêques. En voici l'article : « Tonsurati apud
« insulas per dominum Constantiensem episcopum,
« anno domini 1497, diebus et locis infrà scriptis : in
« insula Guernezeii », le 10° juin, en l'église parois-
« siale « in portu » ; le 12°, « apud parochias de Valle » ;
le 13°, dans l'église des frères mineurs de Guernesey,
« in ecclesia fratrum minorum de Guernezeio »; le 14°,
« in ecclesia sancti Salvatoris de Guernezeio » ; le 18°,
« in ecclesia sancti Helerii in insula Gerzei » ; le 19°,
« in ecclesia sancti Laurentii de Gerzeio » ; le 20° et
22° juin, « in ecclesia sancti Martini de Gerzeio ; in
« eodem die in ecclesia sancti Salvatoris ; » le 23°,
« in ecclesia sancti Helerii » ; le 24°, « in ecclesia
« sancti Joannis « ; le 25°, « in ecclesia sancti Martini »;
le 26°, « in ecclesia sancti Audoeni « ; le 28°, « apud
« parochiam sancti Salvatoris acolyti ; die 13ª, in
« ecclesia sancti Laurentii de Gerzeio » ; le 21°, « in

---

[1] Arr. de Saint-Lo.
[2] Arr. de Coutances.

« ecclesia sancti Salvatoris de Gerzeio » ; le 24°; » in « ecclesia sancti Joannis Baptistæ. »

Ce Guillaume, évêque de Porphyre, pour le dire en passant, avait nom Chevenon ou Chevron. Il était curé de Sautchevreuil[1]; il permuta, en 1488, le onzième de décembre, contre la chapelle de la Madeleine de Marthe-l'Heureuse en la paroisse de Feugères[2], diocèse de Séez, avec un nommé Jean de Corbière, le tout à Saint-Lo entre les mains de notre évêque, qui lui donna aussi quelque temps après le prieuré-cure de Savigny. La présentation faite de frère Jean Citure par dame Antoinette de Villaine, veuve de Guillaume Carbonnel, n'ayant pas été trouvée valable ni légitime, cet évêque de Porphyre, qui ne l'avait acceptée que pour en tirer pension, la garda fort peu et la résigna à un nommé Champagne.

Ce que je dis ici est extrait des autres registres de secrétariat de l'évêché. Ils commencent en 1488 et vont fort loin. Nous en insérerons ici tout d'une suite ce que nous en croirons de plus éloigné de nos manières d'agir pendant l'épiscopat de notre Geoffroi Herbert.

En 1487, le 22° octobre, fut accordée par écrit, permission aux religieux de Saint-Antoine-de-Vienne, de la résidence de Rouen, de quêter par tout le diocèse, et le 28° du même mois, permission semblable fut donnée au commandeur de Villedieu.

Le 21° décembre, « facta est littera creationis pen-

[1] Arr. d'Avranches.
[2] Lisez Feugerets, arr. d'Alençon.

« sionis auctoritate ordinariâ super fructibus parro-
« chialis ecclesiæ sancti Manvæi de Marchesieux[1], pro
« magistro Thomâ le Galliot. » On voit par là qu'il
n'était pas nécessaire d'envoyer à Rome.

En 1488, le 16° de mai, on dispensa à Messire
Richard de Folligny, curé de Carantilly[2], de se sacrer
prêtre jusqu'au bout de trois ans, « facta est littera
« dispensationis de non promovendo ad sacerdotium
« usque ad tres annos, pro Richardo Folligneio,
« curato de Carantileio. »

Le 20° dudit mois et an, on dispensa Richard
Quesnel de Hambie du serment qu'il avait fait, « facta
« est littera dispensationis super juramento pro
« Richardo Quesnel de Hambeya. » Les registres sont
pleins de semblables dispenses, dont on tirait quelque
argent.

En 1489, le 21° décembre, notre évêque étant à
Saint-Lo vérifia les lettres apostoliques accordées à
Robert d'Estouteville, « ut nonobstante defectu nata-
« lium... ad sacros et presbiteratus ordinem valeat
« promoveri. » Quoiqu'il fût seulement âgé de 19 ans,
il avait pouvoir de posséder un ou deux bénéfices.

En 1491, le 27° mars, « Colino Lehotivel de
« Condeto super Viram, Bajocensis diœcesis, con-
« cessa fuit dispensatio juramenti, ut apostolicis
« utatur litteris moratoriis ad annum. Die quartâ
« julii, facta fuit littera dispensationis super lit-
« teris moratoriis ad annum concessis Petro Plan-

[1] Arr. de Coutances.
[2] Arr. de Saint-Lo.

« tegenest, et domino Nicolao Plantegenest, filio
« ejus. » Il y avait une infinité de dispenses semblables. C'étaient des bénéficiers qui, suivant les canons, devaient se faire prêtre dans l'an; en les admettant, on leur faisait prêter serment qu'ils se feraient ordonner et résideraient dans le temps prescrit par l'église. Ils prenaient des lettres de dispenses et de prolongation pour éviter aux dévoluts; le prétexte de l'étude était fort fréquent; ils obtenaient ainsi ces sortes de dispenses de résider. Nos registres en sont pleins. Le revenu de ces sortes de dispenses, des lettres et autres choses de secrétariat, était partagé entre l'évêque et les officiers de cette chambre; c'est ce qui paraît par un acquit que leur en donna notre évêque en 1492, dont voici la teneur :

« Reçu de Messire Nicole du Marchez, prêtre, pour
« ma portion du secrétariat de l'année 1492, à com-
« mencer au 1ᵉʳ jour de mars jusques aux semaines
« de Pâques 1492, la somme de six vingt sept livres
« deux sous six deniers, de quoi je le clame quitte et
« de tout le temps passé. Fait le second de mai 1492.
« Herbert. »

Il est bon de remarquer qu'il signe Herbert, et non Hébert, comme l'écrivent la plupart de ceux qui font mention de lui. J'ai vu plusieurs de ses souscriptions qui sont toutes semblables.

Voici le titre du registre de 1492 : « Sequitur regis-
« trum litterarum secretariatûs sub reverendo in Christo
« patre et Domino Gauffrido, Constantiensi episcopo,
« signatarum per reverendum et circonspectum virum

« magistrum Theobaldum de Fromentiers, pœnitentia-
« rium Constantiensem et secretarium præfati in Christo
« patris, inceptum anno Domini 1491, die 1ª octobris. »

Le 2ᵉ janvier suivant, fut accordée la permission de fonder et bâtir la chapelle de Sainte-Anne sur le fief de Beaumont, paroisse de Carentan, et établi un chapelain, à la présentation de noble homme Jean Vauquelin, seigneur dudit lieu de Beaumont, et fondateur de cette chapelle.

Le jeudi 10ᵉ novembre 1497, Louis Herbert, frère de notre évêque, son grand vicaire et chanoine de la cathédrale, et en même temps commandataire, « per-
« sona sua administrator perpetuus », des paroisses de Granville et de Sainte-Opportune, les remit entre les mains de Geoffroi son frère, qui les conféra à Jean le Courtois, chanoine de Bayeux.

Cette dite année 1497, le registre des expéditions commence le 3ᵉ avril après Pâques pour finir à pareil jour au bout de l'an. Roland de la Mare fut le secrétaire, et la première expédition fut en faveur de Jean Nicole, auquel fut donnée la cure de la Trinité-de-Jersey, par la démission de Louis Palus.

Il y a un acte du 24ᵉ août de cette même année, par lequel l'église paroissiale de Sainte-Catherine de l'Hôtel-Dieu de Saint-Lo fut conférée à Guerrand Leurot ou Lievarot, prêtre religieux de l'abbaye de Saint-Lo, ordre de saint Augustin, vacante par le droit de dévolution, frère Guillaume Le Bourgeois, qui en était curé, ayant, sans dispense, accepté un autre bénéfice incompatible, et ce Leurot ou Lievarot ayant été présenté par l'abbaye de Saint-Lo. Elle était paroissiale et dépendante de l'abbé et religieux de Saint-Lo, et devait être possédée par un régulier.

Nous lisons ces termes au commencement du registre de 1498 : « Die sexta, facta fuit collatio « narrativa ecclesiæ parochialis sancti Laudi de tribus « Gothis[1] cum capella beatæ Mariæ supra Viram eidem « annexa, vacante per obitum magistri Joannis du « Moulin, et hoc per decisionem brevii in assisiis « Constantiensibus concessi Petro, de concensu præ- « dicti Michaelis, et per renuntiationem nobilis viri « Remigii Namptier, firmarii terræ seu dominii de « Sancto Rumphario et de Fervachiis, seu potius « dominæ Girotæ de Derval, dominæ de Derval, de « Cambor, de Fervachiis et de Sancto Rumphario. »

Nous trouvons en 1499, que Louis Herbert, dont nous venons de parler, frère de notre évêque, était en même temps chanoine de Coutances et de Bayeux, et curé de Tamerville[2], de laquelle cure il se démit entre les mains de notre évêque, qui était encore à la Motte, qui lui conféra Sainte-Marie-du-Mont[3], le 5° août suivant. Ce Louis Herbert fut bientôt après abbé commandataire de Saint-Lo, en laquelle qualité ayant présenté au bénéfice de Saint-Ebremond[4], le 23 juillet de l'an 1501, son frère refusa son présenté, quoique peu de temps après, c'est-à-dire le 16 décembre suivant,

---

[1] Troisgots, arr. de Saint-Lo.
[2] Arr. de Valognes.
[3] Arr. de Valognes.
[4] Arr. de Saint-Lo.

il lui donna l'archidiaconé du Val-de-Vire. Il était dès auparavant son grand vicaire.

Mais laissons ces particularités au siècle prochain, et remarquons seulement ici la décision d'un grand procès entre notre évêque et l'abbé de Blanchelande pour le patronage de l'église de Saint-Denis-le-Vêtu [1], d'autant plus volontiers que ce différend fut terminé selon toutes les règles et les circonstances dans l'épître, laquelle nous avons rapportée en son lieu, écrite par notre évêque Vivien au roi Philippe Auguste, en 1207, au nom de tous les prélats de la province.

Robert, abbé de Blanchelande, et les religieux de ce couvent exhibaient de la donation faite de ce patronage, en 1199, par Guillaume de Rollos, approuvée cette même année par Guillaume de Tournebu, alors évêque de Coutances, et par Vivien, son successeur, suivant les chartes dont ils étaient porteurs, jointes à une autre charte d'un nommé Robert le Dive, par laquelle, en 1204, en présence et du consentement dudit évêque Vivien, il aumônait auxdits abbé et religieux tous les droits qu'il pouvait prétendre à ce patronage, contre quoi Guyon Mauger, procureur de l'évêque, opposait la disposition de deux registres de l'évêché, le *livre noir* et le *livre blanc*, et les trois curés derniers pourvus de plein droit au bénéfice par les évêques prédécesseurs de Geoffroi, sans aucune opposition de la part des abbés ou religieux de Blanchelande.

Il fut donc ordonné que la chose serait terminée

---

[1] Arr. de Coutances.

selon l'ancien usage de la province. On nomma quatre prêtres, tous curés dans le diocèse d'Avranches et, à défaut de chevaliers, on choisit quatre écuyers de ce diocèse qui furent Guillaume Meurdrac, écuyer, Sr de Contrières, Enguerrand de Camprond, écuyer, Sr de Nicorps, Charles de Breuil, écuyer, S^r des Trauts, et Jean Gautier, écuyer, Sr de la Beuserie, suivant le rapport desquels le patronage de cette paroisse fut jugé alternatif entre les parties, l'évêque et les religieux. J'ai vu l'acte de ce jugement ; il est entre les mains de François Gautier, écuyer, sieur de la Beuserie. Il arriva cependant un nouvel éclat à la fortune de notre prélat, par l'union qu'il eut avec le fameux cardinal Georges d'Amboise. Ce cardinal dont le nom est si connu dans l'histoire, était le neuvième de dix-sept enfants de Pierre d'Amboise, seigneur de Chaumont. Il fut évêque de Montauban, puis archevêque de Narbonne, chef du conseil du duc d'Orléans, qui fut par après le roi Louis XII, archevêque de Rouen, cardinal et un des plus grands hommes d'état qui soient entrés dans le ministère.

Il avait toujours été fortement attaché aux intérêts du duc d'Orléans ; aussi avait-il eu sa fortune. Ce prince fut arrêté prisonnier. Georges d'Amboise le fut aussi ; mais son grand génie lui fournit bientôt les moyens de se libérer lui et son maître. Ce fut alors qu'il fut pourvu de l'archevêché de Rouen, dont le prince était gouverneur, ainsi que de toute la province.

Alexandre VI était alors pape. La bulle du transport de Georges d'Amboise de l'archevêché de Narbonne en celui de Rouen est datée du 1ᵉʳ juin 1494, et nous la remarquerons, parce que notre évêque Geoffroi, avec celui de Saint-Malo, y est choisi et nommé pour recevoir, au nom du souverain pontife, le serment de fidélité que Georges d'Amboise était obligé de faire à l'église romaine à son avènement en cet archevêché, duquel Geoffroi lui-même, si nous en croyons le manuscrit de M. Le Prévost, prit possession le 7ᵉ août audit an 1499, en qualité de son procureur, et depuis ce temps-là, il ne se passa presque rien de considérable dans la province où l'archevêque eût intérêt, sans que l'évêque de Coutances y intervînt.

Ainsi dans la célèbre cérémonie funèbre que Farin décrit, volume 3ᵉ, page 344, du corps de feu Messire Jean d'Estouteville, chevalier, en son vivant seigneur de Torcy et de Blainville, prévôt de Paris, gouverneur du château de Caen, grand-maître des arbalétriers de France, il n'oublie pas de dire que ce fut l'évêque de Coutances qui officia. Ce fut le 16ᵉ décembre 1494. Et parce que l'archevêque de Rouen était toujours en cour, à la suite du roi et du duc d'Orléans, ayant même passé en Italie avec eux, et que cet archevêque était lieutenant du duc au gouvernement de notre province, c'était Geoffroi notre évêque qui avait soin de tout et devant lequel tout se passait en ce gouvernement. Je sais qu'on en a voulu faire un crime aux uns et aux autres, et qu'on fit pour ce sujet présenter au roi diverses requêtes par les baillis de la province, et que le duc d'Orléans appréhendant encore une fois de succomber aux entreprises de ses ennemis, jugea à propos de se retirer pour quelque temps de la cour ; mais la chose n'alla pas si loin et ses ennemis eurent la confusion. Bientôt après même, il arriva un grand changement à la fortune des uns et des autres. Charles VIII mourut inopinément à Amboise le dimanche des Rameaux, le 8ᵉ avril 1498, sans enfants ; ainsi le duc d'Orléans lui succéda sous le nom de Louis XII. Ce monarque donna le gouvernement de Normandie à l'archevêque de Rouen, et la lieutenance générale en ce gouvernement à notre évêque, ainsi que le dit en ces termes Farin : « Messire Geoffroy Hebert, « Normand, Evêque de Coutances... lieutenant en l'ab- « sence de Georges d'Amboise, pour le service du Roy « au Païs de Normandie, par Lettres du même Car- « dinal données à Orléans, le 6 décembre 1498 [1]. »

César Borgia, fils naturel du pape Alexandre VI, était venu en France à dessein d'y épouser la princesse Charlotte, sœur de Jean d'Albret, roi de Navarre, ayant par dispense de son père quitté le diaconat et la pourpre. Il avait apporté à trois grands prélats un pouvoir spécial de juger du divorce que prétendait le roi de son mariage avec Jeanne de France, fille du feu roi Louis XI, laquelle il disait avoir épousée par force et n'avoir point consommé le mariage, comme étant fort laide, et, au jugement de tous, incapable d'avoir d'enfants, afin d'épouser Anne de Bretagne, veuve de Charles VIII. Il avait aussi apporté, de la part du pape, le chapeau de cardinal à notre archevêque et gouverneur.

---

[1] Farin, *Messieurs les premiers présidents du Parlement de Rouen*. Histoire de Rouen, édit. de 1738, II, 139.

C'était un nouvel éclat à sa grandeur et un nouvel engagement de travailler de plus en plus à l'honneur du roi et du royaume. C'était aussi une augmentation des soins de notre évêque, parce que le cardinal se donnant tout entier au roi, à régler les finances, la guerre et la police, il laissa le gouvernement de son diocèse et de la province à Geoffroi Herbert. De toutes les grandes actions de ce très-illustre ministre d'état, celle qui nous touche le plus et est plus digne de notre mémoire, c'est l'établissement du Parlement ou Echiquier perpétuel à Rouen, ce qui est sans doute le plus bel ornement de cette ville et de la province. Notre prélat Geoffroi y eut trop de part, pour passer ce point trop légèrement. Je me servirai néanmoins simplement des paroles de feu M. de Denneville en son inventaire de l'histoire de Normandie : « Il (Louis XII)
« avoit esté nostre Gouverneur, et nos Registres
« portent que le sixième de Mars de l'an 1491, il fist
« en cette qualité, son entrée solemnelle à Roüen.
« Comme il fut monté dessus le Throsne, il nous donna
« en sa place la plus chere personne qu'il eust, le grand
« Cardinal d'Amboise son premier Ministre d'Estat.
« L'entremise de ce grand protecteur, nous obtint
« aisément d'un Prince naturellement bon, toutes les
« graces dont nous eusmes besoin. La principale fut
« l'establissement d'une Justice Souveraine en nostre
« ville capitale. Jusques là les plus grandes causes, et
« les appellations des premiers Juges ne se decidoient
« qu'en l'assemblée des Notables de la Province, qu'on
« appelloit Eschiquier ; pour ce, peut estre, que l'ordre

« et la seance d'un grand nombre de personnes, de
« diverses conditions et de diverses pareures, avoit
« quelque rapport à cette figure. Mais le temps, ny le
« lieu de ces Assemblées n'estoit pas reglé ny certain,
« non plus que celuy des Parlements, desquels elles
« ne differoient que de nom. Le Prince les convoquoit
« selon la necessité des affaires, ou sa propre commo-
« dité. Et combien que Philippe le Bel eust voulu
« qu'il se tinst reglement tous les ans deux Eschiquiers
« à Roüen, comme deux Parlements à Paris, au com-
« mencement du Printemps et de l'Automne, néant-
« moins il s'y rencontroit souvent des obstacles, ou
« par les guerres ou par d'autres accidents. Louys
« changea cette forme ancienne, et à la prière des
« Estats de la Province, il establit à Roüen un Corps
« de Justice Souveraine, sedentaire et perpetuelle,
« composée de quatre Presidents, vingt huit Conseillers
« distribués en deux Chambres, et toute autre sorte
« d'Officiers, dont le nombre a esté depuis augmenté,
« selon que le temps et les occurences l'ont requis,
« ou en ont donné le pretexte. Il luy laissa toutefois
« encore le nom d'Eschiquier, qui fut changé par
« son successeur en celuy de Parlement, etc., (pages
« 151 et 152) [1].

De ces quatre présidents, il y en eut deux ecclésiastiques, le premier et le troisième, et les deux autres
laïques. Qui voudra savoir leur nom, aussi bien que des
conseillers, pourra voir le livre de M. de Bras, qui

---

[1] *Inventaire de l'Histoire de Normandie*, par M. Eustace de Denneville. Rouen, M.DC.XLVI.

rapporte les vers qu'un nommé Nicole Aubert, avocat du roi à Carentan, dont nous avons fait mention ailleurs, fit sur chacun de ses nobles officiers, desquels j'entreprendrai seulement ici quelques-uns. Après avoir remarqué que Geoffroi, notre évêque, fut choisi pour être le chef de cette illustre compagnie, premier président du Parlement ou Echiquier perpétuel de Rouen,

    Ne parlons plus de monstre ny Dragon,
    De Priapus ny de Demogorgon,
    Ny de Jason avecques sa Medee,
    De Dalila, Meduse et leur jargon,
    Ny de Didon avecques son Ænee :
    Ne parlons plus de Siresnes Driades,
    Ny de Nymphes avec les Oriades,
    Ny de ce Dieu qu'on faint qui les promaine.
    Disons[1] rondeaux, triolets et balades,
    De l'Eschiquier qui est Cour souveraine.

    Faisons banquets et nous esjouissons,
    Chantons motets et plaisantes chansons
    Avecques luts, rebecs, flûtes, tambours,
    Harpes, flageols, basses, danses dansons
    Hayes de Rouen, en salles et en cours :
    Les trihoris, et bransles qui ont cours :
    Et qu'un chacun tout joyeux se demaine,
    Mesmes aux rues, et par les carrefours
    En publiant, et faisant des discours,
    De l'Eschiquier qui est Cour Souveraine.

        Après qu'un de mes compagnons
        Estant accoustré sur le gourt,
        M'eust bien fait connoistre les noms
        De tous mes seigneurs de la Cour :
        Je pris encre et papier tout court,
        Avec solicitude et cure,

---

[1] Dictons dans l'imprimé, qui diffère en plusieurs endroits du texte donné par notre auteur.

Selon mon esprit gros et lourd,
Trouvera chacun sa figure.

De messieurs les Présidens.

En voyant monsieur de Constances,
Premier de la Cour principal,
Tenent gravitez et constances
En son habit Episcopal :
Quand il est en son Tribunal,
Il voit en droit plus clair qu'Argus,
Car il entend les circonstances,
Et représente un Licurgus.

Quand je voy monsieur de Cremone
Porter gravité de Pompee,
Je voy Romulus en personne
Assis dessus la roc Triphee :
De Normandie est extirpée,
Par luy toute fraude et malice;
Il porte de Cesar l'espee
Et est notre aigle de justice.

O noble abbé de Saint Ouen,
Bon, beau, gracieux, droit et juste,
Qui es paladin à Rouen,
Comme à Rome Cesar Auguste;
Vous n'estes ne fier ne robuste
Pour donner fringues ne virades,
Mais estes un second Saluste,
Ou Tite Live en ses decades.

J'estime voir Homère en Grece
Quand j'apperçoi monsieur Nepveu,
Ou à Rome Virgille ou Boece,
Tant est de science pourveu.
Il a longtemps des livres leu
En Grec et en langue Romaine,

Et en a tant retins et veu,
Que c'est de droit une fontaine.

[Il parle ensuite] des conseillers et finit par le greffier, nommé de la Croix [1].

L'ouverture de ce parlement se fit le premier jour d'octobre de la même année 1499, après la messe solennellement chantée en l'église métropolitaine par notre évêque Geoffroi Herbert, premier président, à laquelle assistèrent les autres présidents, conseillers et officiers de ladite cour, et une infinité de peuple, ainsi qu'il paraît d'un extrait des archives de cette église, rapporté par Farin. C'est à la page 188 [2] du premier volume de son histoire, et au chapitre vingt-huitième, qu'il dit que « Messire Georges d'Amboise,
« Légat du Saint-Siège en France, Cardinal et Arche-
« vêque de Rouen, Lieutenant Général du Roy en Nor-
« mandie... reçut dans la grande Sale du Château de
« Rouen le serment des Officiers de l'Echiquier, lorsque
« ladite institution fut faite le premier jour d'octobre
« 1499. » M. Le Prévost, néanmoins, nous dit que notre prélat prêta le serment de sa charge entre les mains d'Aimeric d'Amboise, grand prieur de France, commis à ce sujet du roi : « Creatus primus præsi-
« dum curiæ supremæ scaccarii perpetui Rhotomagen-
« sis a Ludovico duodecimo rege, in ejusdem curiæ
« institutione, anno Christi 1499, et juramentum
« præstat in manibus Emerici de Ambasia, majoris

---

[1] *Les Recherches et Antiquités de la province de Neustrie,* pages 45 à 49.
[2] Page 138, tome II, de l'édit. de 1738.

« prioris Franciæ, ordinis sancti Joannis Ierosolimi-
« tani, commissarii regis ad id deputati, eodem anno
« 1499, decima die octobris. »

En cette même année 1499, furent jetés les fondements du collège de Coutances, par M° Jean Hélie, prêtre, natif de Heugueville[1], chapelain de l'église cathédrale, qui donna aux maîtres, etc., un manoir assis en Saint-Nicolas-de-Coutances, où étaient une maison, cour, jardin et clôture, suivant qu'il est porté par le contrat passé devant Jourdan et son adjoint, tabellions à Coutances, le mercredi dixième jour de décembre 1499.

Le Milanais, cependant, avait été conquis sur Ludovic Sforza par une armée que le roi y avait envoyée. Ce monarque et son premier ministre, le cardinal d'Amboise, y étaient allés pour en prendre possession, d'où étant de retour à Lyon, au commencement de décembre de cette même année 1499, et cet heureux retour étant connu à Rouen, il se fit une assemblée générale, le 10° de ce mois, en l'hôtel commun de la ville, où « il fut dit », au rapport de Farin, « tout d'une
« voix qu'il falloit député vers le Roy... pour le re-
« mercier de l'affection qu'il portoit à la Ville d'avoir
« institué la Cour de l'Echiquier pour toujours : et lors
« furent nommez pour aller trouver Sa Majesté qui
« étoit à Orleans,... par la Cour de l'Echiquier...
« Messire Geoffroy Hebert, Evêque de Coûtances,
« M. de Saint-Quentin et M. Duval, qui partirent de

[1] Arr. de Coutances.

« Rouen le 13 Décembre. Etant arrivez à Orléans, ils
« saluèrent le Cardinal qui les reçut avec joye, les ré-
« gala et les mena au Roy. M. de Coûtances parla le
« premier, et divisa son discours en deux points ; au
« premier il parla de la Justice ; et au second il dis-
« courut de la force nécessaire pour la garder, allé-
« guant le sage Salomon, et tournant ses paroles à la
« louange du Roy, il montra combien ces grandes
« vertus étaient abondantes en lui[1]. Le sieur de Coû-
« tances remercia par après Sa Majesté de l'institution
« de la Cour de l'Echiquier et de la Chancellerie. Il
« parla ensuite de la Charte des Normands, et de la
« distraction des causes, afin que personne n'allât au
« contraire. Le Roy reçut ces députez avec beaucoup
« de bienveillance, enterina leur Requête, et les ren-
« voya très-satisfaits[2]. »

Il y eut bien des gens, à Rouen, qui n'eurent pas
sujet de l'être, d'une grande cérémonie qui se fit à la
cathédrale pour l'ouverture du grand jubilé, l'an suivant, le 8° décembre 1500. Suivant la volonté du cardinal d'Amboise, Geoffroi, notre évêque, fit cette ouverture par la célébration solennelle de la messe, à la
fin de laquelle, dit Farin, « on lut la Bulle au Jubé,
« où ce Prélat donna la bénédiction à une foule de
« Peuple qui étoit dans l'Eglise : d'où il s'en alla par
« dessous les voûtes dans une gallerie du grand Por-
« tail, où l'on chantoit alors *Viri Galilæi* le jour de

---

[1] Ces derniers mots ne sont pas dans l'édition de 1738, que j'ai sous les yeux.
[2] II, 123, 124.

« l'Ascension, et de ce lieu élevé, il donna aussi la
« bénédiction au peuple qui étoit dans le grand Par-
« vis;... de là il se transporta dans la Chambre qui est
« dans le Chapitre, pour bénir une foule de gens qui
« étoit dans la Cour d'Albane[1] », laquelle bénédiction
s'étendait aussi aux personnes qu'on ne voyait et qui
étaient bien éloignées de l'église. A cette bénédiction,
il y eut plusieurs personnes tuées et étouffées dans le
grand parvis et autour de la fontaine, où l'on ne pouvait tenir pied à cause des glaces. Ce désordre causa
des pleurs et des soupirs différents au milieu de cette
joie commune. Il fut ordonné par messieurs du chapitre qu'on ferait un service général pour toutes les
personnes qui avaient expiré dans la foule. On chanta
les vigiles des trépassés le même jour, et le lendemain
la messe fut célébrée par le même évêque de Coutances, dans la nef, avec du luminaire qu'on avait
fait faire pour ce sujet aux dépens de la fabrique.

Au reste, notre évêque en faisant la charge d'autrui ne négligeait les siennes. Il avait assez de grandeur, de génie, de capacité et de vigilance pour satisfaire à tout ; aussi le trouvons-nous presque toujours
partout, à Rouen, à Coutances, à Saint-Lo, à la Motte,
à Paris. Ainsi, en l'année 1498, il était certainement à
Paris au temps que l'on pourra remarquer par la lecture du contrat de l'acquisition qu'il fit de la baronnie
de la Hougue, avec la terre et la seigneurie d'Anneville-en-Saire[2], à lui vendue par Jeanne de France,

[1] Tome III, pages 143 et 144.
[2] Arr. de Valognes.

veuve de l'amiral de Bourbon, et par lui acquise pour enrichir son église. Nous avons jugé à propos d'en insérer ici les actes, tant pour renouveler la mémoire des grandes obligations qu'on lui a, que pour donner moyen aux curieux d'y faire telles remarques et réflexions qu'ils voudront; les voici :

« A tous ceux, etc., Jacques d'Estouteville, etc.,
« garde de la prévôté de Paris. Fut présente haute et
« puissante dame Jeanne de France, etc., laquelle con-
« sidérant les grandes charges qu'elle a portées et
« soutenues pour messeigneurs ses enfants, tant pour
« les mariages des mesdemoiselles ses filles que pour
« l'entretenement de Charles de Bourbon, son fils,
« aussi les grands et somptueux frais et deniers
« qu'elle a employés en l'acquisition d'anciennes
« terres et seigneuries et accroissement des biens
« d'elle et de mondit seigneur son fils, tellement
« qu'elle s'est obligée en des grandes sommes de
« deniers, et aucuns de ses héritages naguère a vendu
« et transporté pour en acquérir d'autres meilleurs,
« afin de faire la condition meilleure de mondit sei-
« gneur son fils après le décès d'icelle dame, les-
« quels héritages ainsi vendus elle entendait et
« désirait faire retrait au nom et au profit de sondit
« fils, lequel retrait ne pouvait et ne peut être fait,
« parceque sondit fils, ni elle, n'ont pour le présent
« les deniers d'icelui qu'il convenait et qu'il convient
« promptement fournir, parceque le temps dudit
« retrait était bref et à autrement n'en pouvaient et
« ne peuvent fournir, pour auquel dommage éviter

« serait ladite dame tournée vers le R. P. en Dieu
« Messire Geoffroi Herbert, évêque de Coutances,
« conseiller ordinaire du roi notre sire, lui remon-
« trant les choses dessusdites et que transportant
« aucunes des terres et seigneuries et baronnies des-
« dits enfants, assises au baillage de Cotentin, en
« Normandie, serait moindre dommage et leur plus
« grand profit fait, en lui requérant qu'en la faveur
« d'elle et de sondit fils, [il veuille] leur aider et sub-
« venir auxdites affaires, à quoi le R. P. en Dieu se
« serait consenti par les moyens ci-après déclarés, et
« pour ce madite dame Jeanne de France, en son
« propre et privé nom, soi faisant fort pour sondit
« fils, reconnut et confessa comme en droit jugement,
« par devant nous, avoir vendu, cédé et délaissé, et
« transporté, tant pour elle que pour ses hoirs et
« ayant cause, et en outre pour mondit seigneur son
« fils, afin de perpétuel héritage, audit R. P. en Dieu
« monseigneur Geoffroi Herbert, évêque de Cou-
« tances, acheteur et acquéreur pour lui et ses héri-
« tiers et ayant cause, c'est à savoir les terres, sei-
« gneuries et baronnies de la Hougue-Saint-Vaast
« nommées Courcy et Anneville-en-Saire, audit bail-
« lage de Cotentin, ensemble tous les droits, raisons,
« justices, noms, actions et droitures à elles apparte-
« nant, tant en hommes, hommages, cens, qu'autre-
« ment, sans faire sur ce aucunes réservations et
« retenues, ensemble la rente de treize livres tournois
« que ledit chevalier acquit de feu Guyon du Quesne,
« en son vivant écuyer, s^r de Rideauville, et aussi les

« terres de la Hougue que ledit chevalier acquit de plu-
« sieurs personnes, et toutes autres choses quelconques
« qui à ladite dame et son fils compètent et appar-
« tiennent èsdites baronnies, terres et seigneuries,
« tant en fond qu'en rentes; cette vente et transport
« ainsi faits moyennant et parmi le prix et somme de
« cinq mille livres tournois, monnaie du roi à présent
« courante, que ledit R. P. en Dieu a payées, baillées
« et délivrées à madite dame Jeanne de France, deux
« mille deux cent quatre-vingt-six écus d'or du coin
« du roi au soleil et quatre cent quatre-vingt-neuf
« écus et demi audit coin du roi à la couronne, qui
« ont été comptés, nombrés et posés à icelle dame, en
« la présence desdits notaires, dont elle se tient et
« tient à bien contente et payée, et agrée, et en quitta
« et quitte à toujours ledit R. P. en Dieu, acheteur;...
« est obligé en outre ledit acquéreur d'en faire foi et
« hommage à ladite dame Jeanne de France pour
« raison de sa châtellenie et seigneurie de Valognes,
« dont elle a affirmé ladite baronnie être tenue et
« mouvante, nuement et sans moyen, ensemble les
« droits et services seigneuriaux, et ce en outre et par
« dessus ce, vingt-cinq livres de rente aliénées au
« baron de Briquebec, et quarante livres tournois
« aliénées au seigneur de Clais avec pouvoir de les
« retirer. Et pour ce que feu de bonne mémoire le roi
« Louis, père de ladite dame, accorda audit feu cheva-
« lier, son mari, plusieurs grandes dignités, franchises
« et libertés ès susdites baronnies et seigneuries de la
« Hougue et Anneville-en-Saire, tant en création de

« haute justice, que basses et moyennes foires, franchises
« et autres droitures et prééminences contenues aux-
« dites lettres qui sur ce en furent faites, ladite dame
« veut, entend et accorde que ledit R. P. en Dieu, ses
« héritiers ou ayant cause en jouissent. De cela jura
« et promit lui bailler lesdites lettres, si trouver les
« peut, et quant à ce tenir, etc. Fait et passé en pré-
« sence de messeigneurs Jean de Chabannes, comte
« de Dammartin, seigneur du Pas, dudit Charles de
« Bourbon, fils de ladite dame, messire Charles Das-
« tin, chevalier et seigneur de Villeray, messire
« Pierre Michaut, seigneur de Queux et avocat au Par-
« lement, Robert d'Anneville, seigneur de Chiffrevast,
« Michel Corbin, seigneur de Canville, vicomte de
« Valognes, le lundi seize de juillet 1498. » Signé :
le Lièvre et Riviers, et au dos desdites lettres était
écrit : « Ces lettres furent lues et ouencées[1] au jour
« de dimanche, heure et issue de grand'messe de la
« paroisse de Saint-Vaast, le cinquième août 1498,
« et aussi lues et ouencées au jour de dimanche,
« heure et issue de la grand'messe de la paroisse de
« Saint-Vaast le cinquième août 1498, et aussi lues
« et ouencées à l'issue de la grand'messe d'Anne-
« ville. » A quoi nous croyons qu'il est à propos
d'ajouter l'acte par lequel ce prélat, en 1500, donna
à son église une partie de ce même conquêt aux
conditions qu'on pourra voir par la lecture du contrat, toutes lesquelles font voir l'affection très-par-

---

[1] Voir Ducange, *audientia*.

ticulière qu'il avait pour le service de Dieu et le soulagement du chapitre de Coutances : « A tous ceulx
« que ces presentes letres verront Nicolas le Maistre,
« escuier, vicomte de Coustances et garde des seaulx
« des obligations de ladite vicomté, salut. Savoir fai-
« sons que par devant Guillaume Ler et Guillaume
« Jourdan, clercs tabellions jurés en ladite vicomté,
« fut présent monseigneur Geoffroi, evesque de Cous-
« tances, lequel voulant accomplir le singulier desir et
« affection qu'il avoit eu desjapieça de faire certaine
« fondation en son eglise dudit Coustances pour l'en-
« tretenement des petits enfans du cueur d'icelle,
« qui par ci devant avoient acoustumé estre nourris et
« entretenus sur les deniers de la commune de ladite
« eglise, et pour que certains services fussent cele-
« brés pour le salut de son âme, ses pere et mere
« et autres parents, amis et bienfaiteurs, confessa
« avoir donné, quitté, cedé, delaissé et transporté, afin
« de perpetuel heritage, au chapitre de ladite eglise, la
« terre et seigneurie d'Anneville en Saere, située et
« assise en la V^{té} de Vallongnes, bailliage de Costentin,
« tenue du Roy à cause dudit Vallongnes à gaige
« plege, court et usaige, avec toutes les appartenances,
« appendences et deppendences, dignités et droictures
« seigneuriales, tant en demaigne, hommes, hom-
« maiges, cens, rentes, revenus en deniers, grains,
« poullailes, œufs, moulins, rivieres, boys, garennes,
« patronnaiges d'eglise, qu'aucunes autres choses ge-
« neralement, sans rien retenir, laquelle terre et sei-
« gneurie, avec la baronnie de la Hogue ledit evesque

« avoit japieça acquise de haute et puissante dame
« Jehanne de France, comtesse de Roussillon, dame
« de Vallongnes et d'Usson, baronne de Mirebeau,
« veuve de feu monseigneur Loys de Bourbon, en son
« vivant admiral de France, pour elle establissant et
« faisant forte pour monseigneur Charles de Bourbon,
« son fils, ainsi qu'il peult apparoir par les lettres de
« ladite acquisition faictes et passees devant Guy le
« Lievre et Jehan de Riviers, clercs notaires du Roy en
« son Chastelet de Paris, le 16e jour de juillet 1498,
« de laquelle terre et seigneurie ledit evesque se de-
« saisit et en saisit lesdits sieurs du Chapitre, voulant,
« consentant et accordant qu'ils s'en missent en pos-
« session pour eux et leurs successeurs... Et fut ce
« faict au moien de ce que maistre Jehan Poesson,
« chantre dudit Constances, Jehan Bureau, archi-
« diacre, Thibaud de Fromentieres, penitencier,
« Robert de Grainville, tresorier, Loys Herbert,
« vicaire dudit evesque, Thomas Cornet, docteur en
« theologie, Hugues de Blarru, Jehan le Marchand,
« grand doyen d'Avrenches, Estienne de la Mare, Ni-
« cole de la Cour, Galobie le Pelé, official, Guillaume
« Faoucq, Richard le Long, Jean Tierget et Jean
« Cadier, tous chanoines de ladite eglise, pour eux et
« pour les autres chanoines d'icelle, lesquels conside-
« rant la charge qu'ils avaient sur la commune de
« ladite eglise de la nourriture, gouvernement et en-
« tretenement des enfans de cueur, et ledit don fait
« par ledit evesque, estre à l'augmentation de ladite
« eglise, ont voulu, consenti et accordé, veulent, con-

« sentent et accordent que, pour le temps à venir, le
« maistre des enfans de cueur qui sera par iceulx du
« chapitre commys ponible et deponible, de par eux,
« si le cas le requiert, au bien, profit et utilité et ser-
« vice de ladite eglise et desdits enfans de cueur, du
« consentement dudit evesque, ses successeurs ou vi-
« caires, et dont ledit evesque et ses successeurs
« auront connaissance, et non autrement, et auquel ils
« bailleront la charge de nourrir et gouverner lesdits
« enfans, [ait et] reçoive les distributions entières et
« comme l'un desdits chanoines, installé aux hautes
« chaires ainsi que les autres, s'asseyant au dernier
« lieu de chanoine, et ce sans qu'au moyen desdites
« distributions de chanoine, icelui maistre puisse dire
« estre perpétuel, ni que ce soit benefice, mais de-
« meurera ponible et deponible, comme dit est, sans
« qu'au moyen de ce il puisse user de franchise,
« preeminence, dignités et libertés, tant en nomina-
« tion de benefices, voix en chapitre, qu'autre chose
« de preeminence appartenant auxdits chanoines,
« combien qu'il sera sujet au service de ladite eglise
« et desdits enfans, mis en table comme les autres
« chanoines sous le nom de maistre des enfans de
« cueur, lequel maistre sera tenu nourrir, gouverner
« de boire et manger, coucher, lever et instruire bien
« et dument iceux enfants de cueur et leur apprendre
« et instruire et enseigner en la science de gram-
« maire, et en cas qu'il ne le saurait licitement faire,
« leur querir, à ses despens, un maistre expert et suf-
« fisant pour ce faire, ainsi que par lesdits du chapitre

« sera avisé, et estre icelui maistre des enfants de
« cueur ainsi que sont les vicaires du grand autel et
« autres. Seront tenus lesdits maistres et petits enfants
« de cueur chacun jour, après tout le service dit, et
« l'antienne de Nostre Dame chantée, aller devant le
« sepulcre dudit evesque qu'il a intention estre faict
« en ladite eglise, sous le reliquaire situé et assis au
« costé senestre du grand autel de ladite eglise et illec-
« ques dire une antienne des Reliques et l'oraison pro-
« priciaire qui sera dite par ledit maistre des enfants de
« cueur, et après lesdits enfants de cueur [diront] *De*
« *Profundis*, et ledit maistre les oraisons ci après de-
« clarées avec *Pater noster* et *Ave Maria*, pour et en
« l'intention dudit évêque, pour le salut de son âme.
« Et d'abondant seront tenus et s'obligent lesdits
« chanoines susnommés pour eux et ledit chapitre,
« comme dit est, et mesme les prestres et petits clercs
« du petit college d'icelle eglise, dire et celebrer
« quatre obits solennels, avec les processions accous-
« tumees à chacun obit, aux quatre temps de l'an,
« après le trespas dudit seigneur evesque, pour le salut
« de son ame, s'il n'estoit feste qui le dust empescher,
« auquel cas se feront le plus prochain jour capable...
« au lieu desdits obits, quatre messes auxdits quatre
« temps de l'an, la premiere du Saint Esprit, la se-
« conde de Nostre Dame, la troisiesme des Reliques et la
« quatriesme de tous les trespassés, auxquels obits et
« messes respectivement sera distribué à chacun d'eux
« la somme de quinze livres *præ manibus*, c'est à sa-
« voir les deux parties au grand college et la tierce

« part au petit, et avec ce seront tenus lesdits cha-
« noines et petit college dire et celebrer en ladite
« eglise par chacun an un obit pour l'ame de feu mon-
« seigneur Jean Herbert, en son vivant seigneur d'Os-
« sonvilliers et general de France, et la demoiselle sa
« femme, quand decedee sera, pere et mere d'icelui
« seigneur evesque, dont les vespres seront dites le
« 2ᵉ jour de janvier et la messe le jour subsequent,
« pour lequel obit il sera distribué la somme de neuf
« livres tournois, ainsi que dessus, pour entretenir
« lesdits petits enfants de cueur de robes, vestures et
« autres habillemens d'iceux. Iceux sieurs du cha-
« pitre auront, prendront et distribueront ce qu'ont
« accoustumé prendre lesdits petits enfants du cueur
« en ladite eglise, et parceque l'intention dudit eves-
« que est principalement pour la decence de sadite
« eglise et qu'elle demeure bien et honorablement
« servie, faisant chacun ses ceremonies,... [deux cha-
« pelles dont le patronage appartenoit à la terre et
« seigneurie d'Anneville en Saire seront affectees aux
« enfants de cueur de ladite eglise yessans de l'aube
« avecques deux chapeles de ladite eglise dont le pa-
« tronage appartient au chapitre [1]], c'est assavoir de
« Saint Romphaire et de Sainte Anne, en la maniere
« qui en suit : le cas de vacance [s'] offrant, le cha-
« noine en quinzaine nommera audit chapitre le plus
« ancien enfant premier issu de l'aube, pourvu qu'il
« ait servi en ladite aube six ans du moins, capable,

---

[1] Nº 349 du Cartulaire de Coutances dans le répertoire de M. de Gerville.

« idoine et suffisant à tenir ladite chapelle, lequel cha-
« pitre presentera audit evesque pour en avoir et
« obtenir collation, ainsi qu'est accoustumé faire aux
« autres chapelles auxquelles ledit chapitre a droit de
« presenter. Et pour ce que lesdits enfants qui obtien-
« droient lesdites chapelles dependantes de ladite terre
« ne seroient point gagnant les retributions de ladite
« eglise sans obtenir le denier de Matines, icelui R. P.
« en Dieu a voulu et veut que deux des deniers de Ma-
« tines, du nombre de quatre, outre les deniers des en-
« fants, de cinq ou six deniers, lesquels deux deniers ice-
« lui evesque vouloit donner, demeurent affectés auxdi-
« tes deux chapelles dependantes de ladite terre, et par ce
« auront l'habit d'eglise et distribution comme les autres
« chapelains d'icelle, à telles charges et conditions que
« ceux qui auront lesdites chapelles d'Anneville seront
« tenus au service du cueur, et que s'ils s'abstiennent de
« ladite eglise pour un mois, sans le congé dudit chapitre,
« ils en seront privés sans autre connaissance de cause
« ni forme de procès, et y pourront pourvoir lesdits
« du chapitre tout ainsi que s'il y avoit vacation par
« mort, cession, demission ou resignation ; lequel don
« et fondation iceux du chapitre prennent et accep-
« tent à la charge, moyen et condition que dessus,
« parceque ledit seigneur evesque s'oblige garantir
« vers tous et contre tous. Et ce fut faict et passé audit
« lieu de Coutances, en la presence de venerable per-
« sonne Mre Louis Carnet, Jean Percepied et plusieurs
« autres temoins, le samedi 3° octobre 1500.[1] »

[1] Ibid.

Nous parlerons bientôt de ses grandes autres libéralités ; je crois que nous devons ici remarquer sa grande magnificence en ses bâtiments. Il ne fût pas plutôt chef de la justice de la province qu'il ne crut qu'il ne fût à propos de la loger ; c'est aussi à lui à qui on est redevable de cet excellent palais où elle s'est toujours rendue depuis. M. Morel parlant de sa charge de premier président dont le roi l'avait honoré :
« De laquelle charge, dit-il, il s'aquitta très-dignement
« comme il fit en pareil de la Commission qui luy
« fut donnée de faire bastir le superbe Palais où
« cet Auguste Sénat rend la Justice, lequel en peu de
« temps il rendit en l'estat qu'il est ; c'est-à-dire, pour
« le plus magnifique et le plus superbe qui soit en
« France. » Page 21ᵉ. En parlant de la ville de Saint-Lo, nous avons remarqué les réédifications qu'il fit en son palais de cette ville avec les autres bâtiments qu'il y ajouta ; nous remarquons ici qu'il fit la même chose en sa ville épiscopale. Depuis quarante ans, presque toutes les maisons des chanoines ont été rebâties à la moderne, ou, pour mieux dire, à l'idée de ceux qui en jouissent ; la plupart de ce qui reste d'ancien est l'ouvrage de notre Geoffroi Herbert. Aussi feu M. du Vaudôme nous a écrit qu'il a vu les armes de notre prélat, non seulement à toutes les maisons du chapitre, mais aussi à la maison du feu abbé de Franquetot, à une maison de M. de l'Isle, conseiller, dans le cloître des Jacobins, aux unes simples et aux autres écartelées, à toutes les vitres du haut du rond-point derrière le chœur, et elles étaient aussi à une vitre de la

première chambre d'un cuisinier de Coutances, nommé Burnel, en la grande rue, contre les maisons du siége. C'était aussi autrefois la maison d'un chanoine qui l'échangea et s'accommoda avec le cuisinier.

Pour occupé que parût notre évêque à toutes ces grandeurs, à son gouvernement, à son parlement et à ses bâtiments, il ne négligeait rien de son devoir à l'égard de son diocèse. Il fit une ordination générale en l'église de Saint-Lo le 26° mars 1502; il en fit une autre semblable en son église cathédrale le 6° avril 1504, une troisième au même lieu le 11° avril 1506, une quatrième au même lieu le 3° mars 1508. Les autres étaient administrées par le susdit évêque de Porphyre.

Notre évêque étant à la Motte, le 16° mars 1500, il donna la prébende des vicaires à Jean Cadier. Le 15° mai suivant, étant à Rouen, il donna de plein droit la prébende de Trelly[1] à un nommé Jean Tropot ; le 3° juin, suivant étant à Rouen, il conféra à Jean Bessin la cure de Saint-Germain-de-Varreville[2], à la présentation de messire André d'Epiney, cardinal-archevêque de Lyon et de Bordeaux et abbé de Saint-Wandrille, de laquelle abbaye dépend cette cure. Il y a dans les registres plusieurs collations de bénéfices, par lesquelles nous apprenons qu'il était de retour en son château de la Motte au mois de juillet suivant 1500 : « Die septem- « bris 7°, dominus contulit Carolo Herbert, illegitime

---

[1] Arr. de Coutances.
[2] Arr. de Valognes.

« nato, de diocœsi Senonensi oriendo, confirmationem
« et tonsuram, mediantibus litteris dimissoriis. » Mais
au mois de septembre de cette même année, il était de
retour à Rouen, ainsi qu'il nous paraît par l'approbation du titre patrimonial de Benoît Ogier, de la paroisse de Montsurvent[1].

Le 28° avril de l'an 1501, étant en son château de
la Motte, après une information, il permit à Jean et
Jacqueline d'Estouteville de se marier, quoique parents au deuxième degré, après les avoir dispensés de
parenté, où plutôt avoir approuvé et reçu leur dispense, d'ailleurs obtenue. Le 26° janvier suivant, il
était à Rouen, où il créa deux vicaires généraux, Guillaume le Peley, official, et Guillaume le Long son
garde-scel, sans néanmoins révoquer Louis Herbert.
Le 23° de février suivant, il donna l'administration de
l'hôpital de Saint-Lo à Pierre de la Haulle, religieux
de l'ordre de saint Augustin, et le 3° avril, aussi suivant, par la résignation de François Herbert, il confia
à ce Charles Herbert, dont nous venons de parler, la
prébende de Trelly et la cure de Saint-Germain-de-
Tallevende[2], à lui résignée pour Louis Herbert. Au mois
de juillet avant ce que nous venons de dire, messire
Jean le Jolis fonda à la cathédrale la chapelle Saint-
Eloi. Remarquons encore, qu'en la provision de la cure
du Mesnil-Hue[3], faite le 2° janvier, que l'on comptait
encore 1502, au nommé David Pillois, noble homme

---

[1] Arr. de Coutances.
[2] Arr. de Vire.
[3] Arr. de Coutances.

Jean de Quesnelée est dit patron à cause de Marie Goujon, son épouse; que le 24° juin, Saint-Laurent-de-Jersey fut conféré à Louis de Champtone à la présentation de noble homme Jean, lieutenant du roi d'Angleterre; qu'à la présentation du roi d'Anglerre, la cure de Saint-Hélier-de-Jersey fut conférée à André de la Hougue le 4° juillet 1502; que le 23° décembre dudit an 1502, Louis Herbert, abbé commandataire de Saint-Lo, donna la cure de Sainte-Catherine de l'hôpital de cette ville; que le 4° février, que l'on comptait encore 1502, messire Jean Gline, prêtre, fut commis doyen de Jersey et Richard de Haguais, curé de Brévands[1], son vice-gérant; que notre Guillaume, évêque de Porphyre était curé de Tourlaville, et qu'il s'en défit, le 10° août audit an, en faveur de Richard le Louey, chanoine de Coutances; que le 22° novembre 1503, « facta fuit littera recipiendi Thomam « le Pinchon presbiterum in fratrem et formam reli- « giosorum Domûs Dei Constantiensis »; que le 20° juin 1504, fut approuvée et trouvée canonique l'élection de François-Jean Noël pour être abbé de Cherbourg; qu'il fallait être religieux Augustin pour posséder la cure d'Agneaux[2], ainsi qu'il paraît par la collation qui en fut faite, le 30° juillet 1504, à François Hecquard, sur la résignation de François Riquier; que le 11° mars suivant, frère Pierre de Bordeaux fut pourvu de l'abbaye de Saint-Sever, sur la résignation de frère

---

[1] Arr. de Saint-Lo.
[2] Arr. de Saint-Lo.

Guillaume Vigeon; que le 27° juin 1505, sur la présentation de noble homme Hugue Vaughaine, chevalier et gouverneur de Jersey, la cure de Saint-Martin-le-Vieux-de-Jersey, fut conférée à Thomas Cablière; que nous lisons dans la *Neustria pia*[1] en parlant du 38° abbé de Saint-Evroul, appelé Félix de Brie : « Anno 1504,
« mense Julio, Geoffredus Hebert, Episcopus Constan-
« tiensis et Prothopræses Uticum venit : ut de sequestri
« ordinaret, objurgium exortum inter Guidonem de
« Hebercuria, Abbatem electum, et Fœlicem de Brya,
« Prothonotarium ; sancivitque illa 30 scuta aurea,
« quæ sibi data fuerunt, pro sua vacantia, esse
« conferenda, pro testudine chori Ecclesiæ inci-
« pienda, quæ exinde anno sequenti, ferè completa
« est » ; que le 14° octobre 1505, fut admise l'élection de frère Jacques Langlois pour être abbé de Saint-Sauveur, après la mort de Raoul Boniface, moine de Carpentras et puis évêque; que Louis Herbert était encore prieur commandataire de Saint-Côme[2]; que Jean de Camprond et Richard Basire, en qualité de tuteurs de Jean de Jolivet, seigneur de Montpinchon, présentèrent à cette cure, le 22° novembre, Léonard Malenfant, après la mort de Martin de Cambernon; que le 19° janvier suivant, la cure de Saint-Ouen-de-Jersey fut donnée à Jacques de Carteret, présenté par noble homme Hugue Vaughaine, gouverneur de cette île; que le 24° avril 1506, le seigneur évêque étant à la Motte, conféra de plein droit la cure de Soule à Jean

[1] Page 129.
[2] Arr. de Saint-Lo.

Liégard, après la mort de Jean Paulmier; que quoique le même seigneur évêque fût à Rouen le 17° juin, il était de retour à la Motte le 24° juillet suivant, auquel lieu il conféra la chapelle Saint-Pierre de la cathédrale, à Nicolas Rabot; et enfin que le 22° octobre en suivant, fut accordée dispense à Jean Marquetel, curé de Remilly [1], de ne se faire prêtre qu'à cinq ans de là.

Nous apprenons au surplus que cette année, 1507, notre évêque remit la charge de premier président et lieutenant-général de la province, pour ne s'appliquer qu'au premier de ses devoirs, veiller son peuple, orner et enrichir son église et bien faire à tout le monde.

L'église de Coutances conserve encore et se pare aux grandes fêtes de cette belle tapisserie à fond d'or, d'argent et de soie, de haute lice, sur laquelle sont représentés les travaux d'Hercule, appropriés, par des vers français qui sont tissés au bas, à quelques-unes des vertus morales, terrassant le vice qui leur est opposé et qui est représenté par le monstre vaincu et abattu par Hercule. Les voici autant que M. du Vaudôme et moi l'avons pu déchiffrer.

> Ce qu'Antheus la force en terre prend,
> Où Hercule plus ne le requier lascher,
> Est la raison qui l'appétit reprend,
> Quand du monde ne se veut relascher.
> Le vertueux voulant vaincre tascher
> L'en éloigne, tant que lui est loisible.
> En ce faisant, il montre qu'il a cher
> Constantia qui le rend invincible.

(*Est la figure du prophète Isaïe avec ces mots : Elongasti terminos terræ.*

[1] Arr. de Saint-Lo.

Lion d'enfer, le plus grand adversaire
Qu'ait jamais eu pauvre nature humaine,
Quérant les siens dévorer et défaire,
De par le monde rugissant se promène.
Mais Hercule si asprement le mène,
Que le pays tost en sera paisible.
Pour ses amis ne fut ni travail ni peine,
Constance y a qui le rend invincible.

(*Leo rugiens circuit quærens quem devoret, cui resistite fortes.* Saint Pierre.)

Par Geryon, composé de trois chefs,
Sur les mondains faisant mainte morsure,
Désignés sont trois capitaux péchés,
Homicide et orgueil, avarice et Luxure
A Hercule n'est rien mort, ne blessure,
Pour résister à ce monstre terrible,
Car la vertu en tout danger l'assure :
Constance y a qui le rend invincible.

(*Accipite armaturam fidei ut possitis resistere.* — Saint Paul.)

Fiers centaures venant par millions
De toutes parts pour nous faire la guerre,
Ci dénotent les grandes tentations
Dont les humains sont assaillis sur terre.
Vers Hercule viennent marchant grand erre,
Pour l'outrager s'il était possible ;
Mais nonobstant qu'ils le retiennent en terre,
Constance y a qui le rend invincible.

(Job sur son fumier... *Continuit panem nec cedit.*)

Ce monstre Hydra sept crimes nous assigne
En sept grands chefs mal aisés à dompter,
Qui n'abolit la source et la racine ;
Car pour un bas sept voyons remonter.
Mais Hercule, pour les mieux surmonter,
Mortifie ce dernier tant nuisible.
Plus n'y a chef qui l'ose confronter,
Constance y a qui le rend invincible.

(*Non derelinqueris radiem nec germen.* — Malachie.)

Contre Junon offrant grace et largesse,
Les biens mondains, gloire et autorité,
Vient Hercule contemnant la richesse,
Aimant vertu plus que prospérité,
Voulant trop mieux querir félicité,
Que s'asservir à chose si faillible,
Par trois raisons à cela excité :
Constance y a qui le rend invincible.

(*Melius est bonum nomen quam divitiæ multæ.* — Proverbes.)

Que Cerberus aux trois testes qu'il porte
Ni des enfers le furieux outrage,
N'empesche point à Hercule la porte,
Que ses amis ne tire de servage,
Nous montre bien qu'humble et devot suffrage
Sont bien faisans et par tout admissibles
Et d'abondant pour consommer l'ouvrage :
Constance y a qui le rend invincible.

(*Morsus tuus ero, ô inferne.* Osée 13º.)

Volant partout par leur grand renommée,
Les harpies, de royale noblesse,
D'attraits, beautés et doux regards ornées,
N'épargnant sang, ne force, ne prouesse,
Contre Hercule chacune d'eux s'adresse ;
Mais peu lui est leur bataille pénible,
Car quoi qu'il soit en grand fleur de jeunesse,
Constance y a qui le rend invincible.

(*Horruerunt Constantiam ejus.* — Judith 16º).

Cette riche tapisserie est un des présents de Geoffroi Herbert ; il y en a de plus considérables. Ce fut lui qui fonda le pain du chapitre et qui donna un revenu considérable à ce même chapitre pour l'obliger plus sensiblement de s'acquitter du devoir de dire les vêpres. « Pro pauperibus in moribus, litteris ac bonis

« artibus instituendis, (dit Guillaume de la Mare chez
« M. de Sainte-Marthe), et imbuendis, in venerabili
« Harcuriano, apud Lutetiam, collegio, quatuordecim
« quas bursas vocant recenter instituit, ac Theologo-
« rum jam institutas auxit, et opulentiores reddidit[1]. »
Nous allons voir les preuves de ce que nous disons
par la lecture de son testament et par ce que nous
apprendrons de l'obituaire de la Cathédrale. Nous donnerons le testament en sa langue naturelle en notre
recueil; la voici en la nôtre :

« Au nom du Seigneur, amen. Geoffroi, par la misé-
« ricorde de Dieu évêque de Coutances, ou plutôt
« humble ministre des fonctions épiscopales, à tous
« ceux qui verront ce notre testament ou disposition
« de dernière volonté, salut. Me représentant nuit et
« jour les suites de la mort, et méditant sans cesse
« avec Saint Jérôme cette trompette dont parle le
« bienheureux S. Jean apôtre en son Apocalypse :
« LEVEZ-VOUS, MORTS, ET VENEZ POUR ÊTRE JUGÉS, et
« sachant qu'il n'y a rien en cette vie de perdurable,
« ni qui ne soit sujet au changement, rien de plus
« certain que la mort, ni de plus incertain que
« l'heure de la mort, sans entendre que nous
« soyons certains de sa proximité, voulant rendre un
« compte exact à Dieu notre Seigneur, pendant que
« nous sommes encore vivants, des biens qu'il nous a
« faits durant le pélerinage de cette vie mortelle, nous
« avons fait et ordonné ce présent testament de der-

[1] *Gallia Christiana*, XI, 898.

« nière volonté, étant sain de mémoire et d'esprit,
« ainsi que nous l'estimons, de la manière qui suit. Et
« premièrement, pour n'être pas ingrat des grands
« biens que nous avons reçus de Dieu, qui jusqu'à
« présent par son ineffable et immense pitié et clé-
« mence nous a souffert et donné le temps de faire
« pénitence et nous convertir, et nous a promis de
« nous pardonner si nous pardonnons aux autres, et
« crainte que nous ne soyons trouvés semblables à ce
« fermier, duquel il fut rapporté au maître commun
« qu'il ne voulait pas avoir pitié de son conserviteur,
« et jeté comme lui dans les ténèbres extérieures,
« nous pardonnons toutes et telles offenses qui nous
« ont été faites, ou de paroles, ou d'effet, ou de quelque
« manière que ce puisse être de la part de nos enne-
« mis, et nous supplions instamment le seigneur notre
« Dieu qu'il lui plaise leur pardonner. Nous offrons à
« Dieu notre créateur et rédempteur tous les talents
« que nous avons gagnés, ou pour le moins qui nous
« ont été confiés, c'est à savoir notre âme qu'il a créée
« à son image, et qu'il a retirée de la captivité de
« Babylone au prix de ses souffrances et de sa mort,
« laquelle était même consacrée spécialement pour le
« servir en cette vie, nous la lui recommandons pour
« être éternellement à son service. Nous lui recom-
« mandons aussi très-particulièrement le troupeau dont
« il nous avait commis la garde, lequel peut-être est
« en mauvais état ou par notre négligence, ou par le
« mauvais exemple que nous lui avons donné. Nous
« le supplions très-humblement soulager le poids de

« nos péchés, et qu'ayant égard à la foi et fidélité de
« l'Eglise, son épouse, il lui plaise recevoir mon
« âme et la placer, quoique nous ne le méritions pas,
« dans le sein d'Abraham, au nombre de ses fils
« ecclésiastiques, avec les saints patrons de notre
« église, de purifier par sa miséricorde infinie et
« conserver notre susdit troupeau, de manière qu'il
« parvienne à une éternité bienheureuse. Nous sou-
« haitons que notre corps soit reçu et inhumé de notre
« mère et épouse l'église de Coutances dans le chœur,
« et notamment au côté senestre du grand Autel, sous
« les reliques des saints qui sont placées en ce lieu,
« comme nous en sommes autrefois demeurés d'accord
« par écrit avec nos confrères. Si nous avons fait
« quelque tort à qui que ce soit, ou si nous avons
« contracté quelques dettes, nous ordonnons qu'on
« en fasse une ample réparation et toute sorte de
« paiement et satisfaction sur tous nos biens, meu-
« bles et immeubles; et c'est ce que nous voulons et
« ordonnons qu'on exécute très-exactement. Et parce
« que toutes personnes, mais particulièrement celles
« de notre condition ne doivent point oublier les bons
« services qu'on a reçus pendant un assez longtemps
« entre ceux qui nous sont unis, outre leur service de
« parenté, doivent moins être oubliés que les autres
« au point de notre mort, c'est pourquoi nous vou-
« lons que chacun d'eux de ceux qui nous ont
« servi et les autres, reçoivent quelques portions des
« biens que Dieu nous a donnés, en la manière qui
« ensuit.

« Premièrement à mes serviteurs domestiques, selon
« l'ordre que nous allons exprimer, en récompense de
« leurs services et afin qu'ils prient le Très-Haut pour
« le salut de mon âme et la remission de mes péchés,
« nous voulons que ce que nous leur léguons leur soit
« distribué par les exécuteurs de notre testament
« aussitôt après notre décès, lesquels exécuteurs
« seront et nous établissons nos fidèles et très-chers
« confrères le chapitre de Coutances, à l'effet de quoi
« nous obligeons tous nos biens, meubles et im-
« meubles, et les mettons comme dès à présent entre
« leurs mains, en la présence des témoins que
« nous avons appelés à ce sujet, et que nous
« avons fait jurer exprès de ne rien révéler de ce qui
« est contenu en ce présent testament ou disposition
« dernière de volonté jusqu'après notre mort, et nous
« de vive voix en bon et entier entendement, quoique
« malade de corps, avons dicté et nommé le présent
« ainsi qu'il suit.

« Nous laissons, donnons, et léguons à maitre Jean
« Guillemot, prêtre, la somme de cinquante livres tour-
« nois ; à maître Paschal de Rion [1], aussi prêtre, cin-
« quante livres tournois; à maître Guillaume [Roze],
« aussi cinquante livres; à Robert du Val, cinquante
« livres; à Jean du Bois, cinquante livres; à Jean
« Boulley dix livres; à Jean Robillard, cent sous tour-
« nois ; autant à un nommé Ouen ; à demoiselle Jeanne
« de Montvillers, cent livres; à la fille de demoiselle

[1] Le *Gallia* dit Denon.

« Jacqueline, vingt livres ; à Michelle, fille d'Isabelle
« le Tellière, cent sous ; à Perrine de Longrais, cent
« sous ; à Collette Lemmalière, cent sous ; à sa petite
« fille, vingt sous ; à Jeanne la Benoise, femme de
» Josias Buisson, cent sous ; à Louis Buisson, porcher,
« soixante sous ; à Philippine Cosville, cent sous ; à
« Philippe Rouxelin muletier, dix sous ; à Jean
« Leveillé qui demeure à la Motte, six livres ; à sa
« petite fille Michelle, quarante sous ; à un certain
« homme nommé Vasselin, soixante sous ; à Roger
« Belot [1], soixante sous.

« Item, nous donnons et léguons à nos deux frères
« Jean et François, notre baronnie de Courcy au diocèse
« de Séez pour un d'eux, laquelle baronnie avec ses
« dépendances et appartenances, nous avons achetée dès
« nos premières années, et la terre et fief de Sainteny
« dans notre diocèse de Coutances, et dépendante de la-
« dite baronnie susdite, et celui auquel arrivera cette
« dite terre et fief de Sainteny, il aura sur tous nos
« biens meubles, deux mille écus de récompense
« pour et à raison que ladite terre de Sainteny est
« de moindre valeur en comparaison de la terre et
« baronnie de Courcy. Item, nous donnons et léguons à
« Marie du [T]ouchet, fille de noble dame Marie Doues-
« sey, du diocèse de Rouen, trente livres de rente, la-
« quelle rente est de la dot de sa mère, qui est main-
« tenant en nos mains avec les arrérages desdites
« trente livres, courant et dus. Item, nous donnons et

---

[1] Belet dans le *Gallia*.

« léguons à la même dite Marie toutes les hypothèques
« ou revenus hypothécaires dus et venant à raison des-
« dites trente livres de rente sans préjudice des autres
« rentes et revenus de ladite Marie de [T]ouchet, acquis
« à son nom et au nôtre. Nous voulons en outre et
« déclarons être de notre intention que celui de nos
« frères qui aura Sainteny, sera obligé de donner et
« donnera effectivement la somme de dix mille livres
« une fois payées à ladite Marie de [T]ouchet, en faisant
« et parachevant le mariage proposé entre elle et le
« seigneur de Carnes, par messire Jean Le Cointe, son
« frère, chanoine de l'église cathédrale de Paris, du
« fils dudit seigneur de Carnes, ou sinon de lui, du
« moins avec quelque autre, dont et desquelles rentes
« et hypothèques nous n'entendons pas qu'elles soient
« moindres de vingt livres tournois. Item, nous donnons
« et léguons à Grisine Cordière l'héritage ou terre
« avec ses appartenances que nous avons acquises en
« la paroisse de Soule en notredit diocèse, lesdites
« terres et biens ainsi qu'ils appartenaient à un
« certain changeur nommé Jamar, se montant à la
« somme de trente livres de rente. Item, nous donnons
« et léguons à Gillette Ogier, fille de Thomas qui
« demeurait à la Motte, vingt livres avec les rentes
« que nous doivent ledit Thomas Ogier, et ses aides
« Jean et Guillaume. Item, à Marie Ogier, fille de
« ladite Gillette, cinquante livres qui seront réelle-
« ment payées par les exécuteurs de notre testament,
« à savoir le chapitre de Coutances, lorsqu'elle sera
« en état d'être mariée. Item, nous donnons à perpé-

« tuité en aumône au collége de Coutances en l'uni-
« versité de Paris, appelé le collége de Harcourt, la
« demi-terre et le fief noble, vulgairement nommé le
« bois de Préaux, situé en la paroisse de Saint-Jean-
« des-Champs dans notre susdit diocèse avec toutes
« ses dépendances et appartenances, avec soixante
« livres tournois de rente que nous avons acquises sur
« les terres et fief de la Haye-Hedouvinière, de noble
« homme Jean du Mas, tant pour l'accomplissement
« de la fondation que nous avons faite récemment de
« douze bourses de grammairiens, que afin que chacun
« d'eux reçoive cinq sous parisis chaque semaine pour
« son vivre et ses autres nécessités et augmenter le
« nombre et les bourses des artistes; créant de nouveau
« deux bourses et deux boursiers dont chacun aura
« chaque semaine autant que chacun des vingt-huit
« boursiers fondés autrefois par révérend père en Dieu
« monseigneur Robert de Harcourt, en son vivant
« évêque de Coutances, et par le seigneur Raoul de
« Harcourt, son frère, archidiacre du Cotentin, que
« aussi pour l'augmentation des bourses des artistes
« de quatre sous parisis à chacun par chaque semaine,
« et encore pour l'augmentation des bourses des théo-
« logiens, lesquels n'ayant eu jusqu'à présent que cinq
« sous la semaine, en auront trois de plus, en sorte
« que chaque semaine ils auront huit sous, aux charges
« néanmoins et conditions contenues en la charte ou
« instrument qui en fut dressé le 7ᵉ jour d'octobre
« 1509, entre nous Geoffroi évêque de Coutances, et
« messire Jean Boivin, proviseur dudit collége, Guil-

« laume Le Sauvage, Robert Corbet et autres boursiers
« actuellement résidents audit collège, tant théolo-
« giens et artistes que grammairiens. Nous supplions
« donc très-instamment nosdits exécuteurs de vouloir
« bien veiller avec soin à exécuter promptement et
« sans aucun délai ce notre testament et legs y con-
« tenus, attendant la récompense qu'ils en recevront
« dans le ciel. Fait et dicté au château de Courcy dans
« le diocèse de Séez, dans la chambre où nous demeu-
« rions durant notre-maladie, en présence de messire
« Amaury de Sainte-Marie, alors intendant de notre
« maison, messire Jean Gréauline, prêtre, curé de
« Courcy, appelés à ce sujet pour être témoins et jurés
« comme ci-dessus. L'an 1509, le premier jour de
« janvier, ce testament a été fait et passé devant moi
« Thibaud de Fromentières, prêtre, licencié aux lois,
« chanoine et pénitencier de l'église de Coutances et
« curé de Saint-Ebremond-de-Bonfossé, en présence
« desdits témoins, l'an et le jour susdit, en témoin de
« quoi nous avons opposé notre seing manuel. Ainsi
« signé : de Fromentières[1]. »

Quoique je n'en aie pas vu l'acte, nous apprenons de feu M. Morel que ce même prélat fonda les vêpres du chapitre[2], et nous savons qu'il acheta les dîmes de la paroisse de Hébécrevon[3] et les donna à son chapitre avec une somme considérable pour la fondation du pain du chapitre. L'acte de cette vente est daté du

---

[1] V. *Gallia Christiana*, IX, 278, *instrum.*
[2] Page 55.
[3] Arr. de Saint-Lo.

pénultième d'avril 1509, et porte que « Geoffroi de
« Magneville, écuyer, procureur de demoiselle Cathe-
« rine du Mesnil-Guillaume, son épouse, conjointement
« avec Jean de Magneville, écuyer, vend à R. P. en
« Dieu monseigneur Geoffroi, par la miséricorde de
« Dieu évêque de Coutances, la dîme de Hébécrevon,
« par le prix et somme de 2400 livres, payées par les
« mains de vénérable et circonspecte personne, messire
« Louis Herbert, archidiacre du Val-de-Vire et chanoine
« en l'église cathédrale Notre-Dame-de-Coutances et
« vicaire général dudit seigneur évêque, sans parler
« du patronage, qui demeure auxdits vendeurs, dont
« sont témoins vénérables et discrètes personnes
« messire Jean Poisson, chantre de ladite église de
« Coutances, Jean le Marchand, doyen d'Avranches et
« chanoine de Coutances, Rouland de la Mare, chanoine
« et pénitencier, Tresot, official et chanoine. »

Notre évêque mourut peu de temps après son testament. Ce fut en son château de Courcy qu'il était malade, le 4ᵉ février 1510, selon notre manière de compter, et qu'on disait encore alors 1509. Son corps fut apporté à Coutances et inhumé dans le sanctuaire, du côté de l'Evangile, sous un très riche reliquaire qui y était alors, ainsi qu'il l'avait désiré. Il avait nommé son chapitre exécuteur de son testament; le soin en fut donné à messire Louis Herbert, son frère. Il s'en acquitta parfaitement bien, ainsi qu'il paraîtra par la seule lecture de l'obituaire de la Cathédrale, sans en apporter d'autres preuves. En voici les propres termes : « Octavo idus februarii, obiit Gauffridus episcopus Constantiensis. » Aux mêmes mois et article : « Commemoratio Gauffridi Herbert « Constantiensis episcopi, continuè præ manibus, cum « processione ad ejus sepulturam, fiatque feria quarta « aut sexta quatuor temporum post sacros cineres, « pro qua distribuitur super communia summa quin- « decim librarum. » A l'article 18° du mois de septembre : « Commemoratio Gauffridi Herbert, epis- « copi Constantiensis, continuè præ manibus, et fiat « processio ad ejus sepulturam, et non moveatur a « feria quarta vel sexta quatuor temporum post exal- « tationem Sanctæ Crucis, nisi festum impediat. » Il y a la même chose au mois de mai : « Commemoratio « Gauffridi Herbert, Constantiensis episcopi, continuè « præ manibus cum processione, et in mense martii, « et non moveatur a feria quarta ante Pentecostem, si « vacua fuerit. » Enfin, au 27° article du mois de décembre : « Commemoratio Gauffridi, episcopi cons- « tantiensis, continuè præ manibus, pro qua quinde- « cim libras super communia, et fiat processio prout « dictum est in præcedenti, et non moveatur a quartâ « vel sexta feria quatuor temporum. Il y a pour chacun de ces obits ou services la somme de 15 livres, ainsi qu'il est porté dans le compte de 1661 dont nous avons déjà parlé. Les parents de cet évêque, officiers et dignitaires en cette même église, suivirent son incli- nation et l'imitèrent en cette affection pour l'honneur de la maison de Dieu. Son frère, Louis Herbert, dont nous avons tant parlé, est encore fameux en cet obituaire; voici ce que nous en trouvons en l'article 35 :

« Fundatio pro lavatione pedum in cœna Domini per
« reverendissimum patrem et dominum episcopum
« Abrincensem, pro anima reverendissimi in Christo
« patris domini Gauffridi Herbert, dum viveret Cons-
« tantiensis episcopus, videlicet qui dedit capitulo et
« parvo collegio Constantiensis dictæ ecclesiæ in per-
« petuum, summam septem librarum et decem solido-
« rum annuatim capiendam super communia dictæ
« Constantiensis ecclesiæ, eo modo quo singulis annis,
« in prædicta die hebdomadæ sanctæ in qua consue-
« tum est lavare pedes dominis canonicis in capella
« beati Joannis Evangelistæ juxta capellam Beatæ
« Mariæ de puteo, redeundo de dicta capella in choro et
« eundo ante sepulturam prædicti domini Gauffridi
« episcopi, dicat psalmum *De profundis* cum tribus
« collectis, quarum prima erit : *Deus qui inter aposto-*
« *licos sacerdotes famulos tuos, Gauffridum, episcopum*
« *Constantiensem, et Ludovicum, Abrincensem episco-*
« *pum*, et secunda erit : *Miserere, quæsumus, Domine,*
« *animabus benefactorum, et* tertia erit *Fidelium*, et hoc
« fiat antequam inchoentur tenebræ, de qua summa sep-
« tem libris et decem solidis, canonici percipient duas
« partes et alii de parvo collegio tertiam partem, demptis
« septem solidis ordinatis pro horoscopiis, pro præpa-
« randis omnibus, et duobus solidis et sex denariis
« turonentibus pro canonico legente lectionem man-
« datum, et fiat distributio præ manibus in fine dicti
« psalmi *De profundis*. » Au 4° article du mois d'avril,
nous lisons : « Ludovicus Herbert, presbyter, archidia-
« conus Vallis Viriæ et canonicus Constantiensis, præ

« manibus, et non moveatur nisi dominica fuerit, et
« fiat distributio duodecim tradictionum panis capituli,
« *12 livres de pain* gallicè, duodecim pauperibus inter-
« ressentibus. »

Au mois de novembre, article 13° : « Commemo-
« ratio pro archiepiscopo Aquæsextiensi, et episcopis
« Constautiens. et Abrincens., fundatione magistri
« Caroli Herbert, presbyteri, archidiaconi Vallis Viriæ
« et canonici Constantiensis, continuè præ mauibus,
« et non moveatur a die duodecima novembris, nisi
« sit dominica, et fiat processio in ecclesia in fine
« obitûs et missæ cum *Libera* et orationibus, *Deus*
« *qui nos patrem* et *Miserere quæsumus, Domine,* et
« *Fidelium* etc. » Au 18° article : « Missa duplex de
« sanctissima Trinitate, ex magistri caroli Herbert
« presbyteri fundatione, archidiaconi Vallis Viriæ, et
« continuè præ manibus. » au 19° article : « Missa
« duplex de Beata Maria, ex fundatione ejusdem
« Caroli Herbert etc. »

Au 6° article du mois de janvier : « Magister
« Johannes Herbert, dominicus temporalis d'Ossou-
« villiers, quondam generalis Franciæ, pater reverendi
« in Christo patris Gauffridi, Constantiensis episcopi. »

Voici encore le précis d'autres contrats faits par
Louis Herbert au fait du pain du Chapitre dont nous
avons parlé : « Comme autrefois R. P. en Dieu mon-
« seigneur Louis Herbert évêque d'Avranches, frère
« et exécuteur du testament et dernière volonté, et
« héritier en partie de défunt de bonne mémoire
« monseigneur Geoffroi Herbert, en son vivant évêque

« de Coutances, eut, au dit nom d'exécuteur, faite
« certaines fondations en ladite église de Coutances
« du pain du chapitre, et pour ladite fondation baillé,
« donné et aumôné aux sieurs du chapitre de ladite
« église certaines dîmes, fiefs nobles et rentes, ainsi
« qu'il est plus amplement contenu ès lettres sur ce
« faites, passées par devant les tabellions en date du
« 5ᵉ octobre 1510, et depuis pour augmentation dudit
« pain se fut obligé, audit nom, envers lesdits sieurs
« du chapitre icelui père en Dieu évêque d'Avranches
« en la somme de 1200 livres, ainsi qu'il est porté
« par les lettres passées devant les tabellions le 23ᵉ
« juillet 1511, pour avoir le paiement de laquelle
« somme de 1200 livres et mieux assurer la fondation
« d'icelui pain de chapitre, par contrat du 22ᵉ février
« 1512, ledit seigneur évêque d'Avranches délaisse
« afin d'héritage audit chapitre, 50 livres de rente, sur
« le sieur de Tréauville par 100 livres, et le fief du
« Bourg, assis en la paroisse de Sainteny, par la
« somme de 500 livres. »

Voici quelques autres époques de son épiscopat. L'église de Saint-Pierre-de-Coutances étant par les guerres et les temps tombée en décadence, il la fit réédifier en l'état qu'elle est, tant par ses soins que par ses libéralités. C'est ce que nous apprenons encore d'une pierre de cette église sur laquelle sont gravés ces termes : « An 1494, le jour Saint Georges, fut réédifiée
« l'église, après la ruine et démolition d'icelle, moyen-
« nant l'aide et singulière affection de R. P. en Dieu
« monseigneur Geoffroi Herbert, évêque de Coutances. »

Au commencement du pontificat de Geoffroi Herbert, les ecclésiastiques étaient encore opprimés par le logement des gens de guerre. Après la mort du roi Louis XI, Geoffroi notre évêque et son clergé en portèrent leurs plaintes à Charles, le 15° avril 1488, l'an 1ᵉʳ de son règne, que nous voyons avoir été adressées à Jean du Mas, bailli de Cotentin et à Robert Josset, son lieutenant général. [Il] renouvela les ordonnances de ses prédécesseurs, libéra le clergé de cette vexation, et fit commandement aux gens de guerre de déloger incessamment.

En 1479, il y eut procès en la cour de l'official de Coutances entre le chancelier sigillifer, et receveur des déports du seigneur Geoffroi, évêque de cette ville, d'une part, demandeur, et noble homme Michel de la Haye-Hue, seigneur et patron de ladite paroisse de la Haye, d'autre part, défendeur, soutenant ladite église être exempte de déports contre les prétentions dudit demandeur. Par sentence du lundi après la Saint-Marc 26° avril, il fut jugé que ladite paroisse était exempte de déports, attendu qu'elle n'y avait jamais été assujettie. Cette sentence que j'ai extraite du cartulaire de cette noble et ancienne maison de la Haye contient entre autres choses ces termes remarquables du juge : « N'ayant que Dieu seul devant les « yeux, moyennant l'aide et le secours de J. C. dont « nous implorons les lumières, nobis pro tribunali « sedentibus, unice Deum præ oculis habentibus, « Christo Jesu filio ejus opitulante, cujus auxilium et « gratiam imploremus, » tout un et exactement considéré, nous avons trouvé que cette église ne doit point être sujette au déport, et d'effet nous l'en avons exemptée et exemptons à perpétuité etc. Tant il est vrai que cet évêque et les officiers préféraient la justice à leur profit.

Le vendredi 14° mars 1504, messire Nicole le Marchez, chanoine de Coutances, fonda en l'Eglise cathédrale, sous le bon plaisir de notre évêque, la procession de *terre meutte* ou de *l'aurore*, qui se fait le matin du saint jour de Pâques en l'honneur de la résurrection de notre seigneur. Il donna pour cela au chapitre une maison et ménage qu'il avait dans la ville de Coutances. Cette procession et fondation est même marquée dans le nécrologe au jour et an susdits. En 1505, noble homme Nicolas le Maître, seigneur de Grimouville et Maupertuis, vicomte de Coutances, désirant que son corps fût inhumé dans la chapelle de Notre-Dame-du-Puits en la cathédrale et voulant avoir en ladite cathédrale un obit solennel et perpétuel chacun an, avec une portion sur le lieu de sa sépulture, la vigile du jour de son obit, et que les petits enfants de l'aube au retour de la messe Notre-Dame de chacun jour, disent sur sa tombe un *De profundis*, *Pater noster, Inclina et Fidelium,* donna, comme le porte le contrat, une augmentation de rente à prendre sur ses biens et héritages, savoir 9 livres pour lesdits obit et procession et 6 livres pour lesdits enfants de l'aube ; mais ne le pouvant accomplir à cause de son infirmité, il en chargea les exécuteurs de son testament. La volonté du défunt, mort le 22 décembre audit an 1505, fut exécutée, mais de parole seulement et sans acte dressé à ce sujet jusqu'au premier jour de décembre de l'an 1507, que, devant Jean Morice, lieutenant général du bailli de Cotentin, comparaissant Jean Louvel, écuyer sieur de Maupertuis, vicomte de Coutances, oncle des enfants sous-âgés dudit défunt, messire Louis le Gascoing, écuyer, sieur des Veis, leur cousin, et noble dame Françoise de Coulombières, leur mère, veuve dudit défunt, tuteurs par autorité de justice desdits enfants, par le conseil et délibération de nobles personnes, Jean d'Angerville sieur de Tréauville, Jean de Coulombières, sieur de Brucourt, Gilles Nicolas, sieur du Jardin, Nicolas de Cotentin, sieur du Val, Jean le Jolivet, sieur d'Audouville, Gabriel du Quesne, sieur de Courcy, Jean Goueslard, sieur de la Carbonnière, Charles Gautier, sieur de la Beuserie, Guillaume le Messire, sieur des Hiettes, Pierre Potier, sieur de Bouillon, Guillaume Louvel, sieur du Pont-Roger, Nicolas Escoulant, sieur de Muneville, Jean de Beausent, sieur de la Lande, il fut délibéré que les dits sous-âgés et leurs tuteurs en leur nom paieraient et continueraient ladite rente, et messire Jean Poisson, chantre, Rouland de la Mare, trésorier, et Guillaume Quetil, chanoines, acceptèrent le tout par le chapitre, et ledit obit fut marqué le 14° décembre. Nous avons copie de l'acte, qui fut passé ledit jour 1ᵉʳ de décembre 1507 devant Guillaume Jourdan et Bouillon, tabellions.

Enfin nous remarquons qu'un des grands vicaires de notre évêque, Geoffroi, nommé Nicolas Denyse,

originaire de la paroisse de Beuzeville et chanoine de la cathédrale, quitta ces dignités pour se faire cordelier, où il vécut depuis en grand et exact religieux et mourut enfin en odeur de sainteté : « [Maii] 27°,
« obiit F. N. Denyce Constantinus, ex Beuzevilla prope
« vadum oriundus, in divinis scripturis studiosus, et
« eruditus, in philosophia scholastica nulli secundus,
« regularis observantiæ restaurator celeberrimus. Hic
« cum esset Constantiensis ecclesiæ canonicus atque
« venerabilis Gaufridi, ejusdem civitatis episcopi, vi-
« carius generalis, omnia Christi amore contemnens
« Valloniam huic conventui accessit habitumque sanctæ
« nostræ religionis, cunctis mirantibus, devotissime
« suscepit sicque multo tempore simplicem inter sim-
« plices vitam agens, hac effloruit et doctrina. Fuit a.
« 1. custos hujus inferioris Normanniæ et guardianus
« hujus conventus multis annis, binaque vice provin-
« cialatus hujus provinciæ, una vero provinciæ Fran-
« ciæ (?), officio meritissime functus est. Tandem cum
« esset conventus Rhotomagensis guardianus, senio
« confectus, viam universæ carnis ingressus est. Ad
« ejus exequias passim videndi osculandique causa
« tantam utriusque sexus catervam interfuisse, fertur,
« ut sese felicissimos dicerent qui corpus rosariis
« et linteolis tetigissent. Multa præclara scripsit vo-
« lumina quibus se et pressentibus utilem et pos-
« teris memorabilem effecit, e quibus illa ferun-
« tur : *Resolutio theologorum*, *Gemma predicantium*,
« *Opus super quator novissimis cui speculum morta-*
« *lium titulus*, de Dominicis sermones, item de festis.

« Claruit regnante Ludovico duodecimo, obiit anno 1509[1]. »

Ceci est extrait des mémoires du couvent des Cordeliers de Valognes.

[1] V. l'Obituaire des Cordeliers de Valognes dans la copie des Mémoires de Mangon du Houguet, faite par M. de Gerville.

FIN DU DEUXIÈME VOLUME.

TABLE

TROISIÈME PARTIE

		Pages.
Chapitre IV.	De Jean d'Essey	1
Chapitre V.	De Eustache Ier	54
Chapitre VI.	De Robert d'Harcourt	76
Chapitre VII.	De Guillaume de Thiéville	115
Chapitre VIII.	De Louis d'Erquery	150
Chapitre IX.	De Sylvestre de la Cervelle	163
Chapitre X.	De Nicolas de Tholon	173
	De Guillaume de Crévecueur	175
Chapitre XI.	De Gilles Des Champs	189
Chapitre XII.	De Jean de Marle	202
	De Pandolphe Malatesta	207
Chapitre XIII.	De Philibert de Montjen	213
Chapitre XIV.	De Gilles de Duremort	257
	De Jean de Castiglione	264

QUATRIÈME PARTIE

Chapitre Ier.	De Richard Olivier de Longueil	275
Chapitre II.	De Benoît de Montferrand	305
	De Julien de la Rovère	308
Chapitre III.	De Geoffroi Herbert	313

Évreux, Ch. Hérissey, imp. — 480.

www.ingramcontent.com/pod-product-compliance
Lightning Source LLC
Chambersburg PA
CBHW052042230426
43671CB00011B/1762